周蓓 主編

專題史叢書

西洋教育思潮發達史

（澳）鮑爾西瓦·理查德·科爾 著
于熙劍 譯

河南人民出版社

本書主要介紹了自古希臘時代至19世紀以來西方各個主要時期的教育理論。共分為五篇：希臘教育思潮、羅馬教育思潮、中古時代之教育思潮、文藝復興時代之教育思潮和近代教育思潮。

圖書在版編目（CIP）數據

西洋教育思潮發達史 /（澳）鉑爾西瓦・理查德・科爾著；于熙劍譯．— 鄭州 ：河南人民出版社，2018.6
（專題史叢書 / 周蓓主編）
ISBN 978-7-215-11510-1

Ⅰ．①西… Ⅱ．①鉑… ②于… Ⅲ．①教育思想－思想史－西方國家 Ⅳ．①G40-091

中國版本圖書館 CIP 數據核字（2018）第 069196 號

河南人民出版社出版發行
（地址：鄭州市經五路 66 號　郵政編碼：450002　電話：65788036）
新華書店經銷　　北京虎彩文化傳播有限公司印刷
開本　710 毫米×1000 毫米　1/16　印張　34.5
字數　440 千字
2018 年 6 月第 1 版　　2018 年 6 月第 1 次印刷

定價：276.00 圓

出版前言

中國現代學術體系是在晚清西學東漸的大潮中逐步形成的。至民國初建，中央政治權威進一步分散和削弱，加之新文化運動帶給國人思想上的空前解放，新學的啓蒙，新知識分子的産生，民國學術如草長鶯飛，進入一個自由而蓬勃的時代。中國傳統學科乃中國學術之根基與菁華所在，民國學人采用『取今復古，别立新宗』之方法，引入西方的學術觀念，積極改造，使史學、文學等學科向現代學術方向轉型。此外，大力推介西方社會科學的新學科和自然科學，在學習、借鑒乃全移植西方現代學術話語和研究範式的過程中，逐漸建立中國現代學科，使中國的學科門類迅速擴展。一時間，新舊更迭，中西交流，百花齊放，萬壑争流，開創了中國現代學術的源頭。

伴隨知識轉型和研究範式轉换而來的，還有學術著作撰寫方式的創新。中國古代的著作向來以單篇流傳，經後人整理匯編後，方以成册成集的面目出現并持續傳播。直到十九世紀末，東西方的歷史編撰體裁不外乎多卷本的編年體、紀傳體和紀事本末體等，章節體的出現標志着近代西方學術規範的産生和新史學的興起。章節體具有依時間順序，按章節編排；因事立題，分篇綜論；既分門别類，又綜合通貫的特點。以章、節搭建起論述之框架，結構分明，邏輯清晰，較傳統的撰寫體裁容量大、系統性强。它的傳入，使中國現代學術體系從内容到形式被納入了全球化的軌道。民國時期專題史的研究、譯介、編纂、出版恰恰是在這樣的背景下欣欣而發，是學術的實驗場，也是歷史的記録儀。編選『專題史』叢書的初衷正是爲了從一個側面展示中國學術從傳統向現代過渡的歷史進程。

專題史是對一個學科歷史的總結，是學科入門的必備和學科研究的基礎，也是對一個時代艱深新鋭問題的解答，是學術研究的高點。民國專題史著作中，既包含通論某一學科全部或一時代（區域、國别）的變化過程的，又囊括對一時代或一問題作特殊研究的，還有少部分是對某一專題的史料進行收集的。原創與翻譯并重，翻譯的底本大多選擇該學科的代表著作或歐美大學普及教本，兼顧權威性和流行性，其中日本學者的論著占據了相當比重。日本與中國同屬東亞儒家文化圈，他們在接納西方學術思想和研究模式時，已作了某種消化與調適，從思維轉换的角度看，更便于中國借鑒和利用，他們的著作因而被時人廣泛引進。

與當代學術研究日趨專業化、專門化、專家化的『窄化』道路迥乎不同的是，中國傳統學術崇尚『學問主通不主專，貴通人不尚專家』的通識型治學門徑，處于過渡轉型期的民國學術在不同程度上保留了這種特徵。民國學術大師諸學科貫通一脉、上千年縱横捭闔之功力自不待冗言，外交家著倫理政治史、文學家著哲學史、化學家著戰争史等亦不乏其人，民國專題史研究呈現出開放、融通、跨界撰述的特點。與此同時必須看到，自晚清以來，中國的命運就在外侮屢犯、内亂頻仍的窘境中跌宕彷徨，民族存亡仿若命懸一綫。這股以創建學科、總結經驗、解決問題爲指歸的專題史出版風潮背後，包裹着民國學人企望以西學爲工具拯民族于衰微的探索精神，及以學術救亡的愛國之心。梁任公曾言：『史學者，學問之最博大而最切要者也，國民之明鏡也，愛國心之源泉也。』這種位卑未敢忘憂國的歷史使命感和國民意識是今人無法漠視和遺忘的。

『專題史』叢書收録的範圍包括現代各個學科，不僅限于人文社會科學，學科分類以《民國總書目》的分科爲標準，計有哲學、宗教、社會、政治、法律、軍事、經濟、文化、藝術、教育、語言文字、中國文學、外國文學、中國歷史、西方史、自然科學、醫學、工業、交通共19個學科門類。本叢書分輯整理出版，内不分科，單本發行，方便讀者按需索驥。既可作爲大專院校圖書館、學術研究機構館藏之必備資源，也可滿足個人研讀或興趣之收藏。

與目前市場已有的一些專題史叢書相比，這次『專題史』叢書具有規模大、學科全、選本精、原版影印的特點。本叢書選目首重作者的首創、權威和著作影響力，尤其注重選本的稀見性。所謂稀見，即新中國成立後没有再版，且多數圖書館没有收藏，或即便有收藏，也是歸于非公開的珍本之列予以保存，普通讀者難以借閲。部分圖書雖有電子版，但作爲學術研究的經典原著讀本，紙質版本更利于記憶和研究之用。本叢書精揀版本最早、品相最佳的原版圖書作爲底本，因而還具有很高的版本收藏價值。

『專題史』的著作是民國學者對于那個時代諸問題之探究，往往有獨到之處，無論其資料、觀點短長得失如何，要之在中國現代學術史的構建與發展進程中，自有其開宗立論之地位。

目次

第五篇　近代教育思潮……三八一

西洋教育思潮發達史

緒論

何謂教育史呢？第一，教育史是把歷史方法應用於教育——無論教育是什麼。至於所謂歷史方法，其條例大概是大家都明瞭的。牠是要合乎科學方法。牠對於各種威權，不是一視同仁。如果能找得最初根源的材料，牠對於次等的威權是不滿意的。牠覺得即算最初根源的材料，可以因着書本之訛誤，或是著者之無知和偏見，而喪失其價值。凡非根據於充分檢驗後的事實而得出來的原則，牠是不要的；簡言之，牠的性質是歸納的。但是即算這些條例都滿足了，還是有一個未解決的問題，便是：何謂教育呢？

教育史的範圍和界限完全是要看教育本身的定義爲何，這是很明顯的。但是不幸得很，關於教育現今還沒有大家公認確定的定義。教育的定義如此之多，以致新的定義時常出現，這是勢所難免的。不過現在我們在此所需要的，是對於研究教育史的人什麽定義是最合用的。的確，有些定義雖然其本身是很好的，但是在此卻無什麽用處。譬如，有一個定義以爲教育的目標是要調協的發展各項能力 (harmonious development of the faculties)；但是如果從這方面敍述其歷史的發展，就不成其爲教育史。從歷史方面看，教育的定義要顧到個人方面，同時也要顧到社會方面。教育史家無論論到什麽問題，總是把人類分爲兩大類：一類是已成熟了的心智，一類是尙未成熟而向着成熟方面去發展的心智。因此，讀者可知我們在此認定關於教育的範圍和界限是如下：教育是社會上成熟了的分子訓練教導未成熟分子的方法，使未成熟者能合乎某種標準，能把某些社會的遺產遺傳下去。

如果我們接受這個定義，那麽，教育史便不是一個簡單的問題，而是要從兩方面去研究的。在我們明瞭教育所採用的方法之先，必須曉得某一社會的目的，標準，以及一般的文化是些什麽。這對於研究古希臘時代，特別是要如此，因爲古希臘時代有許多學術的道德的美術的宗教的以及經濟的思想，與現時代是根本相反。古希臘文化，便是古希臘教育的鎖匙。因此，本書討論教育的方法，還不如討論文化的理想及標準之分析那麼重要。

此外，還有一個問題：我們何以要研究教育史呢？當然，這種研究最主要的目的是使我們對於教育的目標，方法，以及現有的教育制度，能够更懂得淸楚些。現代可說是歷史方法最盛行的時代。舉凡法律，政治，倫理，哲學等等，無不是從歷史方面去研究。教育研究也利用歷史方法，也是同此原因。過去可以照耀現在。我們對於任何東西，若不知其歷史，或許可以曉得牠是一件什麽東西，但是不知牠是從何而來，何以而來，以及其將來變化爲如何之結果。歷史不僅顯示一物之構造，而且揭舉其生命。教育的歷史，是記載教育的目標，方法，課程，制度等活的發育生長；若無歷史則上述種種都變爲片斷的經驗，靜的，無生命的了。

教育史除了顯示教育爲一種活的發育生長之外，還有一些附帶的功用，這些功用也是非常重要的。第一，教育史可以給人一種創造工作的機會。現在很少的學科，有像教育這樣肥美的園地，是研究者還未開闢的。譬如，還沒有人對於羅哲·培根（Roger Bacon）的教育思想，來潛心實驗過的。因此，凡有科學頭腦的人，教育史有很多的機會，可供有耐心的把事實去剖解，去闡明。教育史好像是一座石山，還有許多眞理可以從裏面去挖出來。

第二，研究教育史也可以作爲一種自修的機會。上面已經說過，教育史的題材，一部分是分析各種文化的標準。如果我們要刺激較高的心智能力使其增長，還有比研究這種題材收效更大的麽？譬如，有什麽自修的工作，比分析古希臘的理想，還更好的麽？老實講，自古迄今把各時代的社會標準逐步的研究，實在是值得最聰明最深奥的腦筋努力來幹的。的確，歷史學家常常總是覺得未能盡力做自己的工作。此外，還有一種方法可以有自修的益處的。討論教育最根源的作者有柏拉圖，亞里士多德，昆體良（Quintilian），彌爾頓，陸克，盧梭，康德諸哲人，這也并非偶然之事。凡研究教育的人，就要參考他們的著作，以及這一類的材料。有許多人如果不是因爲研究教育史的緣故，有何機緣能與這班偉大的思想家來接觸呢？

最後，研究教育史對於教師有一種職業上的價値。他不僅可以從柏拉圖之討論文學課程，亞里士多德之討論教育的價値，以及昆體良之討論教育方法，而得到益處；而且他也可以從陸克的心理學和盧梭的社會學而曉得他們的錯處。簡言之，他一旦研究了教育史，就不會不變成一個較好的教師。

作者準備寫這部『教育思潮發達史，』歷時有二十餘年之久。有幾章是根據於研究奧索尼阿斯(Ausonius)，卡珀拉(Capella)，狄奧多西律(Theodosian Code)，以及亞爾斯台(A's-ted)等的拉丁原文著作。其餘本書的大部分，都是直接閱讀各原作者原文的材料。書中有兩章作者另有一本發揮更透徹的小册子，題名『赫爾巴特與佛勒伯爾綜合的研究。』這個小册子以及還有一部小册子題名『希臘教育的社會基礎』的，附着許多參考的材料。爲讀者方便起見，本書各篇也附着一小部分英美的參考書目，因爲恐怕太詳細就太笨重了。本書有一部分，曾在『教育史之研究，』『教學法，』以及悉德尼早報中發表過的。悉德尼早報允許作者在此重印本書最後的一章『英美文化之路，』謹在此誌謝。

第一篇　希臘教育思潮

第一章　希臘教育中之倫理原理

教育主要的功用之一——甚至可說是最主要的功用——是培養人格。不過這一個原則，在歷史上各時期的教育制度之中，幷沒有一種統一的意義。在各時期中，以及在各種不同的社會之中，人格的標準各含有不同的意義。古斯巴達認爲合道德的人——也可說是他們長老院的意思——可以把嬰孩拋棄在退易澤塔斯山（Taygetus）坡上任其死。然而我們還是可以說，任何社會的道德標準，必須是該社會教育原理的一部分。任何人羣對於兒童的教育，總是根據於某種善良標準的觀念，無論此種善良的觀念是根於某種習俗，或進化觀念，或公民道德，或個人的完善。當然，我們本來也可以祇去研究教育的方法，而不去理會原理，但是這種辦法是不對的，因爲有一種教育原理，無非就是認其爲最好的教育方法。

古希臘的倫理原則，與國家思想是有極密切的連帶關係的。現代對於國家的觀念，或者以爲國家是一種討厭的機關，侵害個人的權利，或者以爲是一種爲謀社會幸福的機關，其發展的可能性是無窮的。無論是那種看法，總是把政府看爲一種社會所利用的機關，而不是社會本身。至於希臘的國家，其本身就是一種眞實的機能，而不是一種被動的組織。一個人如果沒有國家，就沒有合理的存在——他僅有生命，而沒有好的生命。正如亞里士多德所說的：從前希臘的鄉村社會，祇能給人民生存所必需的東西，而現在城市政府的組織，不僅使他們能够生存，而且有一種好的生活。

古希臘可說是第一個國家能够想出一種滿意的辦法，使自由和需要的衝突，能够融洽起來。以希臘人民看來，法律并不是一種專制魔王，而是亞里士多德所謂：「無情感衝動之理智。」柏拉圖說蘇格拉底把法律認爲朋友，而不是專橫的君王。亞里士多德以爲法律是救主，而不是工頭。法律的工作乃是神的工作。希臘的法律沒有羅馬的那樣抽象，沒有希伯來的那樣嚴厲，而好像是一種活的聲音，有時是同情的勸告，有時是嚴厲的命令。以柏拉圖和亞里士多德看來，國家是人民精神生活的中心。國家的善良，似乎比錢財勢力還重要些，其偉大不在體量的大小。國家就是人民。

因此，善良人生的標準，是根源於政治和社會的。牠們實在就是等於人民權利和義務的觀念。以柏拉圖亞里士多德諸哲人的看法，道德的標準是包含在司法的觀念之內。亞里士多德說：『司法是社會的道德，其他一切都必須附屬於其下。』照柏拉圖的意見，司法不僅是要人誠實，還債，也不是爲有勢者的利益，或是竊賊彼此中的守信，而是一種心靈的善良，一種高潔的樸實，一種有節制，一種與智慧道德平等的協和，一種最高的善良，一種智慧勇敢節制的匯合，一種互助的精神。教育就是在當時希臘城市政府的能力範圍之內，達到這種司法原則的一種工具。

我們不要以爲斯巴達那種把個人完全屈服於國家的思想，在雅典也是一樣。照柏拉圖的倫理理論，一個人個人的善良與他爲公民的善良是同等重要。希臘的道德，有社會方面，也有個人方面。他們的德性，是一種健全的心靈，好的習慣，對於眞美和秩序的愛好，一種易爲貧富所威脅的調協和節制，一種心靈各因素平衡的統率。希臘對於倫理和教育關係的觀念，可以由亞里士多德的兩句話總括起來（政治論第三章十三節及第四章十七節）：『道德與教育兩樣東西，是使國民得到完美生活不可少的工具，這兩者之中差不多分不出何者是更爲重要的了。』『我們曉得一個好人完全是由教育和道德造成的，這個好人的特性，也就是造成一個好的公民或是好的君王的特性。』

希臘不僅把好人和好國民合併而談，而且他們也把善良和美也合而爲一。大概而論，希臘的道德，就是一種美，倫理學是美學，神是一個偉大的藝術家。從某種特殊意義上看，藝術的教育就是人格的教育。因此，柏拉圖主張不僅對於文字上應當有一種限制，而對於兒童環境的種種韻律協和，以及色相，聲音等，都應當有一種統制。一切教育上的音樂和體操，都應當給以一種樸實的美麗。再從反面觀之，則希臘的理想是沒有希伯萊那種高超和聖潔，沒有清淨主義的那種罪的思想，康德那種以義務爲必不可少的範疇的觀念。的確，希臘的思想一般的都是反對趨於極端。他們覺得教育應當以嚴厲的訓練使個人擺脫女性的性格，以美麗文雅之空氣擺脫殘暴。柏拉圖對於道德與美感的關係，表白得很好（共和國第三章四〇一節）：『要我們的藝術家能有一種大賦的眼光，能辨出美和雅的眞實性格，那麽，我們的少年就能存息於一種健全的環境裏，所見的是美象，所聽的是美聲，能接收萬物之優美。一切豐富的美的創作，就要流到眼裏去，耳裏去；好像由聖潔之地吹來的一種強身益體的微風；這樣，在不知不覺之中，少年的心靈自初就併合融化在理智的美之中。」

從某些方面看，這便是古希臘教育中的倫理理論。但是還有一個問題：他們有什麼保障來實行這些原則呢？許多人如果不用理智去導範他們的行爲，則哲學上理論不能影響他們的行爲。在現今時代，宗教的約規，對於約束人生的能力，恐怕比其他任何力量都要有效些，但是古希臘的宗教對於他們的道德或信條沒有什麼關係。年青的希臘人或許可以遵照哲學上的告誡以規範他的生活；但是他不會去遵守那班神的命令，因爲神的模範是很壞的；也不會想到來世的生命，因爲他對於來世的觀念是很模糊不定的。

事實上行爲方面主要的保障還是法律，習俗，愛國心，個人道德高尙的觀念，善良與快樂並存的觀念，對於命運和懲罰的信仰，根據於荷馬及希西阿（Hesiod）神統紀的道德教訓，家庭高潔的觀念，死後留名的欲望，以及負教導之責的奴僕對於整個兒童時期縝密的監督。究竟這些保障是否能保持一種很高尚的道德行爲，還是不能十分肯定。在那班哲學家把一般人對於簡單的古神的信仰打破之先，一般人的生活似乎還要純潔些，雖則那種信仰是不大合理的。在亞里斯多芬(Aristophanes)所著的『雲』中，把早期雅典兒童的行爲那種有節制那種適乎其中與後來那種行爲不道德的反動，似乎對比得太過分了，也可說是老年人對於青年的一種控訴，不過或許至少有一部分是對的。雅典人對於道德，似乎會懂得些，而不會實行些；他們那種高尚的哲學，有一種低下的行爲並行着。

第二章　希臘宗教對於教育的影響

初民的心理，對於無生命的東西，認其有特殊的性格和能力。如果一個野人爲一株倒的樹所傷害了，或是爲大水所淹沒了，那麽他和他同族的人都以爲是那樹或河流有意來傷害他的。全族的人，差不多可以把那樹或河流與佔住或護牠們的神靈鑑別出來。總之，在所有初民的社會裏，以爲一切森林，池潭，山岳，河流，以及山洞等，都是附有一種特殊的神靈或鬼怪的。這種趨勢的名稱，就叫做『精靈說』(Animism)。

我們每每看見一般兒童把無生命的東西當作是有感覺的。甚至一個大人偶然腳觸着了石子，便向着石子憤怒，而其實石子是無知的。他或許就憤恨的把石子向着大石頭一投，或投往一個池潭裏，以懲罰那石子。因此精靈說可說是一種人類天生的本能的信仰。這是一種最簡單最未費思想的宗教。

初民的這種精靈思想，對於教育總是有一種殘酷的壓制的影響。他們不僅以爲自然界或理想的物件有一種神祕的能力，而且以爲那些鬼神對於人的脾氣是惡意的不利的。因此，當他們安寧無事的時候，對於神靈便不去理會，但是在危急或遇着大災害的時候，便記起了他們的符咒，威脅或哀求他們的巫者，獻一隻雞子或山羊以哀求鬼神，因爲他們以爲是激起了鬼神的憤怒。這也是不足怪的。當困苦的時候，古希伯萊人便記着了耶和華；在戰爭的時候，也是禮拜堂擠滿了人。如果我們認定那些野人在興盛的時候便不理會神靈，在逆境的時候便去努力哀求，則他們的信仰是暗淡的殘酷的，不問可知了。他們的宗教是一種物體的崇拜。他們覺得四周圍都是一些容易冒犯的鬼魅，而必須以獻祭或受苦以哀求之。

那麼，希臘的宗教是怎樣的呢？他們那些各地的水仙和半人半羊神，那些林神和樹神，關於陰間黑暗的故事，關於巨人及雷神的神話等等，都表示希臘的宗教是類似精靈說和鬼神威脅論。不過威脅論不是希臘宗教主要的特性，因爲，第一，他們有那種美感的思想來補救。荷馬的詩歌用一種仙境把超自然界環繞着。希臘的宗教充滿着一種大的美的力量，是訓練青年了解美和尊高的思想的一種工具，是一個美的光圈環繞着心靈。希臘宗教的第二種好處，便是他們能夠與物界以及超自然界的力量相通。在遇着大波浪的時候，希臘的船員便可求助於海神坡賽頓(Poseidon)，請他命令波浪平靜，以便安然達到海岸。同樣，如果農夫對於女農神得米忒(Demeter)平時有相當的敬奉，便可以得到好的收穫。一個希臘人整個的環境，便是充滿着許多神仙的廟堂。太陽便是希力奧斯(Helios)或亞波羅(Apollo)，不能約束不可捉摸的天便是卓斯(Zeus)，海便是坡賽頓，土地便是得米忒。這樣，希臘人把自然吸收於個人，個人便與自然合而爲一了。如此，他的宗教便不會使他把自然視爲敵視的，有災害的。

因此，希臘的宗教，使青年與詩歌和自然融合起來，而且也是從這方面教育公民——不像現代的教會。在荷馬時代，宗教與貴族組織是有密切關係的。在市政府時代，宗教成爲統一的一種連索，習慣的象徵政府種種活動。他們沒有固定的信條，而且對於道德上的誡命也不大注意，所以他們能集中於宗教的儀式，而這些儀式常常是與政事聯合在一處的。譬如，在雅典的青年加入『壯丁隊』以受軍事訓練的，要在廟裏舉行一種很嚴重的儀式。神所特別保護的，不是個人的靈魂，而是整個的國家。

但是我們還是不能否認：希臘宗教之影響於個人的道德，差不多與其影響於他的美的愛好，自然的欣賞，以及公民義務的思想，差不多達於同樣的程度。他所加入的那種莊嚴的巡禮，合唱的歌舞，大家共同執行的獻祭以及敬奉的儀式，必然是影響於他個人人格的。但是在另一方面，他的宗教沒有什麼保障勉強他實行道德。那些神的模樣是壞的。一般少年在學校裏所讀的課本，以爲神是惡和虛僞的根源，容易改變而且易爲邪惡所衝動，這也是柏拉圖指出其危險的。希臘的青年，并不因着什麼來生快樂的希望，或是懲罰的懼怕，而受什麼影響。他的地獄是沒有什麼可怕的，他的天堂是沒有什麼極度快樂的，也沒有什麼嚴厲的十誡拘束他們。他們不像希伯萊人，覺得什麼罪的邪惡，或是聖潔的美麗。他們受着訓練要尊敬，要有節制，但是沒有固定的原則，或是覺得自己在神面前是卑下的。

現在我們很明顯的曉得：希臘宗教在教育上的效能，是訓練公民并提倡對於藝術和自然美的嗜好，但是沒有規定一種確切的道德原則，固定的信仰，或是嚴格的習慣。我們還曉得那些比較有思想有批評頭腦的希臘人，已經看出那些古代神話故事有許多錯誤矛盾的地方。譬如柏拉圖以及其他思想家，就想建立一種比荷馬及古代傳說較為合理的神學。在蘇格拉底的言論中，沒有提到這些傳說，而在柏拉圖的著述中，對於傳說也是含糊其詞。因此，那些較有思想受過教育的希臘人，聽過哲學講座的人，便想追求一種哲學來代替宗教。甚至有些年老的，病的，將要死的，都請哲學家安慰他們。這些哲人建立一種半宗教式的會社，開設學校，幷勸人歸正。這些哲人之中最偉大的柏拉圖，指出了正義和善良是本身獨立的；一種行為幷不是因為是神做的便是正當的，神之所以那樣做，是因為那種行為是正當的緣故。宗教的玄想提高而變為柏拉圖的理論：以為神祇做合乎正理的事。這樣，希臘的哲學家便開闢了一種新的宗教思想。但是大多數的人不是偏於哲理方面的；而許多希臘人雖不滿於過去那些宗教的傳說，然而還是需要一種沒有哲學家那樣抽象的宗教，於是走入神祕主義之路，這種神祕主義的宗教生活最後演為亞歷山大里亞之新柏拉圖主義(Neo-Platonism)。

歸結起來，希臘宗教對於青年的影響，不是一種威嚇的，而是一種美化的。其施行的方式是藉着儀式，跳舞，遊戲，戲劇，公務或私事，獻祭，奠酒等。其教育的功用是儀式的，居中調節的；不是理論的，取悅於神的，也不是道德的。其倫理的原則以及賞罰的原則都是不充足的，所以結果追求宗教之眞理的，都走入哲學之路，或神祕主義之路。

第三章　希臘教育與國家之關係

關於教育的根本問題是：個人與社會究竟是如何的關係呢？對於這個問題的答覆，便定奪了關於青年教育的性質。兒童還是沒有十分社會化的個人。如果個人是應當屈服於社會的，那麼他的教育就應當是嚴格的訓練。古斯巴達對於教育便是這樣的看法。如果社會是為個人而存在的，那麼，教育的目標應當是心智的發展。這便是自大亞歷山大時希臘那種開放的教育觀念。如果個人與社會的關係是互相影響的，如機體的，那麼，教育便是一種發展的過程，由之個人乃長人一種大的生命。希臘在最健全最與盛的時代，便盛行着這種教育理論。

第一件事我們應當注意的，便是在古希臘的時候，國家便是社會，這種情形比現代的歐洲各國要厲害多了。即或在現今時代，在各種組織之中政府還是佔一種很重要的地位，不過大概而論，也還祇是各種組織中之一。在古希臘時代，政府統括一切組織。即宗教的儀式，家庭的責任，也不能出乎政府範圍之外。然以大體而論，當時的政府幷不是專橫的。希臘人與波斯人或埃及人是完全不同的，他覺得他自己是一個自由人。事實上他的國家便好像一個擴大的家庭。這是因爲國家範圍小的緣故。國民一共不過幾千人，比較著名的人大家都曉得；雖則不是密切的相知，至少大家都能看見。因此，希臘的個人對於國家有一種比較密切的個人的關係，這是現代情形之下所難辨到的。國家重視他的教育，正如他的家庭關心他的教育。

從這方面看來，希臘城市政府之歷史的發展，是很重要的。希臘人民最初原是聚住於鄉村的社會，由同族血統的關係而集合一處，而他們的組織也像其他世界各處類似的初民一樣，由一個酋長來治理，而這酋長又有一種顧問委員會之類的組織來監察他。像這樣的許多村落互相倂吞，便聯合在一個君王之下，這便是最早期城市政府的胚胎。每當一個君王爲手下的諸侯所推翻的時候，便另有一個君王起而代之，或是另組織貴族政府或寡頭政府。有時，人民把政府拿到自己手中來，結果便是雅典及其他小國的民治政體。在荷馬時代，君主制度盛行，而君主的朝廷中，每含有一種學校的性質。我們祇要看外號『人馬怪』的雪龍（Cheiron）教導他那班英雄，就曉得卽算在很早的時期對於世家青年就有一種教導了。國家對於教育的興趣，也從不低落。古雅典時創立法律者梭倫（Solon），創制了許多關於學校的法律。神話上斯巴達的開創人來喀古士把教育當作他主要的任務。即算在阿提喀（Attica）各處所遺存的村落，對於那些想投入成人大學的人也要舉行一種考試。民治主義是特別有利於普及教育之進行的。在亞理斯多芬的喜劇中那個賣臘腸的，雖則譏諷爲最無知識的人，但也還是能够用他那種特殊的方法來認字。

希臘政府對於教育究竟干涉到如何程度，是一個很有趣的問題，雖則研究起來有些地方是很模糊的。一向希臘政府對於教育的事務有一種積極的興趣，這是很顯然的。照亞里士多德的理論，鄉村的社會祇能使人生存，但城市的政府是要使人得到優良的生活，而所謂優良的生活，最重要的便是教育。斯巴達的政府對於七歲以上兒童的教育，便完全負責，而且甚至決定一個嬰孩是否應當生存，還是任其暴露而死。不過在雅典，政府的責任僅限於監察教員，至於實際上設立學校還是由私人去辦理。照修昔的底斯（Thucydides）傳於伯里克理斯（Pericles）口中的話，雅典的學校便是希臘的學校，那麽，雅典的教育制度便能比較的代表希臘的教育制度了。不過即或在雅典，如果是一個天賦有才的青年，政府對於他的教育便完全負責。十八歲左右的青年，要在成人軍營裏受兩年的訓練，其主要目的是要養成軍事上的效率。此外，國家有時也教育貧窮的兒童。在後來希臘有一個歷史家，他本來是很稱贊羅馬的文物制度的，但是覺得羅馬對於教育這樣重大的事，而付託與各個國民那種不可靠的判斷力，令他非常之驚訝。

在希臘最盛時代，教育主要的任務是訓練好的公民。不過在那種戰爭不斷的時代，所謂好的公民便是軍事的效能，這是不足爲奇的。希臘的理想人物是軍人而不是生產者。這恐怕就是何以有許多城市時起變叛的緣故。斯巴達的那種軍事訓練，不過是一種普遍的現象中最甚者而已。軍事訓練的本身本來是枯燥的形式上的，不過雅典把這種訓練灌注了很豐富的心智上和美感上的內容。

希臘教育中的政治訓練，因爲後來失去政治上自由的緣故，是非常薄弱的。希臘人的政治天才，實在是不及羅馬人。他們想建立一個希臘帝國，很快的就失敗了。他們的司法制度是很笨的，法律也施行得不好。政治生活一天腐敗一天。後來雅典失去了政治的獨立，加以後來腓力和亞歷山大獨攬大權，以致教育也失去了地方和國家的性質了。希臘的城市政府是有力的時候，完整的時候，獨立的時候，希臘的教育就是社會化的，但是後來就是屬於個人的性質了。因此，在後來國家擴大的時候，國家對於希臘的文化就沒有什麼大的影響。政府對於教育雖然還是相當的注意，但是不能恢復從前那種個性和創造能力。古希臘的歷史，最後便是一個衰微的故事。他們那種克情的淡泊主義(Stoicism)個人理想，恐怕比任何社會思想都要高尚些，但是離實際的生活太遠，所以像這樣的個人哲學家，祇能對於那些價值和理想獨自本人去實現，而那些東西對於公衆不過是徒有空名而已。

第四章　希臘教育中之經濟原理

亞理士多德說：「專門追求有用的東西，不能使心靈自由崇高。」最高的希臘思想，是追求本身有價値的東西，對於經濟的追求不重視，因爲他們覺得經濟不過是附屬於他物的東西。食物之生產與消耗不是爲食物本身的緣故，房子也不是爲要住房子的緣故，衣服也不是爲要穿衣服的緣故。衣食住不過是爲一個人生存的緣故，這是求優良生活的先決條件。但是在另一方面，我們學習音樂是爲音樂本身好，不是爲另外一種原因；其他如哲學歷史等也是爲達到合理的優良的生活之一部分，與祇求生存適相反。

在亞理士多德時代，傳統的希臘學校課程分爲四項——音樂（包括文學）健身術，寫讀，圖畫。後兩種他認爲是功利的，卑下的，不値得他去研究。圖畫成爲學校課程之一，比較的很遲，其地位也不及音樂和健身術。亞理士多德最注重的是音樂，認爲最足爲代表高尚追求，除本身外無外界的目的。健身術如果利用爲一種軍事訓練便不好了。希臘人覺得數學一部分是本身有價值的，然後他們的課程漸漸擴充，直到最後認爲可作爲標準的有七項——文法修詞學，辯論學，數學，音樂，幾何，天文學。因此，希臘人把那些功利的課程減到不能免的最低限度。

這也并不是偶然的事。工業和商業本身不是有價值的，不是目的，所以不値得學校的注意。達到最高價値的工具是知識。優閒有能力的人惟一正當的路徑是理智。最有價値的生活是發展知識和教化的生活。工業最大的成績，也不過是改變物體的外形，而不能變更眞實或眞理。照希臘的哲學家看來，宇宙已是一個完整的東西，祇要人去默想罷了；而不是一種內容複雜的東西，可以因着人的努力而改變的。因此，工業不能改變眞實；人的心智最高尙的應用是默想時間與存在。這種目標不是由一種實在的功利的教育可以達到的。結果，希臘故意把功利的課程摒出學校之外。

因此，理智生活與經濟生活是絕不相干的。甚至他們主張一個人努力於工業的足以爲生的時候，便應當退出商業的經營，而把終身專努力於理智的生活。一個人要侍奉兩個主人——善良與工業——是辦不到的。現代的學校是鼓勵學生工作，古希臘的學校是鼓勵學生追求善良。如果希臘人不是非常的充滿了德性，那是因爲沒有有效的社會和宗教制度導入正軌，而不是因爲他們學校的理想標準不崇高純潔。哲人總是不斷的申述財富過多的危險。柏拉圖說：『當財富和德性放在天秤的兩端的時候，一端總是往上升的，一端總是往下落的。』再引亞理士多德的話：『財產是國家所必需的，但不是國家生命的一部分，雖則國家的生命有許多部分。但是城市是一個平等的集團，使一般人能享受最好的生活。』財富——奴僕也包括在內——對於最優良的生活是無份的，至多不過是一個卑下的競爭者。

雖則這種思想籠罩了希臘的哲學，表白了他們學校的性質，但還是有些矛盾的地方。財富或許是不值得去追求的，但是祇有那些有財富的人纔能夠置之不理。這種理論不過是理想的，抽象的。講求實際的人，雖則有這許多哲人的告誡，鄙視，還是像今人一樣的努力經營商業，追求財富。在尼細阿斯（Nicias）時代，希臘的商業一定是很發達，因爲他也賺了不少的錢。的確，希臘人可說是一個很發達的商業民族；雅典有許多有錢的商人，也有許多有錢的工藝家。羅得人（Rhodians）因着商業利害的關係而打過好幾次戰，正如十八世紀時之英國和法國一樣。一個人在社會和政治上的地位，與他的職業和財富有很密切的關係。雅典在文化最盛的時代，曾經對於銀行家培辛(Pasion)和他的兒子給以『城內自由行動』(Freedom of city)的尊榮，不過這種事本來是特別很希罕的。

不過上面這種種事實，并不能淹沒那主要的思潮：就是價值的秤衡上那時的財富比現今要卑下些。正如十八世紀時的英國一樣，凡不是做地主的就不能做貴族。凡是得薪水的職業——教員也在內——都認爲是非高尙的，因爲他們工作的目的不是爲工作本身的緣故。希臘的思想，最不喜歡『需要』侵入『教化』裏來。

希臘反對功利主義教育這項事實是很重要的，因其成爲傳統的思想，以致影響整個後來的思想，直達於今日。因此，關於希臘對於工業這種態度，我們不可不簡略的考究其原因。爲現在研究的方便，我們祇要簡略把重要的幾點舉出就够了。第一，生長於世家的希臘人，——特別是地主——取一種貴族的態度是自然的結果。第二，荷馬的詩的影響，鼓勵這種態度。這些詩都是皇朝之詩，對於平民全未提及，對於一般屬於平民的事件從未有讚詞。希臘的國民主要的乃是一個軍人，而在軍事發達的國家，商業便爲人所鄙視，這是希羅多德(Herodotus)曾經指出的。大家既習於戰爭，特別是劫掠的滋味，使工人不安於業，使他們對於太平時所得的那微薄的工資感覺不滿。第四，希臘人對於經濟方面的道德不甚好，他們的經濟生活多少是有點欺騙的，不講信實的。我們曉得他們所認爲的德性，是在另一方面去追求。第五，他們對於經濟的天才雖然也算不壞，但總還趕不上知識和藝術方面的天才。第六，他們的工業與奴隸制度是有極密切關連的，總不能完全逃脫那種奴隸的汚點。斯巴達人是完全不許做手工業的。同樣，伯里克理斯之所以爲柏拉圖所批評，是因爲他顧念一般人民那些低級的物質的欲望，而柏拉圖以爲這些欲望之滿足應當是那些奴隸和手工業者的任務。

由此種種原因，在希臘的經濟生活，是視爲比較卑下的地位，因之實用教育也隨着受壓迫。這種影響或許是暫時的。但是在哲學上得著了柏拉圖，亞理士多德等的讚可。他們所根據的理由，是以爲人心是包含兩種原則完全不同的天性：一是理智，一是欲望。理智是由教化而滿足，欲望是由工業的方法和結果而滿足。理智既然比欲望要高尚些，所以教化比工業也要高尚些。

欲望不過是爲理智生活而存在的一種工具，其本身幷無價值，但是理智的發展本身便是目的。欲望認爲不過是一種必需的東西，而理智則可以導入知識和德性。必需的幷不一定是好的。好的是在乎思想；最高尙的生活是在乎默想完美的東西，完美不是在乎實在的東西，而是在乎理想。從這樣的觀點看來，進修的生活本身是有價值的，而商業的追求則其本身幷無價值，凡是想達到德性而無奴性的便必須趕早捨棄商業。

柏拉圖的這種理論，直到十六世紀的時候，還無人積極的加以攻擊。這種論調對於羅馬思想的影響，在西塞祿(Cicero)所著的 De Officiis 中，還是很明顯的。再則牠對於中古時代許多學校課本的勢力，如卡珀拉(Cape'la)的『七項高等文藝』還是未曾稍衰。中古時代以及至今尙存而設立有年的中等學校，體育學校，公立學校等，還是把進修的課程和實用的課程分開得很淸楚。在英國最老的學校中，甚至於科學都是在擯棄之列，而居於次等的地方，因其與經濟實用有連帶關係。紐盟氏(Newman)所著『對於大學之理想』，對於柏拉圖摒棄凡本身無價值的學術之主張，幷未有若何的改進。然而希臘這種哲學理論實在是不健全的。大概而論，欲望可以刺激理智，而不必阻礙理智。文化所受賜於工業的，至今還沒有十分認可。工業不知使許多人得以自由終身去研究學問，優閒的增進文化。工業也貢獻了很不少教育的捐款和基金。工業供給了上千的以理智來研究的新事業。工業的勝利，與哲學上追求眞理的勝利是成正比例的，而非反比例的。

第五章　希臘學校中的文學課程

希臘的學校自最初成立的時候，便很僥倖的備有一部偉大的課本——便是荷馬的詩集。據波盧塔(Plutarch)的史書上所載，斯巴達的法律創制者來喀古士（Lycurgus）因對於荷馬的史詩很覺興趣，便帶了一部到斯巴達來（大約西曆紀元前七七六年）。據說是西曆紀元前五六〇至五二七年統制雅典之培西司特拉特斯（Peisistratus），再次又把荷馬遺散的詩搜集攏來。荷馬的詩可說是希臘文學——甚至希臘生活——的原動力。甚至希西阿（Hesiod）在紀元前七二〇年時，卽引用幷摹倣荷馬的詩；至於品得（Pindar）時代，則完全充滿了荷馬的影響了。雅典許多偉大的戲劇作家，有許多戲劇的結構，都是採用荷馬的。柏拉圖尊稱荷馬爲希臘的教師。在學校裏，荷馬不僅爲文學的標準，而且也是對於宗教，道德，哲學，神話，歷史，地理等的威權。總之，希臘民族是一部書的民族，正如希伯萊人一樣，不過希臘的這部書便是荷馬。

如此，希臘文學的教育第一要素便是史詩。除了荷馬的依利亞特（Iliad）和奧德賽（Odyssey）之外，還有希西阿的詩集。在那種英雄時式史詩似乎是自然而然演成的文學格式。正如盎格羅撒克遜，日耳曼，北歐三島，印度等民族的文學一樣，希臘最初詩的材料，是記載英雄冒險的事蹟。一個民族的幼年時代，也如一個人的幼年時代一樣，是喜歡有音韻的故事。甚至於在今日我們要替兒童選擇良好的讀物，還是無過於荷馬的史詩。

大概而論，荷馬受兒童們的愛戴，差不多和他受哲學家的稱贊一樣。人人都稱呼他爲『神聖者。』他的詩人人都傳誦，無論關於什麼問題，都把他認作無上的威權。有幾個很少數的人如赫拉頡利圖斯（Heraclitus）畢達哥拉斯（Pythagoras），大膽的敢加以批評，但是他們那種評論反足以使人覺得荷馬的作品是很重要的。柏拉圖在共和國裏對於他的批評，并不是說他的詩不好，而是說他的詩不合於作學校的課本之用；但這也并不能怪他，因爲在他當時還沒有研究文學課程的學校，所以他也沒有想到這步。不過各希臘的學校還是教荷馬的詩，而且據說有一個學校的校長沒有購備一本荷馬的詩，亞爾西巴德（Alcibiades）還鞭打了他。

希臘的學校對於文學的課程第二個項目便是抒情詩和哀悼詩。以時代的先後而論，這種詩可說是在史詩之後纔發展的。抒情詩主要的功用，無疑的是爲着供給唱歌的詞句。在希臘教育中，音樂是一個很重要的項目。的確，他們所謂音樂，其意義實包括音樂本身與文學兩項。據亞理斯多芬(Aristophanes)所記載的，希臘古時的兒童，都是教以簡單而雄壯的抒情詩。底比斯(Thebes)的品得(Pindar)所作的抒情詩，是傳誦一時的；他對於奧林比亞及其他競賽會所作的頌，很合乎學校兒童的需要；我們猜想這些詩歌一定是在學校裏教兒童學習的。同樣，我們也可以假定提奧格尼斯(Theognis)那些警闢的短詩，也是學校讀物的一部分，不過這種對於抒情詩的興趣，爲後來公演的戲劇之盛行所淹沒了。

希臘文學教育的第三項目便是歌劇。希臘人有一種很可爲楷模的習俗，便是把學術上及其他可稱贊的成績刻在石上以作光榮的紀念。在這些紀念碑之中至今尚存的，有一個記着紀元前第二世紀時，在提奧斯(Teos)有一個學校發給了許多學生表演喜劇和悲劇的獎品。這大概是在某次學校的紀念會或是公衆的盛會舉行戲劇背誦比賽的結果。不僅學校重視歌劇，國家也莫不如此。在波盧塔（Plutrach）的尼細阿斯傳記（Life of Nicias）中，述及有些禁拘於敘拉古（Syracus）的雅典的囚犯，因爲能够背誦幼里波底（Euripides）的戲劇的某段，而得着了自由。據說三大悲劇作家伊士奇（Aeschylus）索福客儷（Sophocles）和幼里波底的標準抄本，曾經珍藏在雅典的公共文書保存所中。格林（Galen）說這些無價寶的書曾經被亞歷山大里亞的某埃及王用一筆大款子——十五個 talents ——押着借去。後來他爽約棄款，把這書永遠保存在亞歷山大里亞的圖書館裏。

散文是希臘初級學校課程的第四項，但是未見他們多提及。這是因爲散文在初級學校的課程中，祇佔比較不重要的地位。雖則柏拉圖曾經提到無音韻的散文在教育上的功用以及散文的寫作，但是以爲這種文字是很危險的，而這種文體最相宜於學校採用的也不過是律書。在亞理斯多芬（Aristophanes）所著的鳥中，我們可以看出伊索寓言是學校課程之一。由此看來，散文在希臘初等教育中，比起詩歌顯然是居於次等的地位。

至於中等學校的情形則不同了。他們的散文分爲兩種，一是講演的，一是哲理的。希臘第一個永久的演講學院創於伊索格拉底(Isocrates)，第一個哲學院創於柏拉圖。前者勢必是注重散文，而他們比哲學院要盛行些，所以散文在中等教育中是一項很重要的課程。

在學校尚未注重之先，演講在希臘生活中便佔很重要的地位。荷馬的詩中，充滿了阿溪里(Achilles)涅斯忒(Nestor)門涅雷阿斯(Menelaus)奧德賽等那種自然的詞令；而自荷馬以至伯里克里斯，無論是太平或戰爭的時期，詞令總獲得了不少的勝利。雖則如此，但是他們并沒有創立一種修詞的原則。甚至他們大演說家之一的伯里克里斯，還是沒有形式上的限制，都是從他心中所感覺的發表出來，而沒有遵照一定的法則。他們採用修詞的原則，可說是始於西西里之興起，在阿克拉加斯(Acragas)是始於西曆紀元前四七二年，在敍拉古(Syracuse)是始於四六六年。哥爾期亞(Gorgias)於四二七年把修詞學介紹到雅典。他那種詞令的格調，好像十六世紀時英國盛行的Euphues，充滿了對語偶句韻脚等。伊索格拉底是西西里派哥爾期亞的信徒，所以注重華麗的詞句，而勃洛大哥拉(Protagoras)勃洛地克斯(Prodicus)喜庇亞(Hippias)則注重詞句的準確精密。柏拉圖在論哥爾期亞文中譏諷當時盛行的修詞之學，而在論飛德剌斯

(Phaedrus) 文中，則以為修詞應根據於方言和心理學。

在柏拉圖時代，一般雅典人并不是盛行讀書的，他們的教化都是由聽聞見識以及參加某種活動而來。後代的人之所以不能不讀書，乃是因為柏拉圖和亞理士多德的著作的緣故。因之，凡是未讀過這些大哲學家的著作的，就不能稱為學者。據說第一個比較大的圖書館，是亞理士多德私人的收藏。他的修詞論，是對於這項學術最重要的一種貢獻。他覺得演講術太偏重於法庭的辯論，而忽略了有思考的公共演講；他覺得他們是用小的技巧和不科學的誘詞，而不是用正確的推論。對於羣衆訴諸情感沒有在法庭上用情感那樣危險；而且到某種限度情感對於公共演講是不可少的，因為聽衆需要這樣的奉承。修詞須根據於方言，心理的作用不可淹沒了有規則的科學的證實。亞理士多德還指出修詞乃是臨時的，有或然性的，而不是有普遍性的，必須的，所以不是一種準確的科學。然而牠也還是好像政治學一樣，要分析人性，觀念，感覺等；因之，牠在高等教育中佔了一種比較應有較高的地位。斯多葛派的芝諾 (Zeno) 把修詞學當作一種擴大的論理學。他說：論理學是一種握着的拳，修詞學是一隻張開的手。

一切散文都受修詞學的影響。因之，文法既包括了詩的評論，所以修詞學便包括散文的評論。此時字的分類以及各字之間的關係，漸漸研究出來。第一個把詞分類的是柏拉圖，雖則他的分類祇有主格和謂語，及名詞與動詞之分。甚至亞理士多德也祇認清了三種詞類——名詞，動詞，連續詞。直到斯多葛派(Stoics)的時候，纔建立了一種完備文法上的名稱。他們相信文字是自然的，那意思就是說，字乃是物的完全表白，文字的研究是達到自然，是合理生活的指導。散文之分析的研究——即現今狹義的所謂文法——大半要歸功於斯多葛派。

但是以希臘人看來，文法便是文學。文法學家——或曰文學家——的藝術，最初是表現在柏拉圖的克剌替拉斯 (Cratylus) 和亞理士多德的詩論裏。第一個自稱為文法學家的是羅德斯(Rhodes)的普剌克息芬斯 (Praxiphanes 約 300 B. C.) 到色雷克斯(Thrax 約 166 B. C. 著作頗多）的時候，就把文法定義為『詩歌與散文寫作者應用的實際學識』他把文法分為六部：

（一）正確的讀音

（二）詩句詞藻之解釋

（三）罕見之字句或題材之剖解

（四）字原學

（五）有規則的文法格式之解釋

（六）詩的評論（這是文法最高尙的功用）

但是哈利加納蘇的帶奥立細阿斯（Dionysius）卻沒有把文學的批評包括在文法的分析之內。

關於希臘文學教育的範圍，大致是說得够了，其內容包括史詩，抒情詩，哀歌，戲劇，後期再有修詞學與散文。語言學與哲學競爭地位，而希臘產生了一種新的知識階級——研究的學者。

第六章　斯巴達的教育制度

以上各章對於古希臘教育雖已述及不少，但是對於許多詳細情形我們所知的還是很欠缺。即算有些豐富的材料，如波盧塔克（Plutarch）所著的萊喀古士傳記（Life of Lycurgus），還是不甚可靠的，因之不得不經過一番衡量，刪滌，比較，而後纔能確定實情。波盧塔克寫作時是紀元後第一世紀的後半期，他以爲萊喀古士是斯巴達教育制度的創制者，而萊喀古士不過是紀元前九世紀時一個近乎神話的法律創制者。他所記的史實與他顯然是相隔太遠了，他所根據的材料我們也完全不知，大概是不全可靠，而其中有許多說明掩蓋着不少他個人想像的色彩。不過從另一方面看來，我們曉得斯巴達教育制度主要的原則，是大家都聞名的，而波盧塔克能够看到一些古代的典籍，那些典籍現在完全毀滅了。再則，雖然波盧塔克對於斯巴達教育的詳情是最大的威權，但還是可與早期柏拉圖和亞理士多德的著述比較參看。

斯巴達的教育制度，是要訓練一切自由的國民，勝過普通人性的弱點，這幷不是爲他們個人自己的幸福，而是爲國家的好處。他們教育制度中最明顯的幾個特點是（一）嚴格的限制天性的希求，欲望，情感；（二）個人屈服於國家；（三）以戰爭爲職務的自由國民，和以手藝爲職務的奴隸，階級的嚴格劃分。

一、自最小的時候，斯巴達的兒童便施以堅苦服從的訓練。嬰孩的時候，便讓他們睡在黑暗裏；孩童的時候，須經過三層的訓練：在同伴中受一個爲首領的指揮，受一個政府所派的監督管理，此外還要聽一個二十歲左右的青年的指揮，這青年是監督派來照管一班兒童的。再則，凡是年紀大的人都可以教訓或懲治兒童。懲罰是很嚴厲而迅速的，在祭壇上的鞭笞似乎是某種宗教上一種自願身受的禮節。一切活動中，都是教青年把失敗的恥辱比死亡看得更重要。據波盧塔克說，凡十二歲以上的兒童，冬夏都祇穿一件單衣。他們所睡的牀，是蘆葦尖織成的，這些蘆草是他們自己從遠處用手摘來的，不用刀子。供給他們的飲食很少，其餘不足的要他們自己冒險設法去偷竊得來，這些方法是訓練他們打仗時指教他們的。這種嚴格的訓練要直到成人的時期，而惟一放鬆的時候是在戰爭的時候。奢侈的生活，因鐵錢的制度而受限制，這種鐵錢祇通行於斯巴達，而祇能通用於某些方面。國民不能自由行動的旅行，外人也不能自由行動的來來去去，恐怕影響於國民的訓練和道德，也恐怕新理論，新見解，新需要，傳入國內來。據古代的傳說，萊喀古士在最盛最有權勢的時候，故意自己餓死，以為一個政治領袖的生或死，可以為全國人的幫助和鼓勵。

斯巴達人那種簡單和敏捷的訓練，甚至在言語上也表現出來。兒童講話應當簡潔，而對答應當敏捷。柏拉圖和亞理士多德以為斯巴達人太偏於體育的訓練而不注重智育的訓練，但波盧塔克卻不以為如此，他以為古斯巴達乃哲人之城市。女孩和男孩一樣的訓練體育，而其他的希臘城市則像東方一樣幽禁起來。

我們在此也要曉得斯巴達人這種禁慾主義，其原動力是由於軍事和政治的，而不是根於宗教的。

二、個人完全屈服於國家的教育，斯巴達可說是一個惟一的例子。甚至一個嬰孩是否任其長大的問題，還不能聽其父母決定，像其他的希臘各城一樣，而是要聽國家的長者決定。婚姻是在國家的嚴厲限制之下。男孩到七歲的時候，便不由父母管教，而是要加入一種隊伍，住在國家所設立的營幕裏。因此，斯巴達不像雅典，有一種公共寄宿學校的制度，有些方面正如英國那些大規模的公立寄宿學校一樣。其中最顯著的相當之點，如領班制度，新生爲舊生服役，注意勇敢與露天運動等。年紀較長者監督他們遊戲和戰鬬戲。甚至達到壯年的時候，還是保持軍事的訓練，所以全城便好像一個大軍營——『各人都以爲自己之生存於世，不是爲自己，而是爲他的國家。』一個人認爲最大的光榮，便是打仗時能夠居於最前線的權利。

斯巴達那班兒童的生活，如軍營，運動，戰鬬戲等，雖則很苦，但還是合乎兒童的精神。波盧塔克描寫一個教頭當着長者對一班兒童晚飯後教課的情形。教頭大半問這一類的問題：『何謂一個可尊敬的國民？』兒童的答覆應當簡略而洽當。凡是答得不好的，教頭便咬他的大拇指，如果教頭的懲罰太嚴或太寬，長者又要去懲治他。

甚至於成人也還是共同聚餐，過軍營的士兵生活。據波盧塔克所記載的，他們很少談論金錢，而大半是關於倫理和政治的題材。兒童在他們聚餐時可以聽他們的談話，并且要學習忍受別人的譏諷。他們可以從桌上偷東西吃，因爲他們自己的食物太少，但也要冒很大的險，因爲一旦被捉便要受很厲害的懲罰。他也可以在果樹園或花園裏偷竊，但也是同樣的條件。因此，偷竊成爲他們道德訓練的一部分，受了這種訓練出去打仗時便善於劫糧些。他們故意唆使奴僕反叛或逃走，然後青年們纔可以對於他們練習眞正的戰爭。因之，有時大羣的奴隸起來反叛，以致差不多要危及國家的存亡了。

三、這種軍事訓練的專門化及其附帶的組織——在斯巴達是包括全體國民——而凡關於工業的事則都委之於一般奴隸，可說是希臘哲學思想對於工業態度的特性。斯巴達的常態生活乃是戰爭和劫掠，所以使一般爲軍人者都鄙視生產者。據說有一個斯巴達人看見在雅典某人因懶惰之罪而帶到法庭來，勸他要保持他的尊嚴，便覺得很奇怪。國民是不許做什麼手藝工業的，因爲工藝是與追求富足和奢侈相聯的。因此，他們完全沒有想到什麼工藝教育。不過據亞理士多德的見解，覺得斯巴達的兒童太養成殘忍的性格了，而不曉得要養成一種心智上的勇敢，而後纔能勝過眞正高超的危難。

第七章　雅典的初等教育

雅典在最盛的時期，有三種學校，這三種學校以現代的新眼光看來，可稱爲初等中等及高等。初等和中等教育不是像斯巴達一樣，由國家來辦理，一般兒童也不是住在寄宿學校裏或營幕裏。他們是進私立的日校，這種學校似乎在某幾方面是有國家的法律來規範的。祇有高等教育或壯年教育是有國立的學院。

初等教育最初的功用似乎是教育兒童讀書寫字和珠算。但是到紀元前第五世紀時我們對於這種學校所知道的比較詳細些的時候，他們所教的東西似乎比這一點點要多多了。他們對於七歲至十四歲的男孩，大半教以詩歌和音樂。因此，就有所謂音樂學校。這些男孩祇有半日工夫是在這種學校裏，其餘半日則在健身學校裏，這種健身學校與文藝學校很少或毫無關係。很奇怪的，從希臘的各種著述中，我們不能十分準確的查出那半天是教音樂文學的，那半天是教健身術的。

或者，因爲音樂大半是一種個別的教授，恐怕有些孩子是上午來，有些是下午來。若果如此，則音樂學校和健身學校必須是終日開班的。不過健身場有些時間是保留爲成人的，另有時間是爲兒童的。女孩則完全不進學校。

一部分因爲人造的燈光太貴而且光亮不足的緣故，所以一般青年學生在日出的時候便上學校，課完再回家吃早餐。據說早期雅典的法律家梭倫（Solon）通過了一條法律，就是學校開課的時間不許在日出之前及日落之後。在普通及特別節期的時候，他們有假日，但是現今教育界盛行之所謂星期尾假日卻沒有。

有許多證明我們曉得音樂學校的教師所得的薪資很少，地位不爲人所尊敬，而每每是異地的人。這幷不是說他們不是希臘人，不過大半總不是雅典人。有許多希臘別處及地中海海岸城市的讀書人，到雅典來開學校以維持生活。教文學的先生和教音樂的先生完全是兩種不同的人。從紀元前第四世紀以後，他們還加了一種教繪畫的先生。因之哲學家提爾斯（Teles）在第三世紀的時候說：兒童的四種擔負是健身教師，文學教師，音樂教師，圖畫教師。

早期阿提喀（Attic）花瓶上，繪着有希臘學校的生活。教師是坐在一張高靠背的椅上，孩童們則坐在矮凳上或長條凳上。學校圖書館是一捲一捲抄稿其中以荷馬的詩集是不可少的。教室的設備，大約是一些名人的半身像，講解的圖表，花瓶等。寫字是用臘板，學生用一枝硬筆的尖頭在上面寫，另一頭平的是把寫好的括平。

大概看來，似乎每個雅典人都會讀書的，但是社會中比較貧窮的階級不願付高的價錢去學習音樂。在亞理斯多芬的某喜劇中，甚至那個賣臘腸的也能夠『用他那種特殊的方法看書。』因此，希臘之所謂受了教育的人，並不是僅僅識字，而是要會玩音樂；至於識字是假定人人都應當會的。他們用各種方法使兒童學習時容易。兒童所讀的字母，是用一種詩的格式；拼字時用詩歌和跳舞以爲幫助的工具。如果現代的教員能恢復拼字的跳舞，實在是一種值得用思想的工作。誦讀是用單音拼成字的方法。

誦讀的課本，不僅是荷馬的詩集，而且有其他的詩歌，以及喜劇等。一段一段很長的，都教他們記憶並背誦出來，有時並預備獎品舉行背誦比賽。他們教荷馬的詩，不僅取其詩的好格調，而且也注重其知識道德宗教方面的內容。在初等學校裏不注重散文，但是伊索寓言還是沒有忽略。兒童受教有時是團體的，但考問時卻是個別的。

音樂教師的工作，大半是輪流教每個學生練習七絃琴。不過我們很確實的曉得有愛國性的合唱歌，是全體合唱的。每個音樂學生，也可以獨自唱抒情的詩歌。在很早紀元前第五世紀時，笛子在學校裏風行了一個短時期，但後來覺得這種笛子是適於情歌的而不合於學生的，便不通行了。此外，玩樂器時面部的那種怪樣子，他們覺得是有反乎美感。到亞理士多德的時候，雅典人便以爲玩弄樂器是有損於個人的尊嚴。不過這種感覺幷還不使他們認爲教兒童的音樂是不對的。大概而論，從文學音樂和體育方面看來，現代我們的初等學校實在是在希臘初等學校的標準之下。

亞理士多德對於初等學校課程之分析，沒有提到算術。他祇談到寫，讀，音樂，體育，圖畫。不過他們似乎是有衡量日曆等的教課，而關於算術則用手指和算盤。柏拉圖說埃及人有算學的遊戲，或許希臘的學校裏也有關於數目的遊戲。

圖畫是在黃楊木上練習，但是很奇怪的，亞理士多德沒有把圖畫認作個人進修的課程之一。

這或許是因爲圖畫近乎幾何學，幷包括設計的性質。在阿提喀花瓶上所繪的教室牆上，似乎有幾何繪圖的儀器，所以這種看法也是不無根據的。

在健身場裏，兒童每日有體育的練習。他們進這種健身學校，恐怕比進音樂學校時年紀要稍大一點。很小的嬰孩使入音樂學校，是要使他們溶化於音樂的空氣中，或是免得糾纏得父母討厭。兒童練習體育時，要留心他們不可使身體用力過度。指導體育的先生叫做 paidotribes，其職務是要制服兒童。他拿着一根分叉的棍子，以指揮兒童們角力及其他運動的比賽。運動場所通行的幾種運動是徒手操，攀繩，跳背，角力，蹤躍，賽跑，鬭拳，擲鐵餅，擲標槍。一切運動都是赤身而行的，運動的場所是與公衆隔開的。年紀大的學生在走廊裏或後房間等待的時候，就有哲學教師如蘇格拉底之流和他們談論哲學的問題。

雅典有閒階級的紳士們卽算年紀很大的時候，還是保持他們對於運動的興趣。他們自己沒有運動場，如果在相隔很遠的地方，他們便在指定的時間借用兒童們的運動場。他們所看重的運動有打獵，游泳，划船，騎馬，跳舞等，還有特設的騎馬學校以練習騎馬的本領。譬如用手抱着臂子一跳就跳上馬的本領。像這樣訓練，當然必須要特別的機會或費用，不能認爲是初等教育的一部分。總之，我們要曉得一個好家庭生長的雅典人，總離不了是一個運動家，多少受過一番訓練，不是坐着不動的，皮膚是如紫銅的，肌肉是堅韌的，喜歡談論關於運動的事，喜歡看運動的比賽。

每一個雅典的兒童，如果他家裏是稍有一點錢的，便終日有一個年紀大的奴僕跟隨着他，叫做『教僕』（pedagogue）。這個奴僕的職務，是要當心孩子不遇着什麼危險，要監察他在學校時去上課，看他是否學得他應學的東西，陪着他上學回家，甚至有時要懲罰他。有時教僕在家要幫助孩子讀課，可說是一種家庭教師以補習在校的課程。據現代對於希臘花瓶上圖畫的講解，教僕是盤脚坐着——這種姿勢是兒童所不許的——兒童讀課的時候，他用皮帶牽着兒童的狗。自基督教盛行之後，『教僕』這名詞的意義便提高了，教中早期的長老便對於基督用此名稱。由此這個名詞便不是指奴僕，而是教師的意思。

希臘對於體育注重的原因，是因爲戰爭流行的緣故，但是體育對於身體和美育方面的優點，他們還是同樣認識淸楚了，因爲常常偏重於某一方面的趨勢，也每每引起許多人的反對。幼里波底之反對運動正如品得（Pindar）之贊成運動一樣厲害。保守的亞理斯多芬詆誹幼里波底和知識階級，譏諷當日的青年祇重空言而不重行事。

第八章　古希臘之中等教育

柏拉圖和伊索格拉底所創設的固定的學校，可說是雅典的中等教育之開始。他們的中等學校，是由那些遊浪的哲人開設隨時的分期的講座演化而來，這是很明顯的。哲人教育的黃金時代，是伯里克理斯時代，那時一般人對於知識和美育的飢渴，達到了最高的頂點。雖則有時初等小學的教師替程度高的學生開設一種較高班，不過大半的兒童在十四歲的時候便離開初等學校或音樂學校，而去聽那些遊浪哲人的演講以求較高的學識，如幾何，天文，邏輯，修詞學等。所謂『哲人』(Sophists) 大概還包括到如蘇格拉底柏拉圖這樣的哲學家，還有頗有地位的教師如伊索格拉底。

中等教育中兩種主要的科目——數學和修詞學——柏拉圖和其他的哲學教師祇重視前一項。在紀元前第五世紀時，數學包括算術，幾何，天文，每每還有音樂原理等項。但是詞令學實際的用處大些，不僅受一般人的重視，而且教詞令學的先生比數學和哲學先生所得的薪金要多些。關於講詞令的學校，最著名的要算伊索格拉底所設的，他有些演說一直流傳到如今。有些哲人講荷馬及其他文學題材，偶然還有些講地理，藝術，音韻學，字原學，自然史，政治學，倫理學，宗教，歷史，神話，邏輯，軍事學，音樂，體育等。所謂『哲人』最初是指詩人或精於某藝的人而言，但最後是指關於任何高深學問的教師。大半的哲人并沒有開設固定的學校，而是臨時講學，收聽講費，講完了又往別處去。雅典便是他們崇拜之所，在雅典成功便可享大名。關於哲人當時的情形，大半是根據於看他們不起的柏拉圖伊索格拉底亞理斯多芬等的記載，他們各人的才學彼此懸殊甚大，古代有許多學術的運動便是根源於他們而來。雖則他們以學習維持生活，有時還是舉行公開不收費的演講，而常常也被聘爲本邦在雅典外交上的代表。在柏拉圖的對話集裏，如勃洛大哥拉（Protagoras）喜庇亞（Hippias）哥爾期亞（Gorgias）卜羅提克斯（Prodicus）等都常常提及，雖則比起蘇格拉底來祇認爲是一種陪襯物。在對話集中所謂『哲人』不能適用於這班人——他們是有創造力有學問的——而是那些很少的教師們，他們有些是『追隨有錢有勢的青年，用一種冒牌的教育爲鉤餌以吸收學費，有系統的用一種詭辯的私人談話以賺錢，而他們自己也曉得所教的東西是錯誤的。』甚至於最好的中等教師，也爲一般人所不信任，因爲他們提倡宗教的迷信，祇籠絡那些有錢階級的學生們。

紀元前第四世紀所設的固定學校，祇能補充哲人講座的一部分；他們恨惡哲人和抄寫本兩方面的競爭。如果聽哲人的演講必須有相當的錢，則進固定的學校必須更多的錢。這種固定的學校共有三種：第一種是哲學的，代表者如柏拉圖亞理士多德等；第二種爲廣義詞令的，代表者爲伊索拉格底；第三種爲狹義詞令的，代表者爲律師或曰 logographoi。

律師教學生的目標，就是要使學生在法庭上對於他們的專業講得流利。伊索格拉底的目標則遠大些，他是要訓練他們成爲受教化的文雅人。他對於個性和口才同樣的注重，他也和柏拉圖一樣，有許多外地名人的子弟都送到他這裏來受教，如此，雅典是希臘世界中教育的中心點。教學生講演的題材和格調，都同樣的注重。每個演講家有他自己的格調，所以學生的格調如何就可以看出他是那個先生所教的。學生要先把自己的演講寫出來，互相批評修正，再記憶在心，然後纔正

式講演。不過詞令學校必然的結果，是把眞理犧牲於詭辯

哲學家的學校則不同，柏拉圖對於凡是想入學的學生，必須已有了數學的基礎，是要追求經驗的表面之下根本的眞理。在哲學之先，音樂，幾何，天文，是必須已修的科目。柏拉圖不收學費，祇收學生的禮物；他的學生也是和伊索格拉底的一樣，是從優閒的有產階級而來的。他那些比較深奧的道義，祇傳授於密切的朋友和老學生；他們常常和他宴會，有時討論通宵達旦。他那班從十四歲到十八歲的孩子，大半是教數學和邏輯。伊索格拉底和柏拉圖都頗詬嫉那些新起的書，但是事實上很奇怪的，他們自己的著作也是其中的一部分。

第九章　雅典的高等教育

在上述的紀元前第五和第四世紀中，雅典較高的教育不僅有哲人的講座和固定中等學校，而且還有成人學院(Ephebic College)，這是一個國立的學校準備青年爲軍事服役的。第一，我們不要把這個學院認爲是讀完哲學和演講學校之後繼續的工作。這裏主要的訓練是軍事和體育，而且祇經過短的時期，但是有許多柏拉圖和伊索格拉底的學生從十四歲到十八歲讀完他們的學校之後，必須再加入成人學院以增加自己的自尊心，覺得自己已是成人。Ephebos 這個字，便是成人的意思。而且成人學院是後來演化爲大學等級第一個最古的教育機關，我們不妨在此從高等教育的觀點講述其各種活動。

凡是十八歲的青年想進入成人學院的，必須對於他的年齡和他的父母是否雅典人，得本區政府的認可，最後得中央政治委員會的認可。然後他的姓名便塡入本區的名單上，并在廟裏發誓不汚辱他的武器，不捨棄他的同伴，爲他的宗教和國家打仗，要改進他的國家，遵守法律，維護憲法，尊敬祖先的宗教和廟宇。入學者在發誓之先必須對於本城的法律有相當的知識；關於這一點雖然不能十分肯定，但也不無相當的證據。

成人學院學生的訓練，是付託於一種軍官，名叫 Sophronistoi，是由每族選舉出來的。這種督察人員大概又受統制於較高的縣長，名叫 Strategoi 的之下。到往後的時期，還有一種監督名叫 Kosmetes，他的職務是管束學生，帶領他們去聽演講，分派他們各種職務，幷察視他們體育的發展。此外聘請了許多下級的教員，教他們玩弄武器，體操，擲標槍，射箭，擲飛石，騎馬，以及其他的課程。成人學生在政治和宗教的行列中佔很重要的地位，有護衛的職務，或許還要維持城內的秩序。在第一年之末，要舉行一次大閱兵，那時政府對於每個學生便賜一個盾牌和一枝槍。第二年大半是野外的演習，邊疆的巡查和衞戍的責任。到二十歲離開學院的時，通常他是要捐送一百本書到圖書館裏，這圖書館是在健身場，名叫 Ptolemaion。關於讀完後的畢業考試，不幸我們不知其詳情。

在亞理士多德的時代，成人學院的一切學制都是照舊未改，但是到紀元前第三世紀以及隨後的幾世紀，便經過了許多重要的變遷。雅典的軍力衰落之後，對於軍事的訓練便不十分注重了。成人學院學習的時期減爲一年，而且不是強迫的。學院的人數從一千之多減到祇有二三十，而且是因爲收外地學生的緣故，纔免至於完全關閉。書籍和哲學講演代替了軍事訓練的位置，雖則他們有時也往邊疆去敷衍敷衍，但是軍事的意義已經是居於不重要的地位，而漸次消滅了。有許多外來的學生來聽講演，但是不入成人學院，最後的結果是那些有名的哲人或深究的學者，吸引了不少聽講的學生，政府對於他們的管束和組織很鬆，許多地方都好像大學，有時政府還有津貼，但是總沒有像現代大學這樣嚴格的組織，如擁有財產的團體，可以起訴或被人控告。

第十章　蘇格拉底和柏拉圖

古今偉大的思想家對於教育莫不是熱心研究的，因爲這是改進社會最實際的一種工具。因此蘇格拉底之爲教師比他之爲哲學家更偉大，而他的學生柏拉圖以及他學生的學生亞理士多德，都以爲教育和政治學是不能分開的。蘇格拉底每每在市場的處所，健身場的走廊，及其他公共的地方，聚集他的一班朋友，用詢問的技巧導引他們，使他們看出自己對於眞理之無知。無論原來所討論的問題是怎樣平凡，他總曉得如何使其帶着一種玄學尊嚴的色彩，總能够導引學生看出一種有系統的人生。他把雅典從前傳統的信仰和習俗一項一項的搬出來，次第的研究討論，用合理的辯證法一一重加考慮。因爲這樣，就詆誹他爲敗壞青年者，說他把青年從運動場誘惑出來，加入狡猾的哲學競賽。因此，蘇格拉底可說是雅典人民的蝨蝨。把他從自滿的無知中刺醒來，結果造成一種世界從所未見的文化復興。

蘇格拉底沒有什麼著述，但是他那種價值千金的論調已有柏拉圖替他充分的傳流下來，而使希臘一般人曉得這個敗壞青年者實在是一個有智慧的模範人。在柏拉圖的對話集裏，蘇格拉底是討論的領袖，其他的人不過是陪襯罷了。從教育方面看來，以及從其他各方面看來，柏拉圖最偉大的著作要算是共和國了。這部書表面上似乎討論正義（justice），但實際上所研討的乃是如何用正當教導和訓練的方法，可以產生出公正的人和公正的政府出來。這書裏面說，正義的性質在一個國家裏看得清楚些，因爲國家比個人的範圍要大。因此，一個理想的國家，是建築在分工制度的基礎上。在這樣的國家裏，每一類的人做他們自己的工作，不妨礙別人的工作。如果人民都過一種簡單的生活，就不會超過他們生活的費用，或是貪婪鄰國的土地，鄰國也不會與這樣一個無誘惑性的國家來開戰。但是如果國家是趨於奢侈的，則必須有更多的人民以供給其各種慾望，必須更多的土地，而戰爭便是一種常態了。

這樣，就有一班士兵或衞戍是不可少的了。既然戰爭是一種技術，則分工專業的原則也可應用於這班士兵，正如其他工作者一樣。那麼，我們就看這班士兵的教育是如何。在體力方面，他們必須是敏捷強壯，在心智方面必須是對於敵人兇猛而對於同胞和愛。但是一個人能否同時教導他兇猛而和愛，勇敢而溫柔呢？這是可能的，因爲一個指教得好的狗正是有這兩種性格。狗是以牠的認識爲行爲的標準，對於凡牠所認識的便親熱，凡所不認識的便兇猛。既有了狗這種模樣，所以士兵必須學習哲學，而後纔能分辨清楚國家的朋友和敵人。

對於兒童最初步的教育，最好無過於是歷來傳統的，就是心智方面爲音樂和文學，身體方面爲運動。柏拉圖每每把文學包括在音樂之內。從這方面看，音樂教育應當是在運動之先。開始的題材是假設，而不是眞實，因爲最初的教材是荷馬及其他詩人的故事，這些故事雖則是產生於荷馬那種驚人的天才，但是把神和英雄的行爲給人一種不好的印象，所以爲理想教育的緣故，必須大大的加以修改。作者所描寫的神，不應當是邪惡的，不公正的，殘暴的，奸詐的，欺假的，貪婪放蕩比人還要軟弱的。

根於這個原則，我們就曉得故事是應當如何敍述的了。既然祇有善良的纔可敍述，祇有善人纔可爲詩人，則著作者把故事講述給別人聽時不會迴避責任，如在悲劇中喜劇中及史詩中的許多部分，正如荷馬把他的故事講給祭司克利塞斯（Chryses）聽一樣。這種敍述的方法，是直接的敍述，因爲一個好人總是喜歡把好事本人講出來。

音樂可分爲三部：詞句，協和，音韻。詞句的性質已經是有一定的了，就是要簡單，有節制，善良，表現勇敢和秩序。協和和音韻必須合乎詞句。因此，呂底亞（Lydia）和愛奧尼亞（Ionia）那種調子是不能要的，因其所表現的是熱烈的情緒和悲哀。祇有多利亞（Doria）和弗里家（Phrygia）的纔能存在，因爲前者是嚴肅的，後者是有節制的。他們不必分析各種韻律，祇有合乎這種情調的纔能存在。

實實在在最後講起來，凡詞句，協和，音韻，都必須有賴於善良的天性。凡對於青年其他種種的影響，也不可忽略，凡建築家，雕刻家，畫家等，都必須像詩人一樣受同樣的檢查。如此，青年必須是生長在一種健全之地；凡美感和豐富的優良作品，必須從各方面對着青年的眼裏耳裏灌注，這樣在不知不覺之中便形成他一種合理的眞美的形態。

第十一章　理想國裏的教育

柏拉圖理想的共和國裏對於軍人階級有一種很週詳的教育制度，但是對於工藝階級的教育，以爲祇能用摹倣的方法和學徒的制度。蘇格拉底對他那班貴族的學生講演時，對於工人舉出一種制度是合乎他們的智力，刺激他們的道德觀念的。他幷不是把工人置之度外的；他們是容許擁有錢財的，他們也不能因爲出身微賤，或貧窮，或其他的原因而不能高陞，除非他們是缺乏精神或智慧。不過工人對於政治是無份的，他們的天命是要服從。他們不能有任何藉口奪得統治之權，不過如果他們的子女是有才能的，還是可以被選幷訓練爲後代的統治者。

理想國裏軍人或衞戎的教育已經述過，現在要看他們適當的生活方式是應當如何的。他們既有了軍權，就不可利用此種權柄以爲個人或本階級的私利。要達到這個目的，他們的生活必須是營幕生活，一切物產均爲公共的，絕對不能據有一點金或銀，一年的費用之外不能有剩餘或賺利。他們對於塵世的鑛產沒有什麽用處，祇可寶貴內部精神上的那種金和銀。在這種情形之下他們就可以得到快樂，不過無論怎樣，所追求的快樂不是某一階級的快樂，而是全國各界的快樂。

兵衞的職務既是在乎保存國家，則不僅是軍事上的服務而已。凡有危及和平或戰爭的危險，都必須努力消除，還有關於貧富教育等的改革，如貧人缺乏工具，富人缺經濟的刺激。再則，一種新的音樂或文學可以震撼全體國民的根基，所以即算有了一種完美的國家，其教育制度是要不惜任何犧牲保持之的。任何外來的人，無論他怎樣的有學問，怎樣的聰明，都不能擾亂之，或是提倡新的思想或習俗。

當然，在一個完美的國家裏，統治者必須有統治的資格，他們必須特有的條件便是智慧。查驗誰是最聰明者的一種制度，便是對於兒童要不斷的詳細察看，幷用系統的方法試驗，看他們是否能抵制快樂試探，以及各種肉體和道德的迫脅。這可說是智力測驗史中第一個用科學方法以爲教育之用的。軍人是從有勇敢的青年中選出來，統治者又是從有智慧的軍人選出來。這樣被選的還是和他的同伴一樣受軍事訓練，直到二十歲畢業。然後他們再研究數學以至於三十歲，再接着五年研究哲學。到三十五歲的時候，便分派他們任各種長官的職務，凡十五年之久。此後，他的心智是趨於哲理的，便把他其餘的一生專注在一種最融和高貴的職業——便是對於一切眞和善優閒的默想。

由此看來，所謂正義便是有賴於一種正當的教育。關於個人的正義，便是卑下的慾望能與高尙的精神和理智調協；國家的正義，便是統治者軍人工人能調協的各任其職守。統治者也不要把那些羣衆不懂的道理自閉而覺自滿。他們應當把自己如何達到光明的路徑指點出來，使那些困於黑暗的羣衆的心靈也能够逃脫出來。

共和國對於教育思想發生了很大的影響，其中諷刺之詞也是不易捉摸，所以我們對於書中的任何部分不能斷章取義的以爲可認眞實行之。這是討論教育的全題及其各方面一部空前未有的書，這可說是一種知識上的酒，供給了一種健全的刺激品。

第十二章　亞理士多德政治論中的教育

柏拉圖的弟子亞理士多德（384–322 B. C.）對於他先生的教育理論，重新加以考慮并有一些補充的地方。但丁對於這位著名的先師稱之爲『知者之師。』他把整個範圍的科學都重新加以改組了，在十六世紀時他被認爲凡關於世俗科學最高的威權。關於他一生的記載，我們惟一可靠的威權是紀元前第二世紀的一個作者亞波羅多勒斯（Apollodorus）。大概從十八歲到三十七歲他是在柏拉圖的教導之下。大概有三年或三年以上他是在馬其頓的皇宮裏爲太子亞歷山大的教師，因之後來亞歷山大的武功把大希臘主義傳播到近東各處。過了一些時他仍舊回到雅典，開了一個學校名叫 Lyceum，這樣一直到紀元前三二三年，就是他死的那年。

後來有一篇記述關於亞理士多德的圖書館和稿本的命運，我們就可知古代的書籍，卽算是最著名學者稿本，是怎樣的容易敗壞破碎，甚至於遺失。亞理士多德把他那空前搜集得最多的圖書館，遺傳給繼續辦理學校的他的學生提奧夫剌斯塔（Theophrastus）。三十五年之後，這些書又傳與泥流斯（Neleus），他運回小亞細亞西皮西斯（Scepsis）他家裏。惟恐拍加馬斯（Pergamus）的王把這些書奪去，泥流斯的後代又把牠們埋在土裏，凡一百八十七年之久。大約在紀元前一百年的光景，這些書又賣給一個藏書家名亞比利康（Apellicon）的，他就帶回雅典。當紀元前八十六年薩拉（Sulla）佔據雅典時，乃爲他所劫去運往羅馬。在羅馬最後纔找着了一個整理編纂的人——羅德斯人安德洛奈卡（Andronicus 50 B. C.）。像這種情形，當然古代的許多書，特別是亞理士多德的著作，是零碎的，錯誤的；而且我們曉得這些書都是人工抄寫的，而抄寫的人大半是奴隸，他們不是哲學家也不是文法學家。

關於教育問題，亞理士多德在那本未寫完而最後一篇是政治論的書裏，討論得很清楚，這本書主要的題目是：（一）教育之統制與組織，（二）音樂，（三）體育。

（一）亞理士多德以爲教育對於一切的人都應當是一樣的，因爲國家祇有一個目標，沒有許多。因此，教育應當是公衆的，不是私人的。教育是國家的事務——主要的事務。不過教育的目標還是沒有決定：是功利呢，是道德呢，還是高深的知識呢？目標旣不能決定，則工具也不能決定，不過大概而論，最好的教育是發展自己的，換言之，就是爲教育而教育，不是爲其他的目的而教育。實用教育祇能實施到某種程度，使孩童不變爲鄙俗。初等教育的課程一部分是開化的，就是爲其本身而讀的，一部分是非開化的，就是爲其他外界的原因而讀的。課程大概所包括的是（a）寫讀，（b）體操，（c）音樂，（d）有時有圖畫。每每文學是包括在音樂的項目之下。

（二）音樂大概是爲娛樂而學習；不過把牠包括在課程之內最初的原因，是因爲牠是一種正當的娛樂，是對於閒暇最好的利用法——這是一切行爲第一個原則。優閒比做事要高尙些，因其能供給一種眞正的快樂，不過快樂的性質也有高下的差別，『最高尙的人其娛樂也是最高尙的，是由最高尙的根源發出來的。』『父母對於孩子有一種教育，不是因其有用或合乎需要，而是因其是開化的，高尙的。』……『總是追求有用的東西不能養成自由崇高的心靈。』

學習音樂是因爲（a）娛樂休息呢，（b）有助於德性呢，還是（c）爲一種優閒教化的快樂呢？第二種是柏拉圖的主張，第三種是亞理士多德的主張。無論怎樣，還有這個問題兒童們是否自己也應當唱奏音樂呢，還是祇欣賞別人的音樂呢？我們不能說：一個人要欣賞音樂，必須自己也善於音樂。『如果他們自己也必須善於音樂，則他們吃飯也必須學習烹飪，這實在是笑話了。』大概的情形是孩童年紀小的時候學習音樂，到成人便丟棄了。音樂的唱奏，除了某種音調之外，幷不使人卑下。如果祇爲娛樂之用，音樂在社交聚會時是很正當的。當然，音樂也有一種特殊道德上的影響。聽音樂的時候，我們的心靈經過一種變遷。除視覺之外，沒有其他的覺官與道德的影響有更密切的關係。簡單的音樂和簡單的樂器是最好的。笛子在教育上的功用是不相宜的，因爲笛子眞正的用處是發洩熱情。音樂有幾種目的，不僅一個。至少牠有三種價值，卽（a）教育，（b）純潔，（c）心智的快樂。音調應當與聽者的心靈相吻合；但是從教育的觀點看來，像多利亞人那種合乎倫理的音調是最好。不過其他的音調不必完全摒棄。多利亞的音調的好處，是介乎弗里家和呂底亞之間，因爲教育必須根於三種原則：（a）合乎中庸，（b）有可能性，（c）長成。

（三）健身的教育是因其能產生勇敢，其目的不在訓練體育本身。在教育上，習慣是在理智之先，身體在心智之先，因此，體育的訓練是宜於在孩童的早年。（柏拉圖是把音樂放在先，體育在次。）體育以拉栖第夢人（Lacedaemonians）的最著名，不過他們那種訓練使兒童過於殘暴，而不能使他們有一種心智的勇敢以對付眞正的危險。兒童的體育訓練應當是輕巧的。過度的體操是有害身體的；奧林比亞運動會中在兒童時得過獎品到成人時能繼續得獎品的，不過祇有兩三個人，就可作爲一種證明。童年之後，應當有三年是研究別的功課。到靑年的時期，便可以經過嚴厲的訓練，不過身心兩方面不可同時過度。

第十三章　亞歷山大里亞的文化

亞理士多德時代，也就是亞歷山大時代。古希臘各城市的獨立，已經成爲一種過去的光榮，卽算像狄摩西尼（Demosthenes）那樣狂暴的口才，也還是無法使牠們恢復。因此，雅典及其他城市的教育，便失去了從前那種社會的愛國的特性，而祇追求個人的進展和抽象的知識。希臘的學術，成爲概括的而不是政治的，普遍的而不是地方的。固然，早期的哲人在希臘各城市遊行，講演學術，其題材有些是抽象的，在任何政府下可以容許，但有時因爲要吸引聽衆，還是不得不把他們所講的合乎當地人民的性格和傳統。亞理士多德所計劃的教育制度，不是爲一個大帝國的，而是爲一個小城市國家的。但那時亞歷山大正是把希臘的領域擴充到亞洲和非洲，有許多戰勝的領土便成爲外部希臘文化永遠的傳播之地。這對於亞歷山大里亞這城，特別是如此情形；這是紀元前三二二年亞歷山大所建立的一個城。亞歷山大時的戰爭，正如十字軍之戰爭以及查理曼(Charlemagne）的戰爭一樣，在文化史上是佔很重要位置的。

當然，這些戰爭的結果，是傳播文化，而不是使文化進展。亞歷山大的戰爭并沒有直接產生大哲學家，大詩人，大科學家，不過牠們增加了讀書的羣衆，特別是正當那時學術創造最盛而由柏拉圖亞理士多德的天才結晶的時期。在伯里克理斯時代，一個所謂受教育的希臘人所讀的書是很少的，但是自亞理士多德以後，凡是對於書不熟習的人，便不能認爲是讀書人。亞理士多德據說是第一個搜集書籍成立第一個重要的圖書館的。他對於學術的整個範圍作一次總檢閱，而他自己應時的對於各種科學產生了一全套合理的有系統的課本。

但是書籍的通行，并沒有代替了哲人制度的那種高等教育，因爲他們那種講演動聽，研討精深，直到紀元後數百年之間，還是很通行。但是柏拉圖和亞理士多德的著作以及其他的科學著述，日漸盛行，結果是教育標準化了，凡稱爲讀書人必須讀過某某等著名先師的著作。這樣，比從前那種完全靠演講的教育，要得到一種較高的統一性。這或許也是從前的威權太過於壓迫，抑制創造，然而後來各派的學說，如禁慾派，縱慾派，犬儒派等，雖則對於亞理士多德的傳統學說，各按照自己的解釋而尊敬之，但還是有不少的批評和建設的思想。此外，在亞歷山大里亞及其他老的希臘城市，對於科學有很大的進步，雖則他們很少用亞理士多德那種繁重的歸納方法。國家對於教育的扶持，以及公衆對於哲人演講之熱心，且日有增進之勢。而且當時雅典有幾個講座是羅馬皇帝捐助的，而各派教師學說之差異，引起了不少活躍的騷動。

亞歷山大死後，接着是一個混亂的時期，結果產生了幾個獨立的帝國。其中的埃及落在梭特(Ptolemy Soter)之手，他努力想把亞歷山大里亞造成希臘文化之中心點。他得着當時雅典最偉大的一個學者法勒羅斯(Demetrius Phalereus)的幫助，建立了一個博物院，或曰大學，其中的教授是由國家給薪的；此外，同時還有一個圖書館，後來漸次擴充，成爲古代最大的一個圖書館。在埃及王第二朝，詩人卡林馬卡斯(Callimachus)很享盛名，當時不僅對於亞理士多德的著作崇拜，同時對於猶太和埃及的作者也很注意。當時已開始把摩西的律書譯成希臘文，因之亞歷山大里亞不僅在地理上，而在學術文化上也是歐洲非洲亞洲的中心點。各埃及王對於書籍之收藏，差不多認作一種可崇拜信仰之物。凡外人到亞歷山大里亞帶有書籍者，如果不留一本在那裏便不許他走；而且有一個時期，因爲恐怕拍加馬斯（Pergamus）也建立同樣大的圖書館，便禁止草紙之出口。據說第三個埃及王，以一筆很大的押金，從雅典借來一些很有價值的著作抄本，如伊士奇（Aeschylus）索福客儷（Sophocles）幼里披底（Euripides）等的標準版本。後來他過期不還書，捨棄了他的押金。

我們要曉得這些埃及王以及被他們鼓勵工作的學者們，都是希臘人，而被他們統治的是異族的埃及人。國家提倡扶持的制度，使他們易於努力研究工作，但是他們不能做偉大的創造工作，因爲沒有羣衆熱情的鼓動，沒有民族覺悟的刺激。在亞歷山大里亞所產生的詩歌，除提奧克立塔（Theocritus）的田園詩集之外，都是誇矜的，模糊的。至於重形式方面的學科如文法，音韻學，神話，辭書，古物學，數學等，則頗進步。如埃拉托色尼（Eratosthenes）所著的自然地理和數學地理，歐幾里得（Euclid）的幾何學，喜怕卡斯（Hipparchus）的天文學，阿波羅尼阿斯（Apollonius）的圓錐曲線法，都是在亞歷山大里亞產生的。

埃及自克利奧佩特剌（Cleopatra）死後，便終止爲獨立國；而自紀元前三〇年起，便成爲羅馬之一省，在羅馬統治之下，埃及的學術並未衰滅，不過是在哲學方面著名，在文學和科學方面不著名。猶大斯 (Philo Judaeus 20 B. C. 到 A. D. 40) 的著作，可說是新柏拉圖派的基礎，這一派到柏羅提挪(Plotinus) 爲最盛。以教育的訓練而觀，新柏拉圖派好像其他神祕的玄想的宗教，他以爲物質是非真實的，而應當對於每個人心靈神聖的性格，以盲目的直覺加以默想，由此而發展精神的生活。柏羅提挪說：『凡是一切實在的東西都是善良。統治一切者不是物質，因爲物質是暫忽的東西。物質必須過去，而後實在纔能出現，否則物質便會成爲理智的根源了。理智纔是根源，理智包括一切，一切東西的根源和產生，都是理智安排好的。』新柏拉圖派是後期羅馬帝國的時髦思想家；這種學說雖然把哲學教育僅限於少數人，然而他那種樂觀主義，主張努力，默思善良，注重表徵，不顧經濟情況，以及重視心與物之對峙等，使其成爲基督教教義的勁敵。然而後來他墮落爲充滿了鬼魅的迷信，過度重視物質的存在，以致有礙於科學的進展。

第十四章　後期希臘的哲人

馬其頓帝國的勝利，結束了希臘文化的古典時代。由此從現代人的眼光看來，雅典的文化之盛，是後來無出其右的。馬其頓人及其繼承者已經是腓力式的希臘人，而從前的希臘主義祇是人人想追求的一種理想了。當亞力山大渡過海逵泗坡河（Hydaspes River）時，嘆着說：『啊，雅典人啊，我雖然得着你們的稱讚，但是你們曉得我做了一件幾樣危險的事。』他對於雅典的這種尊敬和仰望，實足以代表以後數百年一般人的心理。雅典最大的光榮就是她各派的哲學，其中至少有四派是獲得永遠地位的：（一）柏拉圖之阿加的米學派（Academic School），（二）亞理士多德的高足提奧夫剌斯塔（Theophrastus）在 Lyceum 附近所創之逍遙學派（Peripatetic School），（三）斯多噶派（Stoic School）雖然沒有正式的團結，但是其學理是一貫傳下來的，（四）伊壁鳩魯學派（Epicurean School），是由伊壁鳩魯斯（Epicurus）的房屋和花園傳下來的，正如阿加米得派是柏拉圖的財產傳下來的。接着柏拉圖的那一代各學派的教師，除斯多噶派之外，雖然都是傳有產業的，但還是從學生收學費。當時這些哲學的學院，與詞令學校互相對峙。有許多學生同時進這兩種學校。在進這兩種學校之先，必須先入文法或文學學校。在這方面文法學家教文法的原則，批評家（Kritikos）則教文學批評，着重詩藝的闡述。

希臘人尊敬文學，但是他們所喜愛的是口頭的講演。的確，那班哲人是很精於講臺藝術的人，他們的聲調吻合於題材，使人發生一種快感，以致每每一個著名演說家的詞句，常常在街上聽見重述着。他們個人的像貌是很奇特的。他們特別的服裝，長的頭髮，瑪瑙圈子，那種優雅合度的態度，動作，和姿勢，那種不慌忙不粗鄙而產生出來的詞令的力量，表現某種人物或情形生動的技巧，以及對於討論任何題目能反復發揮的能力等等，都足以使那些聽講的學生都充滿了求知的熱情和忠心的情緒，這也是合乎多受了教化的人的心情。

希臘雖然也經過許多的戰爭和其他的擾亂，但是直到紀元前八六年薩拉（Sulla）領着羅馬軍隊來攻破雅典之先，除了紀元前二〇〇年時城外的運動場和紀念牌坊為馬基頓的軍隊所毀滅之外，大概而論，雅典的學術進行，總算是沒有受什麼大的阻礙。到蘇拉來的時候，便把亞理士多德和柏拉圖所設學校附近那些歷來哲學家散步的美麗的森林，都一齊砍掉，以供給他戰爭工具的材料；不久以後，雅典的街上便漫溢着國民的鮮血。然而後來這城市和其中的學校還是恢復了。羅馬人以及別地的人仍舊到雅典和羅德斯來讀書，西塞祿（Cicero）還是喜歡在阿加得米的附近研究哲學，即算本地的希臘人也沒有像他這樣尊敬這學校了。除西塞祿和他的兄弟琴塔斯（Quintus）之外，雅典吸引來的羅馬人還有努米底克斯（Numidicus），布魯特斯（Brutus），賀拉西（Horace）。羅德斯所吸引的羅馬人有安多紐（Marcas Antonius），愷撒（Julius Caesar），布魯特斯，加西阿斯（Cassius），西塞祿等。

我們在此還要加述一下，雖則在基督紀元以前時代雅典的教育有私立的或有人捐助，但是同時在別處也有國家辦理的教育。在小亞細亞的提奧斯（Teos）有一塊大約紀元前第三世紀時的碑，上面雕刻着一個國民捐贈一筆款子，爲一切自由的同胞們男女小孩子的文字教育，以及專爲男孩子的音樂和軍事教育。班次是要分級的，教員由國家指派并給薪。同樣，在紀元前第二世紀時的特爾斐(Delphi)和羅得斯，也得着了大宗的款捐爲公共的教育。希臘的歷史家對於羅馬的制度一向是稱贊的，但是批評他們沒有一種立法的教育制度，則可見希臘各城市對於這方面是頗進步的。

上面已經講過，雅典已經發展了一種大學教育的制度。當成人學院公開於各地的人的時候，因爲牠那歷來的名譽吸引了很多外地的學生。雅典失去政治的獨立之後，講演的藝術便由公衆的而退到學校裏來，但在基督降生紀元以後，又大大的發達。現在的哲人不是一個一切學術的師傅，而是一個善於詞令的講演家。哲人演講的內容，包括各種各類的題材，不過大概分爲兩類：一類是爲表演的，一類是爲思考的。因爲羅馬皇帝的提倡，於是哲人享受空前的大名。羅馬皇帝哈德良(Hadrian)在羅馬建築了一個Anthenaeum，希臘和羅馬的哲人常常在這裏作公共講演的表演。哈德良在亞歷山大里亞的博物院裏也有同樣的提倡。庇護(Antonius Pius)在各城設了許多講座，大概是在必要時幫助各市政府給薪水。奧理略(Aurelius)把雅典已有的講座更增加了數目。非羅特剌塔(Philostratus)對於紀元後第二和第三世紀時的哲人，有許多詳細的記載；

琉細安（Lucian）對於他們的癖性，也有一些敍述。這兩位自己，也是哲人之一。

在紀元後第三世紀時，因爲國內的不安，以及有些羅馬皇帝的無爲，或是對於教育之淡漠，甚至於仇視，以至影響於高等教育。這時的哲學衰微，不過詞令還是保持牠從前那重要的地位。到君士但丁時代，對於學術有許多特殊權利，於是教育又趨於復興。後來基督教的思想和異教的哲人思想敵對很是厲害。發揮異教哲人之觀點的是力貝尼阿斯（Libanius）。他和他的門徒則擁護着反基督教的皇帝朱理安（Julian），因爲他不僅恢復了從前基督教帝國所捨棄的聖潔的舊禮教，而且恢復了已往的文藝。不過很可怪的，像基督教學者大巴錫耳（Basil the Great）和拉錫眞（Gregory Nazianzen）可以和異教的學者同在雅典的大學裏研究，這就可見兩方的衝突雖則有時很激烈，但并非水火不能相容的。祇有在紀元後五二九年時，纔有羅馬的皇帝查士丁尼（Justinian）發下一個命令，把雅典的所有異教學校封閉。哲學學校所受的財產津貼都充公，而古希臘的精神便淹沒了。

哲人的黃金時代，是羅馬帝國的早期。那時雖然一兩個皇帝未加以倡導，但祇是暫時的。紀元後第四世紀的哲人——其中有幾個是基督徒——可與第一和第二世紀的相抗衡。每每一個哲人是希臘城市中最重要最受尊敬的一個人。在重要事件發生時，他可代表本城往其他的城市爲外交專員。他可以免納賦稅，除了他自己願意的之外，他可以不必擔任政府的什麽職務。他這種職業在公共的眼中看來，比哲學家的地位要高些。他的薪水是由市庫或國庫撥來的——有時兩方面都有——大概薪水是由誰方出的，便由誰方指派。到後來君王對於市政府把地方的經費拿來發薪，有點詬嫉，於是後來發出一個命令，凡是未得君王許可的，不能亂發薪金。凡是未得政府派任的哲人，就靠收學費以生活。

古時的大學，雖則不是一種團體的組織，但其中有些部分，如雅典的哲學學院，都是如此。還有其他有些著名的哲人由市政府派任并發薪的，則爲市政府的官員之一。在必要時，他們可以請其他次等的哲人來助理，在校中教課。如果學校是無學位和文憑的，則學生進這種學校大半是因爲教員有學問或是有名聲；但是在一個小城市裏，如果一個青年想在政府裏做事，或是一種學術的專業，則必須有學位文憑。

在大學裏，主要的課程是詞令和哲學，但餘外還有教天文，地理，政治，文學，幾何，法律，醫學等的先生。不過很明顯的，最重要的還是公共講演，其他的科目都在其下。但那時的高等教育印象和發揮還是同時幷進，有極密切的關係，而他們研究文學之達到精微之處，也從沒有像他們那樣徹底。

哲人所採用的教授方法是怎樣呢？論到修詞，他們是把每種文體的格式，一種一種次第加以分析。如果所研究的例子是神話或是寓言，這雖則祇是一種文體，但發揮起來是很多方面的。神話有牠一種特殊的風格。牠是一種很古的故事，作者是無名的，有普遍性的，永久的，由這種神話而產生了古希臘的宗教。對於文章，學生應當遵守清淅，直接，簡單，自然，避免做作等條件。他們要記憶各種的神話。敍述的方法，有些是直接記下來的，有些是間接講與別人聽的，更有時爲求自然的緣故，同時相間用直接和間接兩種方法。故事記憶了之後，什麼時候可以在演講中採用，則要自己去配合。譬如一個駱駝，因爲想要有角，以致連耳朵也失掉了。又如克里薩斯王（Croesus），因爲想追求一個更大的王國，連自己的本國也喪失掉了。再則相反的方法，學生用自己文學的根源，創作一種故事以合乎歷史的事實，這種訓練也是不可少的。他還可以從故事看出其中的教訓，再加以發揮或歸納。他們的作品有幾個確定的標準來衡量：是否切當呢，一貫呢，調和呢，可能呢，清楚呢，莊嚴呢？其他修詞的條件還有文氣的轉捩，嚴格的推論，情感的激發，輕巧的幽默，銳利的責罵，甚至於一種高興的稱贊，或是花言巧語的迷惑。

攸內匹阿斯（Euapius）有一篇很詳細的記載，述及哲人裘里安（Julian）的高足弟子卜羅利塞斯（Proaeresius）自從他先生死後，被他先生仇人的弟子驅逐了，但後來仍舊回來，反而獲得了雅典學院主任的高位。其時當地羅馬的總督剛來上任，便召集雅典的各哲人聚會。他們來時似乎不大願意的樣子，對於某幾個一定的題目各演了一篇講。每篇演講之後，他們有組織的替每人拍掌。然後他們便走了，但是總督又把他們召回來，還把卜羅利塞斯也請來，便叫每人都同講一個題目，卜羅利塞斯也包括在內。除卜羅利塞斯之外，人人似乎都有點猶疑不決了。起先叫他來演講的時候，他看見他的兩個重要的敵人也在房裏，便要求他們先講，并要速記員進來記錄，而且人人都不許拍掌。等到他自己來講的時候，他的詞令和姿勢如此之好，以致別人禁不住要拍掌了。他講完之後，又重講了一遍，一個字也沒有遺漏，這由速記員的記錄可以證實。那位總督雖然是一個羅馬人，但是驚嘆他的奇才，以致忍不住擁抱着他。從此以後，就沒有人公然的敢反對他，雖則他的仇人仍舊暗地的與他作對。

古希臘的哲人便是如此，他們能把國家的文教存留在舌頭尖上，正如我們現今的人存留在書籍裏。他們開設的學校，比文學的學校要進步些，他們有廣博的學識，普遍的常識，道德的判斷力，以及流利的言詞。他們除了聰明的心智之外，還有健全的心境，特別文雅的詞令。如果他們這種專業有時趨於腐化，或是引起人的譏諷，同時代的人以及他們自己也很明瞭，但他們總是教學生們用思想，也用行動實行他們的言論。古今言論的表現，在古希臘時代是趨於詞令的，在中古時代是趨於辯論的，現代則是趨於文藝的。我們現在的自由教育，所用的表現工具是論文。但是這種論文，因爲不是直接的語言，沒有動作的表現，所以不是像哲人那樣具體的，那樣使學生滿足，那樣合乎一種專業的條件，也沒有那樣使人誤會，使人鄙視。

本篇參考書目

（一）

Aristotle: Politics, trans. Jowett.

Aristotle: Ethics, trans. Peters.

Becker: Charicles.

Bosanquet: Education of the Young in Plato's Republic.

Burnet: Aristotle on Education.

Butcher: Some Aspects of Greek Genius.

Capes, B.: University Life in Ancient Athens.

Davidson: Aristotle and Ancient Educational Ideals.

Davidson: Education of the Greek People.

Drever: Greek Education.

Dumont: Ephebe Attique.

Freeman: Schools of Hellas.

Grote: History of Greece (Chaps. LXVII–LXVIII).

Hobhouse: Ancient Education.

Laurie, S.: Pre-Christian Education.

Mahaffy: Old Greek Education.

Nettleship: Theory of Greek Education in Plato's Republic' (in Hellenica).

Plato: Protagoras, Laws, trans. Jowett.

Plato's Republic, trans. Jowett.

Plato's Republic, trans. A. D. Lindsay.

Plato's Republic, trans. Vaughan and Davies (Golden Treasure Series).

Sandys: History of Classical Scholarship.

Walden: Universities of Ancient Greece.

Wilkins: National Education in Greece in the Fourth Century.

Xenophon's Cyropaedia, trans. F. Watson.

（二）

Adam: The Religious Teachers of Greece.

Anderson: Some Facts Regarding Vocational Education among Greeks and Romans(in School Review, vol. xx).

Aristophanes: Comedies.

Bevan: University Life in Ancient Times.

Blumner: Home Life of the Ancient Greeks.

Botsford and Sihler: Hellenic Civilisation.

Burns: Greek Ideals.

Cole, P.: Social Foundations of Greek Education.

Dickinson: Greek view of Life.

Felton: Ancient and Modern Greece.

Girard: L'education athenienne au Ve et IVe siecle.

Gulick: Life of Ancient Greeks.

Hatch: Influence of Greek Ideas and Usages upon the Christian Church.

Kingsley: Alexandria and Her Schools.

Lane: Elementary Greek Education.

Livingstone(ed.): The Legacy of Greece

Mahaffy: Greek Life and Thought.

Mahaffy: Social Life in Greece.

Moore: Religious Thought of the Greeks.

Nettleship: Lectures on the Republic of Plato.

Newman: University Sketches(Ed. Sampson — Chaps. IV, VII).

Painter: Great Pedagogical Essays.(Chaps. I, II, III — Plato, Aristotle, Xenophon).

Plutarch: Lives, trans. J. and W. Langhorne.

Ritter et Preller: Historia Philosphiae Graecae.

Rusk: Doctrines of Great Educators(Chap. on Plato).

St. John: Manners and Customs of Ancient Greece.

Tucker: Life in Ancient Athens.

Westaway: Educational Theory of Plutarch.

Westerman: Vocational Education Among Greeks and Romans.

Wright: Greek Social Life.

Xenophon's Cyropaedia — Selection in Painter's 'Xenophon' in Great Pedagogical Essays.

Zimmern, A.: Home Life of the Ancient Greeks.

第二篇　羅馬教育思潮

第一章　早期羅馬教育

大概而論，從神話建立的時代到紀元前的第二世紀，這個小小的羅馬城市，總沒有需求外界的文化，雖則與希臘比較起來她的文化是很粗淺的。早期的羅馬人，是一個農業的民族，而不像鄰國的那樣商業化。但是當時他們與西西里和南意大利的希臘殖民很接近，在他們彼此往來之中，對於羅馬的思想必定有相當的影響。從紀元前第三世紀到第二世紀，是從羅馬本土的文化轉變到希臘羅馬混合文化的過渡時期。重要的一點我們要曉得的，就是當羅馬是一個城市小邦時，祇有一種有限的本土的觀念，後來成爲帝國時，則對於希臘那高尚的文化，不能閉着眼睛了。現在我們對於最初羅馬文化的社會標準，以及紀元前第二世紀以前羅馬青年所受的教育的性質，以使那些標準在成年時實現的，且大略加以考查。

以道德方面論，早期羅馬人顯著的德性，是打仗的勇敢，自尊，勤作，忠心，服從。他們是極其愛國的，因爲他們四週圍都是一些好戰的小邦，如果要保存自己的國家，必須有一種能保持長期戰鬭良好的制度。他們也好像斯巴達人一樣，他們所受的訓練是要完全屈服於國家，甚至爲國家犧牲。差不多他們惟一的工業就是農業，此外就是紡織以爲簡單衣服的材料，房屋的建築，家用的製造。至於精細的手藝和工業，則他們不及伊特納斯坎人（Etruscans）了。他們沒有什麼藝術或文學可以比得上希臘人，雖則據說他們的祭司有一種傳統的祕密學識，這種學識除猜想之外實無所根據而衡量。他們那種很淺陋的詩歌和戲劇是很粗糙的。無結構無想像的，言詞也很粗鄙的。貴族是住在城裏，榨取平民的錢，過着比較舒服的生活，把國家的事僭自分派與本家的人管理，但有時那種共和國的自由精神也得着勝利。他們的宗教不像希臘那樣顯著的有一種美育的影響，而他們的儀節是有一種具體有實用的目標的，如收穫的時期，或是想保護家庭或抵禦外侮的時期。

在鄉村的鎮市裏，學校的需要似乎不大感覺到，而他處一般的學校，直到受希臘的影響較大的時候，纔與起來。鄉下的男孩對於耕種之術，是從父母學來的。在小農家的範圍裏，用不着什麼奴隸，因爲他們的工作是不能營利的，一個人終年的勞苦，剛剛祇能够一個人的生活。他們的家主，對於子女是有無限之權，法律許可父母把子女置之死地或賣爲奴隸。這樣的事不大有，不過因爲法律有這種規定，在羅馬做子女的對於父母之特別服從尊敬，是很顯著的。女孩子從母親習家務，不像希臘那樣與男的完全分開。後來有初等學校設立的時候，女孩子似乎與男孩子一同入學，男女孩子有時在母親膝前學習寫讀，但是對於音樂或其他文藝則不知。

在羅馬本城之內，當很早的共和國時期，似乎就有一種學校設立在市民廳的廊前。據早期羅馬的傳說，惠吉爾（Virgil）曾經是這種學校的學生，但是有些作者如李維（Livy）則以爲當時的學校，其古代的根源是不大淸楚的。這種學堂裏所教的，有寫有讀，而簡單實用的數學，如珠算等，則比較希臘的學校裏所佔的時間還要多些。在紀元前第三世紀中葉安德洛奈卡（Livius Andronicus）尙未把奧德賽（Odyssey）譯成拉丁文之先，他們還沒有適當的文學讀本。不過他們對於學生所教的有十二律（Code of Twelve Tables），還有羅馬歷書，都是要學生記憶起來的。學校的懲罰很嚴厲，有時到殘暴的地步。學校生活也沒有像希臘的那樣融和可戀。

西賽祿想在羅馬本土的文化裏找一點東西可以比得上那無價之寶的希臘哲學，於是宣稱羅馬的十二律比起希臘的一切典籍，無論從學術的威權或功用上，都要遠過希臘之上。這種說法雖然是過於誇大其詞，但是很確實的羅馬是有一種律書，包括公民，道德，宗教各項；他們對於這種律書之尊敬，正如希伯萊人之尊敬十條誡一樣。這律書上所載，對於犯罪者都有極嚴厲的懲罰。譬如：『凡有故意焚燒房屋或房屋附近之草堆者，則必處以捆綁鞭笞然後焚死之刑罰。如係疏忽而起火者，則須賠償損失，如其過於窮困，則處以輕刑。』關於節儉和約束行爲的律令也有。此外，『焚屍之柴堆不可弄倒。』……『女子不可扯髮，也不可過度的啼哭。』

早期的羅馬人不像希臘人在健身場裏運動，也沒有那種設備完全的舒適的沐浴。這是到帝國時代纔興起的。不過從古以來羅馬青年對於軍事訓練是強迫的，他們從城裏到馬齊烏斯場(Campus Martius)去作野外的練習和軍事的實習。除了體力和軍事的實際功用之外，他們對於動作的優雅和形式的美麗是不大注重的。

第二章　希臘影響下之羅馬教育

紀元前第三世紀安德洛奈卡所譯的奧德賽，後來馬上在羅馬帝國的各學校裏適用起來。安德洛奈卡似乎是一個獲得了自由的希臘奴隸。他也是像其他的希臘奴隸或自由人一樣，爲羅馬的主人僱用作關於教育的工作。這種奴隸的制度，在奧古斯丁時代的文明人耳中聽來，雖然是一種殘酷的辦法，然而卻使拉丁文中的文學教育得以實現。安德洛奈卡可說是羅馬文學之祖。據波盧塔克所記載的，大約在紀元前二三〇年時，有一個羅馬人名叫伽非利爾（Spurius Carvilius）的，開一個收納學費的正式學校；據說這是第一個像這樣的學校，不過這件事實還沒有確實的根據。據斯韋托尼阿（Suetonius）所說的，第一個眞正大文法學家在羅馬講演的文學的，是馬洛斯（Mallos）人克雷提（Crates）。他是一個著名的希臘學者，是拍加馬斯國王派遣他到羅馬來辦理某外交事件，但是因爲一件不幸的事不得不留在羅馬。他跌在一個溝渠裏，折斷了腿子，遺對於他自己雖然是一件不幸，但對於羅馬的文化卻是一件幸事，因爲他在休養的時期便好好的預備一些講演，講給羅馬人聽，而羅馬許多其他的學者都很快的來做效他了。

一個充滿了學問的羅馬教師叫做『文學者』(literator)。一個文學者對於寫讀的技術比一個普通的教書先生要高深些，至於一個文法學家(grammaticus)便是一個批評詩歌有名的教師。辛尼加(Seneca)是一個羅馬的哲學家，也就是一個文法學家，或曰文學家；他把哲學家語言學家和文法學家三者不同之點區別出來。他以爲哲學家是研究事物之根本意義的，語言學家是研究語言之歷史和根源的，文法學家則是研究文學的。照希臘的定義，所謂文法學家的藝術，包括有準確的讀音，詞藻的解釋，罕字及題材之講解，字原學，有規則的文法之格形，還有最後最重要的，便是詩歌的批評。羅馬人對於文法學的見解，也就是如此。所謂詞令學者(rhetor)，就是教講演的教師，不過他也像文法學家一樣，對於所教的學生必須叫他們同時要注意邏輯，數學，甚至於音樂的理論。

舊式羅馬人心理的習慣，本來是很保守的，所以希臘的文物制度向着他們進攻時，他們當然的也極力反抗。大約在紀元前第二世紀中葉時，有兩個在羅馬的伊壁鳩魯派哲學家被趕走了；在紀元前一六一年時，對於哲學家和詞令家之驅逐和禁止入境，立有確定的法規。在紀元前九二年，檢察官們表示對於當時學生們新起的那種訓練不大滿意；他們覺得青年們去上那種拉丁演講的課程是荒廢時間，還是不如遵照古來一向的辦法。但事實上是講詞令的一天一天盛行起來，而文法學也日漸根深蒂固了。奧古斯丁驅逐在羅馬城內的外人時，但對於七藝的教師們卻認為例外。當時所謂七藝便是文法，修詞，辯證，數學，音樂，幾何，天文。

在帝國之下，如果一個羅馬的孩子想學法律，或將來想做官吏，或以教授文學詞令為業，而他家裏是有錢的，就替他請一個教師，無錢的，就進本地的學校。學校裏所教的是各項粗淺的知識，大概包括寫，讀，一點拉丁文學，如珠算之類的實用算術，練習快的心算，曆書，一點軍事訓練，還有十二律；不過最後一項漸漸不通行，而代以其他公民及宗教的課程。這種學校讀完之後便把他送到羅馬或其他中心城市在一個比較著名的文法學家足前受教，正如賀拉西（Horace）就是他父親帶去的。他在這裏所研讀的大概是詩歌，不過還有數學概要，音樂原理，邏輯，修詞學，還有最重要的便是希臘文。有些文學教師似乎是從教希臘文開始，因爲他假定拉丁文法總是有機會可以學到的。因此羅馬的中等學校與希臘的不同，所注重教的是一種外國語文。凡學校畢業以後想對於文學或詞令深造的，便到雅典或其他希臘文化中心城市去繼續研究，正如西塞祿賀拉西一樣。當然，有許多學生無福氣去遊歷或往東方去深造，但如果仍舊是在羅馬或其他西方的大城市，則文學學校讀完之後，可繼續入詞令學校。關於這樣過渡升學的年齡還沒有一定，文學教師堅持在學文學之先要一種文學的基礎學識，詞令的教師則堅持在入學之先早年對於詞令就有一種訓練。最著名的演講教師昆體良（Quintilian）曾經這樣說：『似乎一個人要學會了演講之後，纔許他來學演講！』

比較著名的詞令家由國家給薪，這種制度是惠思葩西安皇帝（Emperor Vespasian）所創的。在雅典有許多講師也得着同樣的利益。據普林尼（Pliny）所載，免費受教育的兒童大約共有五千，每人還因着圖拉眞（Trajan）糧食之豐富得一分穀。很明顯的，各市政府對於高等教育之管理和經費，也是有一部分責任，至少在帝國的後期是如此情形。從君士但丁帝時起，有許多榮獎和特典賜與文法學家和詞令家。反對基督教的皇帝朱理安不許教文學的經典，因爲恐怕他們對於他們所不同情的理論，不能公允的教授。羅馬人之急於想吸收希臘文化，正如希臘人之急於想傳播他們自己的文化。

自亞理士多德死後所興起的各哲學派，特別是斯多噶派伊壁鳩魯派以及後來的新柏拉圖派，在羅馬異常興盛起來，正不減昔日之雅典或亞歷山大里亞。哲學家所開設的學校沒有像文法學家或詞令家那樣的正式，而他們的學生大半是成人，在比較受高深教育的人的生活中，哲學實在代替了宗教的位置，而是對於基督教神學發展一個很大的阻礙。新柏拉圖派特別招致早期神父們的極力反對，因爲他們覺得這派不僅有許多迷信，而其最重要的道理對於宗教信仰是很有危險的。

第三章　昆體良

昆體良(Marcus Fabius Quintilianus)原是西班牙加拉格利斯(Calagurris)人，大約生於紀元後三十五年。他做了一些時的律師之後，最後在羅馬開設了一個公共學校，發了大財，并從惠思葩西安帝(Emperor Vespasian)受薪。據朱味那爾(Juvenal)所說的，一個教書先生像這樣的成功，實如白羽鴉一樣的難得。在杜密善(Domitian)爲帝時，他做到執政官(consul)之職。他最著名的一部教育著作演講學校(Institutes of Oratory)，羅馬各演講學校採爲標準的課本。

分析：

現在我們撇開昆體良對於演講的藝術詳細的討論不提，且把他對於左列各題的意見略加

(一)演講教育的目標。

（二）演講學校課程的內容。

（三）演講教育各方面促成的力量。

（四）教授的方法及依照各兒童年齡及能力之教授法的適應。

一、演講教育的目標，是要產生一個善於演講的善人（原書第十二篇第一章。）『無論何人，如果不是一個善人，便不能成爲一個演說家。』他或許演講時有很大的力量，但是不能成爲一個完美的演講家。這種教育的目的，實在是要造成一個聰明的羅馬人，他能夠在學校裏參加討論，在政治活動上能夠主動。演講家不必限定屬於那一個哲學派別，而是要從各派取其最好的。他不僅是一個哲學家，因爲他也必須研究自然哲學，倫理學，辯證學，還有邏輯。不過一般人把邏輯對於演講教育的重要看得太過分了，而實在道德哲學是應當最重要的。正當的行爲應當居正當的推論之先。

二、一個小孩從最小的時候，卽算從保姆的方面，就不要聽到不合乎文法的語言。一個小學生應當從希臘文學起，而不應從拉丁文，因爲一個人無論想不想學拉丁文，他總會學得的。他必須學習寫讀，還把某些段記憶起來，大半是詩集。其次便是文法的研究，包括講話正確的技術，以及從詩集中提出的證例。一個熟練的文法學家，必須研究音樂，天文，哲學，詞令。閱讀的範圍，應當很廣大，自荷馬，惠吉爾以至悲劇和抒情詩選；不過有些抒情詩和悼亡詩因有損於道德，則不可讀。如果一個人能完全逃出道德的危險，則還可讀喜劇，特別是曼蘭德(Manander)的希臘喜劇。再則，在研究詞令之先還須學習的，便是幾何音樂和天文。詞令必須年紀很大了纔開始研究，好像一個青年必須學會了如何演講然後纔教他演講！

三、昆體良對於一個學習演講者的教育，凡環境上的種種工具，都未忽略。（a）保姆應當細心加以選擇，先是道德的標準，其次是語言的模範。（b）父母無論是讀書的或未讀書的，對於凡與兒童教育有關的事物，都應當特別謹慎。（c）教領孩子的奴僕應當是讀書的人，至少也要感覺得讀書的需要，因爲不然，如果他的行爲不好，反而有礙於好先生的教導。他的行爲應當是無瑕的。（d）七歲以內的孩子應當依其年齡在家施以適當的教育，然後便要進學校去。（e）應當進公立學校，而不應進私立學校或在家教授。因爲在公立學校裏有競爭的刺激，交友的機會，并可觀察別人的錯處。（f）肉體的處罰是絕對不可的，其原因很明顯。（g）文法學家的教育，是其他一切教育最先的基礎。（h）演講的學校應當接着文法的學校而來，不可進得太遲。文法學校和演講學校不可分隔太開。（i）教師的資格應當是有道德的，有威嚴的，不可太嚴，也不可太柔，公允而不可徇情，遇事精到，有以聲音而灌入心靈的才能。

四、摹倣是一種最先而最重要的學習方法。兒童卽算在遊玩的時候，可以把詩來記憶。的確，教育對於年小的兒童應當是一種娛樂。利用奬品是很好的，競爭的心理應當不斷的設法刺激。字母之形體應當與其意義和次序同時學習，不可分先後。象牙雕刻的字母可以給孩子們玩耍。學生可以用雕刻的凹版學習字母。拼音以及誦讀的練習應當徹底而不應當太快。練習抄寫的字句應當是難字或格言，以免浪費精力。練習讀音也應當是難讀的音和字句。教領的奴僕應當看管兒童在家裏的工作。嬰孩的時期不可以奢侈的環境以敗壞之；每每有許多小孩子在家中不知不覺的學得一些壞樣。照成績的優劣而排先後，是很好的辦法。放縱學生以致落後，這是教師的問題。分班次來教授，對於學生和先生都是一種刺激。

多量的能保持長久的記憶力，以及摹倣的能力，是兒童有才幹的表現。成熟過早的才能是不大好的。兒童要照各人的性格而管教之，不過每個兒童都必需遊戲娛樂。『不可太急，不可欺假，不可無自制能力。』習慣是影響最大的。

誦讀惟一重要的原則，是要教學生了解他所讀的。叫學生同時學習許多題材是無害的，因爲人心之構造可以同時對於許多東西發生興趣。孩童可以堅持多量的學習，他們將來也從不會有這樣多的時間來隨意支配。關於一種學習，個人的興趣也要顧到，反對自然是結果不好的。凡聰明的應當對於演講各方面好的都學到；心智差些的則學習比較易於成功的那些部分。心智平凡的人，則受限於先天，而藝術沒有什麼用處；極有天才的，則藝術每每可利用爲成功的祕訣。

第四章　羅馬文化與羅馬學校之課程

如果羅馬能承繼希臘的文化，這不是因為羅馬人心智的構造像希臘人，而是因為他們的威權達於地中海沿岸各領域那種力量的環境所造成。因為從羅馬人的天性看來，他們似乎并未表現有廣漠的興趣，把事實變為理想的能力，設想新的理想的世界，甚或妄想到未會思想過的新途徑。他們每每總衹看到人生的實際方面，而不看到理論方面；他們的散文，是一種法律形式的表白，或公共會所中一種實用的演講。他們的詩歌，在未有許多希臘的翻譯之前，總不外乎是一些宗教禮節的格式。

在戲劇方面，羅馬人有一種本土的喜劇，但是悲劇的開始，還是根源於希臘。羅馬原來的喜劇，有在鄉間的節期或收穫時演的 Fescenninae，有配着音樂，跳舞，做姿勢，由鄉村丑角表演的 Saturae，此外還有走江湖小丑的表演，粗鄙但是頗多警句，這一種從共和國末期至帝國文化沒落時在文學中都祇居於一種次等的地位。有些頗令人發噱的雜劇所謂 Atellanae，也造成了一些丑角。關於青年教育的材料，羅馬沒有什麼本土的喜劇，因爲他們的喜劇不僅極其邪淫放蕩，而文字也是很粗鄙淺陋的。

羅馬比較外表好看一點的喜劇，都是摹倣希臘的範本，而取材也是根於希臘。從安德洛奈卡(Livius Andronicus) 以至於忒棱斯(Terence)，羅馬戲劇的進步，似乎祇在於技術的精巧，而不在於思想的獨創。忒棱斯的戲劇頗爲羅馬帝國內研究文學者所愛好，希臘的喜劇也是學術界中人研究。至於本國那些 Togata，雖題材是關於羅馬本國實際的背景和人物，但因其粗陋低下，所以無學者去研究。

悲劇不是羅馬本土的，而是希臘移來的一朵野花。充其量，悲劇的詩人祇不過寥寥幾個，而況他們的天才也祇是次等的。譬如辛尼加(Seneca)的劇本祇有人讀讀，而無人拿來實際表演。不過在帝國的後期中，悲劇也算是文學研究的題材中之一部分。

自安德洛奈卡把奧德賽譯成拉丁文之後，在共和國時羅馬各學校即有史詩的課程。其後尼維阿(Naevius)作了一篇關於『羅迦戰爭』(Punic Wars)之史詩，英尼阿(Ennius)也把羅馬年紀編爲史詩。甚至西塞祿和屋大維(Octavius)也試作過史詩；在帝國時代則產生了琉坎(Lucan)的法沙利亞(Pharsalia)，還有許多朝廷或取材古史的史詩，但這些詩衹是炫耀文才和學識，而不是表現愛國思想或情緒。以英雄而不以歷史事蹟爲題材的史詩大概是取材於希臘，所以結果是呆板摹倣，充滿了累贅的外國神話。但是惠吉爾(Virgil)卻勝過了這些限制，而達到成功。他所作的伊泥易德(Aeneid)成爲文法學家採用的標準課本，牠那種鏗鏘的詞句在各處學校裏時時聽得歌誦。同時，有許多基督教的史詩也創作起來了，但是當然在異教中心城市的學校裏不能佔什麼地位。

有些詩完全是爲教訓而無宗教性質的，乃是特爲學生而寫的。有些奧索尼阿斯(Ausonius)所作的詩，印在日曆上的，就顯然是屬於這一類。還有些關於文字，詩韻，修詞，及其他類似題材之詩，乃是特爲幫助學生易於記憶而作的。這類的詩是後期帝國時一班文法學家所作的，後來中古時代許多學校的先生也很盛行作這一類的詩。所謂 Disticha Catonis，大概是羅馬帝國把基督教採爲國教之先寫的。這是一些編爲對語的格言的集子，爲學校之用的，後來直到中古之末還很盛行。我們曉得那時大概對於詩的形式比詩的內容要注重些。一般學者都習於善用各種音韻，幷以詩或散文的格式寫作各種理想的書信。在羅馬帝國之末，寓言，謎語，詩謎，及其他類似之雜體等，都非常盛行；此時六音詩也配有韻腳。

抒情詩雖不如敍述文之合於羅馬人之脾味，但很明顯的短詩非常之時髦，而哀詩則在學校裏研究寫作以爲文章風格之練習。作詩的靈感和力量減少，而對於詩的形式上的技術增加。

在羅馬教育中，散文祇佔一種次等的地位，正如希臘一樣。散文近乎講演，一則因爲學會了散文對於講演有實用，一則因爲受了西塞祿的影響，因爲他是首先提倡學校之採用散文的。歷史也採用散文，但是散文之研究既是因爲有利於演講的緣故，而不是爲記事的緣故，則歷史對於教育沒有什麽用處。不過實在講來歷史家確保存了許多事實和傳統，而每每這些事實和傳統大半是由前人所述，不是自己的經驗和觀察記載下來的。

研究古學的頗不乏人，奧索尼阿斯述及某一種研究的學者，對於深奧的古學比當時的拉丁文學和歷史還要曉得多些。羅馬人之中最有學問的要算發祿（M. Varro），但是不幸他大部分的著述都無存了。從發祿時代起——也就是西塞祿時代——就漸漸興起了一班極深究的學者，以主持各處的學校他們摒棄昔日那些抽象的理論，以及當時的實際生活。他們獨霸着文法學，專究字原學，文法，以及編輯字典等。第四世紀時多那忒（Donatus）所編的拉丁文法教科書，以及普立細安（Priscian）第六世紀所編的拉丁文法教科書，直到中古時代都不斷的盛行。所謂文法學家一方面是講究文法的專家，一方面也是批評家，所以照斯韋托尼阿（Suetonius）的意思，他們的職務是改良課本，分辨字義，并編輯註解。不過實際上他們所做的工作，不過摹倣希臘人而已。每出一部關於文法的新著作，都不過是選錄前人的舊作，每每又不註明出來，以至後來把各方面的威權都弄得淆混不清了。此外，當時的文法學家在學校裏不僅教字原學和文法，也還要教神話。神話是從希臘借來，不過字原學或者根據於希臘文或者根據於拉丁文，要看教師所注重的是那一種。

有才能的羅馬青年對於演講比別的學科都注重些。無論是在政治界，法律界，或軍事界，演講的技術都是同樣不可少的。有一本演講手册據說是大伽圖(elder Cato)所著的。正如李維所說：許多人做到大官，有些是從法律方面，有些是從口才方面，有些是從軍事方面。在共和國以及早期帝國時代，善於演講認爲是上進和求名的一種捷徑。西塞祿覺得希臘人是爲演講而演講，而羅馬人則是爲着想在法律界成功而演講。在演講學校裏受訓練的青年學生十八九歲時就要在公會所裏演講，有時在喪禮時演講以爲初試。從大伽圖時起，有許多演講的便把他的講演寫下來出版，但是在從前演講時是無記載的。西塞祿昆體良等的演講有書記記下來，方法或許是速記，出版時是得着或未得着演講的許可，有時是選錄的。在這種種情形之下，可知當時羅馬的演講事業，并不是像現代這樣隨意的一種職務。當時的演講是一種實用的有利的事業，是古羅馬的都察官所不齒的（在紀元前九二年時他們發令要把演講者逐出羅馬），但是有野心的青年卻很熱心這種事業。書上載着在上述這種逐令四年之後，有一個龐培(Pompey)的自由人卜拉特斯(Vultacilius Plotus)而精於拉丁語文演講術的，在羅馬開設了一個演講學校。在西塞祿以及其後的時代，也有許多希臘文和亞細亞文的演講教師。

在帝國時代，演講漸缺乏真實性，而日趨於卑下。各學校不能討論正經的題目，而成爲一些虛僞的中心點。古人是演說家，當時的人是修詞家，至少塔西佗(Tacitus)對於當時的批評是如此。

帝國時代自從政府對於修詞的教授付給薪水以後——第一個享受此種利益的是惠思巴西安朝之昆體良——便曉得如何限制言論的自由。第三世紀時之高盧(Gaul)和北非洲，成爲演講研究之重要中心點：高盧是因爲各教師對於演講的形式和風格之技術著名，非洲則是因爲有許多的演說家爲基督教辯護，如武道良(Tertullian)，亞諾比厄(Arnobius)，息普立安(Cyprian)，奧古斯丁等。

一個學生在文法學校讀完之後，通常的辦法便是入演講教師所辦的學校。在這裏的課程開始是例證，然後是演說法，思考，討論。討論的題目有判決例案，案情的分剖，以及減輕案情等。但是在各校裏所舉出的例案，離真實的太遠。普林尼(Pliny)拍特洛尼阿(Petronius)塔西佗等，都譏笑他們所討論的是一些不實在的題目，如專制君王，強盜，處女獻祭等。當時的政治是完全不許談論的。拍特洛尼阿以爲像這樣的教育，反使青年變爲獃子。甚至於薩拉和漢尼拔(Hannibal)歷史事實的辯論，也是不落實際的。至關於惠吉爾，奧維得（Ovid），荷馬等，文學的題目，則完全沒有。像這樣機械的虛僞的空談，在奧索尼阿斯時代，奧古斯丁時代，以至於第六世紀時，都一線相傳不變。關於散文作文的題目，和辯論的題目一樣無生氣。此外，在學校裏很通行的一種作文練習，便是寫作假設的書信；譬如，一個高班的學生可以假設由西塞祿寫一封信給該撒，或是辛尼加寫一封信給聖徒保羅。

寓言，傳奇小說，愛情故事等，都是不宜也不許在學校裏談論的。但是在荷馬的集子裏已有像這類題材的趨勢，在奧維得時已經在文學中佔了大部分的材料，則此類材料在教育中採用至如何程度，頗難確定，不過一定是不少的。最初的傳奇小說是從希臘翻譯而來，大概稱爲『米雷西亞』(Melisia)。亞飄利厄（Apulius）的變形記，差不多成爲中古時代某種小說的模範本。據說後期帝國時代的學校，這種小說比柏拉圖的著作還要盛行些。至少我們可以像這樣說：各君王的政策是要叫一般人民專心來研究這些瑣碎的事，以免批評政治。

雖則羅馬人的心智是偏於實際而不是偏於理論的，因之也就是愛好法律而不是愛好哲學的，但也還是不能逃脫希臘那種玄想的影響，如論宇宙和自然的構造，以及人的命運等。所不幸的，羅馬與希臘接觸之時，是正當希臘思想熱烈創造之後，因之祇有一點希臘哲學的餘輝映着那班想高飛遠走的羅馬知識階級。伊壁鳩魯派，斯多噶派，逍遙派，新阿加的米派，新柏拉圖派，以及次流的畢達哥拉斯派等，到羅馬都停歇起來，但他們以懷疑的態度視之，祇認爲是一種思想的訓練，而不是一種客觀的眞理。那班專講哲學的特別服裝和露着的肩臂，使他們認爲是一些走江湖的人。惠思葩西安和杜密善（Domitian）曾經實際上把這班哲學家趕出羅馬，但有時則任其開設非正式的學校，不受干預，甚至有時還頗出名，因之羅馬有一個皇帝奧理略（Marcus Aurelius）也是一個哲學家。羅馬最盛行的哲學，在早期帝國時代是伊壁鳩魯派，後期是斯多噶派。在第四第五第六世紀時，哲學又復興起來，因爲有許多異教徒要反對基督教的，都必須各有本人的立場。在第六世紀時波伊悉阿斯（Boethius）還作一次最後的努力，想保存古代的哲學，結果也算是有相當的成功。他把亞理士多德一部分的著作譯成拉丁文，他所著的哲學的慰藉一書，各學校研讀的頗不少。照澤力阿斯（Gellius）的意見，一般專以哲學爲業的教師，是奔走於有錢的青年之門，勸誘他們耗費終夜喝酒，以刺激研討辯論。一般羅馬人的意見，以為哲學是非宗教的，耗費時間的，並掩飾以求財的。

羅馬人對於法律的意見則完全不同。從最早的時期，羅馬人對於法律和秩序便有一種天才，一種機巧的實際才能，一種對於侵犯個人或團體權利爭辯的性格。據羅馬人相傳，從最早共和國時期，在公會所裏便有專教寫讀的學校；無論這項事實是否誇大之詞。總之，我們對於羅馬教兒童以十二律最初的根源，正如我們對於他們初等學校的根源，一樣的模糊不得而知。關於法律最初的淵源，在紀元前二〇四年時即搜有集子，此後對於例案也漸漸養成了彙集的習氣，於是除了法律考試本身之外，又有了一種新的研究的領域。對於法律，羅馬人並不是根源於希臘人的，而且據說一個羅馬詩人愈是有國家思想的，則他詩中所包含的法律愈佔重要的位置。演講的學校對於法律的研究也非常之注重，不過法律和演講兩者那方面比較注重些，則要看教師對於法律的知識和他個人的感覺如何。凡是一個人要學法律顧問的專業，便去從一個著名的法律顧問，聽他發表意見。西塞祿對於當時律師業的意見，有時是尊敬的，但有時是鄙視的。不過羅馬法律界之最佔勢力，爲一般最有才能最高尚的人研究的領域，不是在共和國時代，而是在後期帝國時代。給雅斯（Gaius）是對於民法（Civil law）的第一個教授，他所著的 Institutions 一書，便是對於這個題目開篇的緒論。繼承其後最著名的，是阿爾匹安（Ulpian）。自從羅馬法典編纂完成之後，便在後期帝國時代的各大學裏，成爲穩定的正式科目之一。在雕刻的碑上，常常有提及法律的教師和法律的學生，後者尤多。

就本書的範圍而論，關於羅馬的學校其他的科目，我們在此祇須略爲提及。照賀拉西所述，學校裏有算術，但是除了注重心算和錢幣的計算之外，我們不知所教的內容是什麼。他們對於希臘的算術和幾何，沒有再加以改進，而且一般學者因其與星相學有關，也就把牠們看得低下些。羅馬人對於數學方面的成績，實遠不及亞歷山大里亞昌盛時代的希臘人。他們所學的自然歷史不是根據於直接的材料，而是根據於希臘的課本，但是那些希臘課本被許多迷信的卜卦和荒誕的神話所腐化淆混了。

農業的研究在羅馬人之中很發達，不過是一種私自個人的事，而且祇有書籍而未設學校。醫學完全是希臘人的一種技術，不過在後期帝國時代亞拉伯的醫生漸漸與希臘人抗衡起來。這種技術也是靠書籍、和個人教授，而沒有學校。關於建築學和軍事科學也是同樣的情形。地理，音樂，天文等，均爲學校之課程，不過祇關於地理一項，羅馬人才有一點創造的趨勢，對於人類的學術纔有一點貢獻。關於土地的衡量從法律和軍事方面是一件很重要的事，所以在帝國時期有專門的測量學校。對於這方面最初倡導者是該撒，他從亞歷山大里亞招請了許多希臘的教師來。

第五章　奧索尼阿斯

（一）

如果不是奧索尼阿斯（D. Magnus Ausonius）自己做了一些詩存留下來，恐怕我們對於他的一生完全不知；而這些詩是自傳性很重的，差不多每一首都是偶然的記載他生活中的某一件事：或是關於他的讀書，或是關於他的教室講授，或關於他教年青的該撒的課，或是關於他在加爾大學裏的同事，或是關於他任執政官的事。我們曉得他的父親朱理亞・奧索尼阿斯（Julius Ausonius）是波爾多（Bordeaux）很著名的一個醫生，沒有什麼政治的野心，不貪婪錢財，自動的幫助窮人，以希臘的七賢爲他人生的南針。他或許是一個異教徒，即算他兒子的基督教信仰祇是表面的，思想裏沒有基督教的色彩，也不減少異教神話的幻想，不過藉着復活節勉強寫幾句詩而已。

奥索尼阿斯於三〇九年生於波爾多，就在本城受教育，後來在他叔叔的指導之下，在士魯斯（Toulouse）受教於演講家亞爾波利斯（Arborius）。他所受的大半和當時的人一樣：拉丁和希臘文法，詞令學，法律。他做了一些時的律師之後，便轉入教師之業，在波爾多接受了一個教文法學的講席。他在這裏異常的成功，最後成爲著名的詞令家，公認爲高盧（Gaul）最著名的教師。他的名聲達到發楞廷尼安（Valentinian）的耳裏，便召他到朝廷裏來，叫他教八歲的太子格累細安（Gratian），於是許可他與其他王子的教師居平等的地位，如著名的辛尼加，弗龍多（Fronto），拉克坦細阿（Lactantius）等。恐怕是在這時候，他自認爲一個基督教徒，而他這種承認，也和皇帝對於基督教一樣祇是表面的。他的好運道又鼓動着他來深思默想，并使他得着許多名學者的友誼，如西馬裘斯（Symmachus）普洛巴斯（Probus）等。

格累細安剛完畢了學業之後，便於三七五年登基而繼承國事。不久他便來報答他的師傅。奥索尼阿斯陞任爲非洲和意大利的總督，然後又遷任高盧。最後於三七九年陞任爲執政官，可謂達人臣之極了。但不久他的擁護人失勢。格累細安倒臺之後，雖則狄奥多西 (Theodosius) 也同樣的尊敬他，但是他春秋已高，乃退休於亞奎丹 (Aquitaine)。在這裏他指導他孫兒的教育，哀悼他父母和波爾多各老教授的輓詩，幷因着古代神話的殘餘興感而作詩。他大概是三九四年在這裏死的。他所生的那個時代，還不能寫發表眞情的詩歌，但是他所寫的詩細膩眞摯，頗能看出一種獨創的優雅以及愛好自然之美，同時，也略能反映着當時羅馬教育之方法和特質。

（二）

我們對於這位第四世紀時大學的教授和皇太子的師傅，第一要提出來的，便是他寫給孫兒的一篇訓詞，以見他對於兒童教育的見解：

卽算藝術九女神也有她們休閒的時候。莊嚴的教師那種嚴厲的聲音，幷不是永遠繼續不斷的，而是另有規定的時間專爲遊戲。一個有記心的孩子能够專心讀書，那便够了，其餘的時間便須讓他休息。希臘所謂學校這個名詞，本包含對於那些勞苦的驢子應給以休息的意思。你既然曉得不久便會輪到玩耍的時候，現在便應當欣然學習長期勞倦之後，是準備有閒空的。如果長期勞作沒有快樂的假日，便會打消兒童的熱忱。所以你應當歡心的學習，不要咒罵嚴厲教師的束縛。教師的面貌幷不是可怕。你讓他的面色陰暗蒼老，聲音粗暴，鎖眉愁眼，如果你看慣之後，便不會覺得可怕了。一個小孩會喜歡保姆臉上的皺紋，而迴避母親。帖撒利(Thessaly)的開綸(Chiron)雖然是半馬形，但幷不使皮琉斯(Poleus)的兒子阿溪里(Achilles)覺得可怕。安菲特立溫(Amphitryon)的兒子也不怕戴天柱的亞特拉斯(Atlas)。這兩位先師都是用溫柔仁慈的訓導，獲得他們那年青學生情愛。

所以你學校裏有責打之聲，你教師的面貌兇悍，你還是不要戰慄。懼怕是精神消沈之表示，所以你應堅立不懼。不要讓那些哭聲，責打聲，以及懲罰的懼怕心，擾亂你早課的心情；也不要因爲他搖着有鈴的拐杖，或是拿着皮條，或是長凳上有呻吟之聲。不要記着那個地方，或是充滿空虛的懼怕心。

你的父母因爲能夠遵照我的這種教訓，所以使我老年能夠平安快樂。你是用我的名字的第一個長孫，所以我希望你以事實來證明，或至少給我以希望，使我在這快要完的風燭餘年，過一點歡樂的日子。你現在是一個孩子，不久便是青年，再如果是命運的指定，你便成大人。如果命運詬嫉我的話，我希望至少你不要忘記你父親和我的榜樣，你要學那班藝術九女神一樣，追求她們所應得的報酬。如果你的口才好，你有一日就可以踏上我們所走過的路，正如現在你的父親是任總督，你的叔父是任節度使。

凡是值得讀的書，便應當去研讀。我現在一一替你介紹。你應當細心研讀易利亞得(Iliad)和可愛的麥喃得(Menander)的作品。你要善用聲調，句讀要有韻律，高低必求其正確。朗誦時要注意本人的神情，辨別可以加深印像，停頓可以增加句子弱處的力量。你何時有這種才能，使我的老年快樂呢？你何時把我所忘記的那些詩歌，那些連接朝代記載君王的歷史，那些歌聲的音韻，再背誦給我聽呢？你何時能使我這神經衰弱年老的人，再有青春的感覺呢？親愛的孩兒呀，你在我前面的時候，我便可以再聽一次夫拉卡斯(Flaccus)的詩歌，惠吉爾那種飛揚的聲調，還有忒棲斯(Terence)，你那精選的拉丁語文，在臺上表演的偉大的喜劇，使我這已腐敗的記憶力又能聽到你的舞臺對話。啊，喀提萊因(Catiline)，我可以讀到你的犯罪，以及雷比達(Lepidus)的反叛。我再別下喀提萊因和雷比達，又可讀到十二年之中羅馬所經過的種種事變和生活。我也可以讀到被逐放的塞多留(Sertorius)和他那些意卑里亞(Iberia)的聯盟種種對內對外的戰爭。

我這種種告誡，幷不是出乎一個無知的祖父，而是根據於教導王子的人的經驗而來。我曾經撫養過許多還在吃乳的嬰孩，抱在我的懷抱裏，教他們說話，在襁褓之中我便從他們保姆手裏奪過來。然後他們長成孩子的時候，便用溫柔的勸誡引導他們，教他們由困難而追尋快樂，由苦根而拔取甜果。在發育完畢長成大人的時候，我便導引他入於道德，藝術，詞令，雖則他們不願意俯着身子來就軛，張着口來受勒。經過了許多困難的導範，麻煩的經驗，長期的試驗間或纔得到一點成功，剛柔幷施以規範那不易駕馭的青年——這樣我忍受了許多愁苦纔得到一種快樂，我的苦工造成了他們的習慣，然後我纔被召去教導太子，享受各種榮譽，在皇宮裏有發號施令之權。但願懲罰之神饒恕我，命運之神寬放我的狂言！奧古斯丁帝還是小孩的時候，我便掌國家之大政；雖則他有了紫袍，有了白圭，有了王位，但他還是聽師傅的命令，因爲他覺得我的尊榮比他還要大。在更成熟的時期，又更增加我的尊榮；他們父子兩帝都授我以財政部大臣，兩省總督，宰官之褶椅大袍及彩色外袍，以報我教育之功。最後我陞爲執政官，我的姓氏排印在國曆之首。如此，我算是替我的孫兒賺得最大的光榮了，祇願我的一生能照耀你的生命。你已經是因着你父親的聲名而有光輝了，而你從我這方面也得着不少的光輝。這對於你是一種光榮，也是一種責任；但願這不會變爲你努力的一種累贅。如果你想要做到執政官的話，那麽，你就要自己去努力達到目的。

（三）

高盧是奧索尼阿斯的家鄉之地，在當時也就是學術界的中心地點。照他自己所說的話，高盧是他所愛的地方，羅馬是他所尊敬的地方。在這個詩人的作品之中，有許多是紀念他的生長之地——波爾多——同工的教授們。這些紀念文的第一篇，就很可作爲他的代表作品，幷足以代表當時學術界的標準和興趣。左錄便是他紀念演說家明勒維斯(Tiberius Victor Minervius)的一篇演詞：

我的第一篇演詞是關於你——明勒維斯。啊，你是波爾多的驕子，是演說界的昆體良第二！你教育的光輝，從前照耀着君士但丁和羅馬，後來又照耀着你自己的鄉士。讓卡拉格利斯(Calagurris爲昆體良之本鄉)捧着昆體良去驕傲着，但是波爾多的講座也並不遜色。這個講座貢獻了公會所一千青年，供給了上議院兩千議員，此外更增加了許多受賜紫袍的，我也是其中之一。但是我不要提及那些受紫袍的，我要爲着你本人而歌頌，不要因着你我得了光榮而歌頌。如果把你和那些受稱頌的人相比，則應當把你比作守護的女神。如果你要入各派那種假設的辯論，昆體良還能與你抗衡。你的言詞，好像河流一樣，滔滔不絕，然而你所流出的，並不是汙泥，而是金汁。狄摩西尼(Demosthenes)再三指出一個演講者最重要的天才便是動作，你實在是非常之豐富，差不多勝過了他。我是否還要把你那天賦的超人的記憶力再提出來呢？凡是你一旦聽過或讀過的東西，你無不緊記在心；所以別人講給你聽的東西，就好像記在書上一樣。有一次我看見你經過一個長時間的競賽的遊戲之後，你能把所有勝負的點數都數出來，你能數出那許多骰子從木𣔙上滾下來的點數，在那個長時間能一點不差的把勝負各點都數出來。你也沒有什麼罪惡使你的心靈曖昧。你的舌頭雖則銳利引人，但同時溫和而無苦辣之味。你棹上所陳設的，不是像派索（Frugi Piso）的一樣，是不會受法律的干預的。有時在你生日或節期的時候，你的棹上放着許多禮物，但是不會過於奢侈以致破壞你那節儉的家財。你雖然六十歲死時沒有後裔，但是我們哀悼你像死了父親和親友一樣。如果我們人生死後還有感覺的話，則你的一生還是存留於世；如果死後一無所存，長眠以後就毫無知覺，那麼，你生活在世的時候就已經够了，我們對於你的安慰就是你的聲譽。

在奧索尼阿斯以及當時讀書人的看法，『文法學家』是一個非常尊貴的頭銜。在這種情形之下，凡是假冒着文法學家之名的，大家便很鄙視之。奧索尼阿斯看着這種冒名者正如現今的大學畢業生看那些以金錢購買學位的人一樣。有幾句話批評文法學家菲羅摩塞斯（Philomusus）

的，正是這種態度：『啊，菲羅摩塞斯，因爲你的圖書館裏買了許多書，你就自稱爲博學者和文法學家麼？照這樣看來，你祇要買一些琴弦，拉弓，以及樂器等，你明日就可變爲音樂家了！』一般人之所以想做文法學家，幷不是因爲他是運氣好的人。『運氣好的人總不會是文法學家，從來也沒有人講過文法學家是有運氣的。但是如若果然文法學家超過了厄運，佳運亨通，則他一定是越乎文法的規律以外。』當然，文法學家教書的題材，最高深的有惠吉爾的史詩。下面所引的一句話，是一個不快的獨身者的嘆息聲，雖則他也是一個文法學家：『我所教的是武裝與人，我所懂得最清楚的也是武裝與人，因之我所娶的也祇有武裝，而娶不着一個妻子。』

不過大概而論，從社會的立場看來，一個文法學家的地位，確是很崇高的。他必須是一個有名大學裏的教授；有許多想得到這種地位的，但至死還祇能做到一個次等博士或副教授，祇是一個候補的學者。因此，奧索尼阿斯也就寫了一篇紀念一個副教授的文章，名叫維克多利阿斯（Victorius）的〔文內所載的卡斯忒（Castor）或洛多皮(Rhodope)，我們所知道的很少。在當時他們所著的書雖然還有，但已經是很希罕了。〕

勤勞的維克多利阿斯，你有好的記憶力和頭腦，你讀了許多人家不知的書，祇選那些深奧的。你喜歡讀那些被蟲和老鼠咬破的書，而不喜歡看那些大家都熟悉的。你所讀的如奴馬（Numa）以前獻祭之城邱里斯的情況，起源和教士法卡斯忒關於各小王侯之記載；洛多皮所出版她丈夫的著作；我們的教士法；古啓賴那斯人（Quirites）的法令；上議院的法令；德累科（Draco）和梭倫（Solon）的法律；紮琉卡斯（Zaleucus）對於羅克里安人（Locrians）所訂之法律；在羅馬天王之下立法神所訂的法令；在天王之前提米斯（Themis）女神所立的法。你對於這些比我們所常讀的西塞祿和惠吉爾的作品還要熟悉些，比拉丁的歷史還要清楚些。如你再加功夫，這些書你也會讀完，但是死神把你帶走了。但是你還祇剛走近文法學家的名稱，你還祇能沾上我們的光榮的外層。最後你在離羅馬很遠的海濱死了，就是你原來從西西里海邊渡過來的那裏。但是如果現在我所講的能達到你那陰曹的話，你就應當快樂，因爲你也是列爲有名的師傅之一。

至少從某一方面看來，一個羅馬學者所應做的工作，實在比現代的一個學者要多多了。他要得到書籍，是很不容易；如果他自己有書，他的朋友就要向他來借，而且每每是希望在很短的時間之內。有一次可憐的奧索尼阿斯向普洛巴斯（Probus）總督曾經寫過這樣幾句話：『啊，可敬的普洛巴斯，我的抄寫員延遲了；我允許你的書，使你等了這許久，實在很對不起。不過幸而我終究還是替你辦到了。我現在送給你替善（Titian）的辯解錄和尼頗士（Nepos）的年紀。後者一種也可說是辯解，因爲類乎寓言。我所花的這點功夫，能够對於你兒女的教育略有幫助，實在令我非常之歡喜，甚可說是可以自傲。』那些不幸雇來作抄錄員的奴隸們，大概從早做到晚，以致迫得他們不得不逃走，雖則他們這種抄寫的工作比在田裏那些作苦工的總要好些。奧索尼阿斯有幾句話是關於一個奴隸叫拍加馬斯（Pergamus）。『拍加馬斯，你寫字既慢，走路也慢；你想要逃走，不過跑了一百碼之遠，就把你抓着了。因爲你的手懶，所以你臉上和額上都印着字的痕跡。』這種諷刺實在是太殘忍，因爲這顯然是把這個可憐的抄錄員臉上烙着了火印。不過這個喜講警語的奧索尼阿斯還繼續着說這是一種不公平，手寫慢了，脚逃走了，頭來代替牠們受罪。

再有些詞是稱贊一個好書記的，使我們讀起來生快感些。這書記顯然是一個速記員.由此我們就知奧索尼阿斯很久以前，羅馬的記錄員老就用了速記法，還有許多其他的地方也類似的提到這種速記法。

精於速記的奴僕，你到這裏來。你把你那雙頁的表打開，在那裏有許多字是用一些標點表示出來的，寫出來好像一個字一樣。我作了許多卷數的書，字句從我那喋喋不休的舌頭滾出來，好像密集的冰雹一樣，但是你的耳朵幷不感覺困難，你的紙上也沒有寫滿。你的手不像動的樣子，在臘上迅速的飛過。但是如果我所講的過於漫長複雜了，你把意思記在臘板上好像我早已說過了。我惟願我的心智能够像你的右手一樣的迅速無比，能够預知我的字句。是那個揭破了我的祕密呢？那一個告訴了你我所想的東西呢？你那如翅膀的右手，怎樣偸竊了我內心祕密的思想呢？我還沒有說出口的，你就聽到了，這是怎樣一回新奇的事呢？學校不會教你這種本領的，沒有別的手能像你這樣精於縮寫。自然和上帝把這種特別的才能賦與你，使你預先曉得我所要說的是什麽，我所想的是什麽。

第六章　卡珀拉

（一）

有些人，如果祇是爲着他本身作品的價值，就懶得詳細的加以考查，但是爲着這種作品對於後世的影響，則每每又嫌其不够精詳。我們對於卡珀拉(Minneius Felix Capella)便是像這樣的一個人。據說他所寫的課本是很通行的，是住在迦太基(Carthage)，寫這書的時候大約是紀元後四一〇年至四二九年。卽算關於這幾點，如果是需要實在憑據的話，我們已經是說得過多了。關於他寫書的時候，各人的意見相差得很遠，不過似乎大概是迦太基最昌盛而有總督的時候；若果如此，則必定是在四二九年之前，當眞塞利克(Genseric)在非洲登岸，并帶領着他那班汪達爾族人克服了迦太基。不過卡珀拉似乎又提到四一〇年時阿拉列(Alaric)之攻克羅馬，但是這一段的解釋又可疑。我們祇能確定的結論說他的書上既然引用了羅曼勒斯（Aquila Romanus）和昆體良的著作，則卡珀拉寫那書的時候，一定是在第四世紀以後，大概是在奥古斯丁論各藝的那部書（三八七年）之後。

如果是別的作者在第五世紀之初寫書的時候，沒有提到基督教，一定是令人覺得奇怪，但是對於卡珀拉我們卻不會如此。他多言而自滿，對於四周歷史上所發生的事件，比那些基督教的作家還要不關心。照我們看來，雖則當時的羅馬大帝國已經是岌岌將傾了，但是他以及當時其他的作者似乎都未能捉住這種大轉變的現象。他惟一所關心的，就是如何用他那些新柏拉圖的神話和寓言以取悅於自己和讀者們，而四周所發生的事件除了認爲是一種標記之外就毫不能引起他的興趣。他的著作裏所不得不包括的七藝，他懶得去深究，於是直接去抄錄別人的，這對於後人卻是一個很大的功勞，他所抄的七藝如發祿（Varro）之文法，辯證學，幾何，天文；羅曼勒斯之修詞學；索林勒斯（Solinus）及普林尼（Pliny）之幾何，地理；昆體良之音樂。

卡珀拉這部卷帙繁重的大課本，書名語言學與財神之結婚，不過這種奇怪的結婚儀式，實際上不過就是一部編纂的課本而已。著者以一種寓意的格調，搜集關於七藝的材料；他的筆調是一種迂儒意味的諷喻而幽默，而實際上的材料乃是從古拉丁的根源採集而來的。不過當時在第四世紀大半的作者，都喜歡把枯燥的事實與幻想的寓意混合起來，所以卡珀拉這樣以寓意之詞以自娛，也是不足怪的事。因之，就事實方面何不就採用最近已有的課本為藍本呢？因為在那個時期，一般人大都喜歡武斷，而書籍又很少，所以很少的人去懷疑已寫好的書。很少有人把自己的實地經驗與公認寫好的書互相去對照查驗。後期羅馬人的這種態度，是因為受了基督教教義的影響；不過自從提奧夫剌斯塔（Theophrastus）繼承着亞理士多德的哲學學校和私人圖書館之後，希臘和羅馬人都是這種態度。因此，卡珀拉也正如現今編學校教科書的一樣，懶得耐心去考查詳細的事實。此外，他還有許多錯誤的地方，這或許是因為他編的太急，或是因為他無知。不過大體而論，祇要他抄原書時能夠特別小心一點，則關於文法，辯證，修詞等原來的規律，是不會相差得遠的。

如果一個作者沒有什麽特別的優點，評論他時不能稱讚他，解釋他時矛盾不清，則似乎有點對他不公平。既是如此，那麽何不耐心一點，等到將來能夠看重他優點的人來品評他呢？但是從另一方面看像卡珀拉這樣的情形，這種說法是辦不到的，因爲在他本來是小的地方，而在歷史上是非常之重要的。凡數百年之久，他的語言學與財神之結婚是西歐各學校的學術的基礎。再則，如果我們不估評他，必須另外等待別人能讚賞他的，則或許在英文裏永遠無人知道他。他的作品，卽算現代的讀者看來，并不是毫無趣味的。他的諷喻非常奇特，易引起人的注意，而他所述的七藝，使人能看到一大堆奇怪和熟知的東西混合在一處。

從卡珀拉希望有什麽自己創造的東西，是枉費精力，也是對他不公平的。在卡珀拉自己，以及在他那個時代，獨創的工作是沒有的。實在的情形，是因爲當時帝國衰微不幸的羅馬人，除他們所不愛的科學以及神學的理論之外，并沒有什麽新創的學理。因爲除神學之外，凡一切自然界以及超自然界種種玄想的理論，早期希臘的哲學家都已想盡而無可再想的了。的確，照我看來，中古時代的學者之所以捨棄哲學而從事於神學的研究，至少其中原因之一，是因爲神學好像是一株枝葉茂盛的樹，而哲學則是一株無葉的木幹。因此，假如卡珀拉是一個神學家，則或許他不會自限於諷喻之詞，而用一種比較有能力的動機。譬如，他可以像奧古斯丁一樣，用他的想像力設想着有罪者永遠在地獄裏受苦是怎樣的情形，有福者在天堂裏享樂又是怎樣的性質。又或者，他可以很容易的想出許多道理反駁異教徒，或是用許多花巧的言詞來責罵諷刺他們。這是很合乎當時基督教文學的那種格調的，因爲當時的基督教若無理智則至少有熱情，若無仁愛至少有能力。後期拉丁的高僧們所講的道理雖與原來基督教的聖書相離得很遠，但是他們能够把一種簡潔，自然，和遒勁的精神灌入基教的文字之中，而這是第五世紀時其他的作者如卡珀拉等所未能創造出來的。卡珀拉祇有諷喻以保持讀者和他自己的興趣，然而卽算他那種諷喻也還祇是把早期比較偉大作者的神話的種種理想反覆陳說而已。因此，大概而論，卡珀拉祇成就了象徵主義的粗陋而無其美麗。正如他文字的格調爲許多錯誤所破壞，他全書諷喻的開展也爲文體上許多粗俗不當的地方所傷損了。

我們看卡珀拉的書的時候，有一種嚴格的區別，應當分辨出來：一方面是人物的背景，這完全是作者自己的；一方面是習讀的材料，這完全是從別人抄錄下來的，而抄錄時也常有錯誤。這部書的前二篇都是關於人物的背景，而且完全是寓意之詞，所以比他篇創造的成分要多些，不過這裏所謂創造性，也不過就是把別人的事實和思想重新排編起來而已。照卡珀拉的原意，他顯然祇是想把他這種寓意的格調，僅限於前二篇而已，這從第二篇神話末了的那首詩可以看出；但是他這種想像的活力，似有欲罷不能之勢，所以這種筆調一直繼續到全書的末了，好像音樂隊把新娘一直送上花轎一樣。再則，除背景之外，後七篇乃是『完全爲教訓學生而編的，其內容之毫無滋潤，正如中古時代教師的教鞭一樣。因爲後期中古時代的經院學派（Scholastism）與這七篇比較起來，還要新鮮，近情，美麗多了。

（二）摘錄原書第四篇　論辯證學

她把命題盤結得很複雜，因爲沒有這種盤結就不會有辯論的正面和反面。這樣，她來到衆神之中，提出語文的根本原則，爲各學派的主義奠定根基，幷警告着句語是易於有雙關意義的，而且凡事若無關連，則失其正常之態。但是雖則青面的亞理士多德提出十種範疇，變化多端；雖則斯多噶派的詭辯欺瞞迷惑了我們的知覺，詭辯着凡是沒有失掉過兩隻角的額上的就有兩隻角；雖則甚利斯波(Chrysippus)堆疊他那種連珠式的文體，雖則卡尼亞低(Carneades)用強心劑增加他的力量以對抗斯多噶派的齊諾，然而人世之間沒有像你辯證學這樣的天之驕子，你這樣的尊嚴，你這樣的好運道，能够在衆神的廟宇裏發言，幷在天王之前實行教授之律。

此時，應着亞波羅(Apollo)之召，有一個婦人進來了。他的臉色似乎蒼白，但是眼光甚銳，雙目炯炯四射。她的頭髮好好的捲着，似乎緊縮而繫着，不過很規則的垂下來，然後繞着頭，分量不太多也不太少。她所穿的是眞正雅典的衣和袍，不過手中拿着一些很奇怪的東西，是運動場從未用過的。他左手拿一隻蛇，轉繞得很複雜；右手是拿着一塊彩色花板子，上面有許多花格公式，下面有一個隱藏的鉤子鉤着。他把左手拿的惡蛇藏在外衣裏面，右手則伸出供獻於每人之前。所以如果某人想拿這種公式時，則手下的鉤子把他鉤着，鉤到毒蛇那裏，而蛇則赶快伸出來用毒舌把他咬傷，然後蛇身重重把他環繞着，一直強迫他允許她所要求的條件。如果別人不承受她的花格，則她或者用一種反問陷害別人，或者暗暗引動蛇對着別人爬，把他們緊繞着，直到滿足她的心意。但是這個女人身段很小，服裝暗淡，而她的頭髮則如荊棘之刺叢，而她所講的話令人不易明瞭。她說全稱的是屬於特稱的，而是相讓相反的而且兩者都可以用雙義的字及單義的字連貫起來而互相改變。再則，她說祇有她纔能分辨出眞與假，好像她有一種天賦的神祕的能力一樣。她說她從前是埃及的大山巖受教，然後下到巴門尼底斯(Parmenides)和希臘的學校裏；因爲她對於任何問題能說出正反兩面，所以使自己能達到蘇格拉底柏拉圖那種偉大的地位。酒神巴卡斯(Bacchus)是衆神之中最愛開玩笑的，他對於辯證的女郎也不大認識，因爲他看她的舌頭雖然很銳利，善於辯論，幷誇張自己的種種勝利，而三蛇女也同聲稱贊，然而財神拐杖上的那條蛇還是不佳的想去舐她。酒神於是開玩笑說：『那麼她一定或者是從呂比亞(Lybia)沸熱的沙漠地來的，我們看她那蓬着的頭髮和好玩蛇的脾氣就可知道；或者她就是從馬西克來販賣毒物的。因爲她這種喜愛撫蛇以及那種用鉤子的玩意兒，都是馬西克人的技巧。』衆神聽了笑着，一會兒之後，智慧女神拍拉司(Pallas)覺得有點難爲情，便禁止大家不要諷笑這位新來的客人，以爲這位莊重的人物（神是不用這種名稱的，）祇要她提出了她的主題，卽算她是在好批評的本鄉人之中，任何人也還是不要諷笑她。然後拍拉司便叫她試用她的毒蛇，幷準備着顯她的智慧。當時文法學的女郎正完畢了她的討論站在旁邊。她怕得去拿那隻盤繞着張口的蛇，於是這項工作便付託與智慧之神自己，因爲她曾經馴服過魔女麥杜薩(Medusa)的頭髮，那頭髮上滿佈着誘惑的記號和藏着鉤子的公式。然後智慧女神便梳着辯證女郎的頭髮，證明她實在是屬乎雅典和阿提喀的，特別是那些穿大外套的和優秀的雅典青年都跟隨着她，驚嘆她所顯的智慧和腦力。但是天王覺得希臘人這種淺薄的智巧，不及羅馬人剛強的力量，不僅是在實際的事務上，即道德的判別上也是如此。於是天王便命令她要以拉丁文表現她的知識。在她自己方面，雖然覺得對於用拉丁文不能十分有把握，然而在她還未開口之先，眼睛便緊張着，臉色非常之可怕的樣子。她這樣說：

我這個希臘的女子，如果沒有羅馬最盛時代著名而好學不倦的學者發祿的幫助，則我現在所講的拉丁文，一定是很粗魯不通的。因爲自柏拉圖那種金玉之文以及亞理士多德那種天才的著述以後，就是發祿的著作最初引動我學習拉丁文的，并使我能在拉丁的學校裏存在。以前既有這種情形，所以我并不拒絕講拉丁文。但是第一我要叫各位明白的，就是那班穿外袍的羅馬人，沒有準備充實的新字典足以够我的應用，所以無論別的學科用如何的語言表白牠自己，而我的辯證學祇能用雅典用慣了的那些名詞，這實在是不得不如此的辦法。我想人人都明白，無論是各位剛剛聽過的文法學女郎，或是口若懸河的詞令女郎，或是用桿子在地上劃各種形狀的幾何學女郎，如果沒有我的推論方法，就不能把牠們自己講解明白。因為我的能力和範圍之內，有六項根本原則是別的學科絕對不可少的。第一是語文，第二是解釋，第三是命題，第四是命題之綜合，第五是判斷（此與詩人及詩歌之評判有關，）第六是適當的修詞。關於第一項我們所要研究的，有類 (genus)，形態 (form)，特異性（difference），偶有性 (accident)，本性 (property)，定義 (definition)，全稱 (whole)，特稱 (part)，分釋法 (mode of division)，分剖法 (mode of partition)，雙關義 (equivocal)，單義(univocal)，以及多義 (plurivocal) 等。你們既然追着一個希臘人講拉丁話，就不可不記着這些名詞。因此關於第一項的研究，就是何謂眞意的，何謂隱喩的，何謂本體，特質，相對，空間，時間，地位，人格，行為，痛苦，相反，以及有若干種類的相反等。關於第二項是解釋，如何謂名詞，動詞，接續詞，何謂一句話中之主格與謂語；如果要成一句完全的話，則如何為完全之名詞，動詞，以及句語之構造等。關於第三項是命題。對於這方面我們要盡量的研究命題的質與量區別如何，何謂全稱或特稱或無限的命題，何謂正面以及反面的命題，何種能力是有特稱的，以及彼此的影響如何。關於第四項，上面已經講過，就是命題之綜合。這方面我們所要研究的，就是何謂假定，何謂推論，何謂三段論法，何謂結論。何謂肯定的推論，何謂有條件的推論，幷兩者之差別如何。肯定的推論形式有幾種，各種爲何，幷是否有一定的次序，次序的性質如何。每種共有若干法式，每種的各項法式是否有一定的次序，其性質如何。最後，有條件的推論法式有幾種，其次序如何，彼此的差別如何。我想上述各項，就本題是够了。現在我又要回到最初講起，何謂『類』(genus)，然後次第把全篇分別講解。

所謂『類』，便是用一個名詞，代表各種不同而類似的形態，如動物這個名詞，是代表『人』『馬』及其他類似之物等。但有時類之下的形態，與其他形態的關係，其本身又可稱爲類，譬如人本是動物類之一，但與野人羅馬人放在一處，則人本身又爲類。像這樣我們可以把類的各種形態依次儘往下分剖，直到最後的形態是一件獨一無二的東西。譬如你可以把人分爲男與女，男又分爲老與少，少又分爲能說話與不能說話，再又指定名叫甘尼米得或其他的姓名，則他就不能成爲一類，因爲人之中祇有單獨像他這樣一個了。但是我們凡是論到某物時，就要以牠最近的類爲類；如果我們所講的是人，則他的類應當是動物，因爲這是他最近的類。

所謂形態（forms）就是通常所謂種（species）。形態的性質，就是牠變爲類的時候，能保持其特性及名稱，如人馬獅等。這些都是動物的形態之一種，人馬獅都亦可稱爲動物，牠們的名稱和本質，爲類所定義的要素之一分子。

特異性（difference）是爲目前區別方便的功用，例如要指出人和馬的特異性，祇要說人是兩足的馬是四足的便夠了。但是我們要注意，各個別東西有許多差別的地方，所以要求某項東西的特異性，可以從許多方面看出差異來。譬如我們要把動物來分類，可以從性別方面，如男的女的；可以從年齡方面，老的少的；可以從活動的方式方面，如行走，爬動，游泳，飛翔；可以從居住的環境方面，如水中，陸地，空中，甚至於火中；可以從發聲音方面，如講話，哼，吠，吼。我們也要曉得這種分類是全盤的，每一件東西都包括在這種特異性之內。譬如某隻男性的動物可以同時是剛生的，小的，走路的，陸地的，兩足的，講話的。所以你可以無論用那種特異性，祇要合乎你目前的需要。譬如你是要稱贊人類的高超，頂好就把動物分爲有理智的與無理智，這樣你就可以顯出在全體動物之中，人類是怎樣居於最高的地位，因爲動物中祇有人類有最高的理智以自修進步。

偶有性(accident)是祇有在某種（species）東西之中特有的，而卽算在那一種之內也不常有。譬如詞令學是祇有人類有的，也幷不是人人都學會詞令學，因爲幷不是人人都是演說家。

本性(property)是某種之內所有的，而且是總會有的，這是用以區別某種與別種不同之處，譬如人類之笑卽是。因爲動物之中祇有人類會笑，而且祇要是引動他這種天性，卽算他不想笑，也還是忍不住要笑。特異性與本性所不同的地方，就是特異性不過爲暫時目前區別方便之功用，而本性則把某物與其他一切物件不同之處顯示出來。譬如如果我們從兇暴方面區別人與獅子，說獅子是兇猛的，人是溫柔的，這種區別僅祇能爲目前需要之功用。因說獅子兇猛而人溫柔，幷沒有把人和別的溫柔的動物區別出來，也沒有把獅子和別的猛獸區別出來，但是如果我們說人是笑的動物，則我們把人類和其他一切有生之物都區別出來了。

定義(definition)是把一件東西內在的本性簡明的解釋出來。我們對於一件東西下定義時，有三點是要避免的：錯誤的，太泛的，太狹的。譬如說人是永遠不死的或非理智的動物，便是錯誤的定義。因爲雖則人是一種動物，但并不是永遠不死的或非理智的。太泛的定義是這樣的：人是必死的動物。這個定義雖然很簡短，但是太泛了，因爲一切動物都是如此。太狹的定義是這樣的：人是一個懂文法學的動物。因爲動物之中雖則祇有人類是懂文法學的，但并不是人人都懂得文法學。最適當的定義是這樣：人是一個理智的必死的動物，因爲必會把人與神區別出來，理智把人與獸區別出來。

第七章　羅馬皇帝對於教授文法學家博士及學生之敕令

（一）奧古斯都帝令服羅辛勒斯

凡博士，文法學家，及其他教授，及彼等在所在城內之財物，均可免給稅收，并一般人民對於彼等，應有相當之尊敬，不可傳入法庭受審，或加以痛苦之傷害。如有滋擾彼等，當地縣長或五年任官須科以十萬侖米（nummi）之罰金，如長官未執行者須受同樣之處罰。如彼等受奴隸之傷害，則奴隸之主人須當面以木棍鞭打其奴隸，如主人認可奴隸之行爲，則科以二萬侖米之罰金，在未繳清罰金之先，以奴隸爲質。彼等之財物薪金應按時付給。彼等亦如父母教師，不可累以公共之職務，但如自願者則聽便；政府不可違反其意強迫之。此令。

羅馬曆八月奧古斯都於塞密安克立斯帕斯及君士坦丁勒斯總督之衙署（紀元

後三二一年八月一日）

（二）奧古斯都帝令軍民

凡博士文學教授及其妻室兒女，沿其以往所享受之利益，可免一切公共之服役及一切稅收。不可強迫彼等從事軍役，不可強佔其房屋駐紮軍兵，并不可強迫彼等擔任任何公共性質之事務，俾彼等可專心教授多數學生之各種學科及藝術等。此令。

羅馬曆十月五日於君士坦丁堡達爾馬提亞斯及增羅非勒斯總督之衙署

（三）發楞泰因（Valentine）未楞斯（Valens）格累細（Grɑtian）奧古斯都帝諭

羅馬市長普林西泊斯

一切軍民知悉：凡羅馬本城之博士教授及其妻室，應豁免一切公共之滋擾。彼等應特免一切公共之服役，強迫之軍事服役，并不可強佔其房屋駐紮軍隊。此令。

羅馬曆五月三日奧古斯都於發楞泰因及末楞斯總督之衙署（紀元後三七〇年四月二十九日）

（四）發楞泰因末楞斯格累細奧古斯都帝諭羅馬市長奧力布立阿

（註：『甚至藝術九女神也還是有她們休閒的時候，』奧索尼阿亞說：學校的訓育本來很嚴，但學生還是有許多閒散的機會，這由下面所佈告的法律可以看出。這條法律是奧索尼阿斯尙在朝廷時通過的，我們也可以從這條法律中看出這位先師加入制訂的痕跡。這條法律可以看出許多有趣的禮教。）

凡來羅馬城求學者，必須先將其本省審查官准可之證書呈與羅馬戶口調查之長官。證明書上須載明來自何城，本人籍貫及其學識程度。第二步爲申言欲研讀何項科目。第三步手續，爲戶口調查官詳錄其住址，并監察其是否依照其來此求學之目標專心研讀，或加入集會時是否行爲端正，無下流可恥之行動。此外，須監察彼等不加入近於犯罪之會社，不可時常看戲或宴會。如彼等行爲不正，不能保持正當求學者之尊嚴時，則政府可以公然鞭笞之，驅逐之出城，即時監視其登船歸還本鄉。但如能專心求學者，則許其繼續研讀，至二十歲爲度，如二十歲以後不自動回鄉者，雖其學業未完，則由市長監視送回其本鄉。但恐此種制度有所遺漏，市長須知照戶口調查局按月檢查學生之名單，注意各人來自何處，以及何人年歲已屆，應遣還非洲或其他省分，惟在政府機關任事者，始可豁免。關於每人之學識性格，亦當每年備文存案，而後政府對於彼等可知何方何時可以錄用。

羅馬曆三月四日奧古斯都於德里佛斯發楞泰因及未楞斯總督之衙署（紀元後三七〇年三月十二日）

第八章　早期基督教教育

（一）耶教入門學校

基督教之興起，使古代的社會認定人類爲一大家庭的觀念，於是在靈性上妻子與丈夫平等，奴隸與主人平等，孩子與成人平等，因之就產生了一種新的學校制度，新的教授科目。基督教的學校，雖然也受希臘學校的方法和學科的影響，但是根於牠們自己的本質和目標，有牠們特有的性質。耶教入門學校（catechumenal schools）在使徒時代恐怕就已存在了，但至少在接着使徒以後一定已經設立。這種學校的目的，是對於那些想入基督教而未受洗的（大半是成人），施以準備的指教。在這個時間，學校沒有什麽大的發展，因爲他們預料着基督快快就要降臨，所以不擴充固定的教育機關。

這種學校裏所教授的材料，有主禱文，新舊約聖經釋義，三位一體，聖靈，聖餐，永生，永入地獄等的道理。在那時信條雖尚未十分確定，但有些道理是在受洗禮之先所必須知道的。負教授之責的是主教或牧師；如果信徒人太多的時候，則有祭司，會吏，或他們特聘的教師。教授的方法大概是先剖解教義，然後繼以問答，不過有時也講述故事，諄諄誘導。教導的時間很短，有一個時期就是四旬齋的那四十天。後來的趨勢是把學期延長起來，甚至延長至兩三年之久，不過到第五世紀的時候，通常的學期又減至八個月。最後因爲近五世紀末嬰兒受洗很盛行，於是這種學校又漸漸衰微了。

因爲耶教入門學校所得的學識有限，所以凡基督徒想得其他世俗學問的，就必須入教外的學校。教會學校的課程完全是宗教性質，方法祇是問答法，以致寫讀的課程都沒有。在普通學校的一般課程，有時是基督教的教師擔任，但通常總是教外的教師，所教的內容大半是古典詩歌及散文中的古代神話。

（二）教會問答學校

比入門學校高一等的是問答學校（catechetical schools），最初設於羅馬帝國的東部。這種學校甚至爲猶太人和教外人所歡迎，以便得到基督教神學的道理，解釋他們的疑問，答辯他們反駁的理由。這種學校有些方面很像當時教授高深文學及哲學的希臘學校。

大約在紀元後一八一或一八二年時，開設了第一個最著名的這樣的學校，地點是在希臘與猶太文化中心點的亞歷山大里亞。這學校最著名的教師，有創辦人潘塔勒斯（Pantaenus死於二〇二年，）亞歷山大里亞人克力門（Clement 生於雅典，約死於二二〇年）阿利振（Origen 一八五年至二五四年，）後期有赫邱利（Heracles）最後令人最佩服的是瞎子教授狄狄馬斯（Didymus the Blind 三一〇年至三九五年）。他雖然生來就眼睛瞎了，但是用鐵板上凸凹的記號學習讀書和數學，對於各藝都學得很好，因而著名。這種問答學校，可說是補習學校，而不是有系統的獨立學校，興盛的時期，至第三世紀之末爲止，其後就爲宗教論辯學所破壞無餘了。當時其他沒有問答學校的地方有安提阿，以得撒（Edessa），該撒利亞（Caesarea），耶路撒冷，羅馬，迦太基，及君士坦丁堡。

在拉丁文著述中論早期教會學校的教授法，爲聖奧古斯丁所著的De Catechizandis Rudibus，這是迦太基一個問答學校的會吏第阿格雷細亞請他做的。

聖奧古斯丁說：『在教育中，愛和懼，懼和愛，是必須同時幷施的。劣件，壞樣，是良好訓練最大的仇敵。兒童應當教以謙恭，特別是女孩應當教以懼怕上帝。嚴厲的教訓是不可少的。「嚴厲的訓詞正如行手術的醫生一樣，一刀割下潰瘍。」然而教課的進行應當緩急適宜，因爲恐怕超過了學生吸收的能力；而且應當使他們透徹明瞭，按步學習。雖則督促和威脅不可免的，然而刺激他們明瞭最好的方法還是興趣和自制。教授的方式應當是敍述，再助以問答，剖解，誘導。教導時不應有缺漏的地方。要點應當着重的提出，事實深刻在他們心中，材料應當照學生的個性而選擇。最大的目標是要使學生曉得：除了在上帝裏面之外，心靈沒有休息。』

這便是聖奧古斯丁對於問答學校的範圍，方法，以及要點等的見解。

大概而論，早期的基督徒對於世俗的學問，或者是入異教的學校，或者就乾脆的不學。拉齊遮斯(Nazianzus)的格列高里(Gregory)和巴錫耳 (Basil) 是在雅典聽教外教師的講演，哲羅姆(Jerome)則是在維克多林勒斯(Victorinus)尙未變爲基督徒時在他下面受教。再還有幾個少數的基督徒，如阿利振，自最初便未脫下他哲學家的外衣，一向教着世俗的學科。還有許多基督徒，如息普立安(Cyprian)，則在變爲基督徒時，不再教詞令學了。在第四世紀的中葉基督教最盛行時，有許多基督徒都做世俗學科的教師，直到三六二年朱理安帝那著名的禁令下來時這種活動纔暫時停止了一個短很的時期。這禁令是禁止基督徒教授經典，因爲覺得基督徒宗教信仰的成對見於經典不能講解得不偏不倚。但是這禁令過兩年便取消了。

聖奧古斯丁和哲羅姆（特別是後者）對於後來教會的思想影響很不小。他們固然認定世俗的學術是很危險，但也并不完全以爲是不需要的。哲羅姆在伯利恆自己的僧院裏親自教惠吉爾的詩集。當時的問答學校對於這個問題本來是可以解決的，但不幸這種學校後來沒有普遍起來。

第九章　基督教斯多噶派及新柏拉圖派的教育

（一）基督教對於教育的態度

我們不要以爲君士坦丁帝提倡基督教并命令各屬地都信奉基督教時，希臘和羅馬的異教派便都消滅了。有許多哲學家和教師對於這個新的國家宗教一無所知或所知很少，有許多僅在名義上接受之，更有許多完全懶得去理會。朱理安帝實際上反動到異教的主張，想把基督教的教師完全摒棄於學校之外。在中學校裏，還是教異教的詩歌，詞令學，及神話，後來教會纔漸漸加以修改和摹倣。哲學家還是能號召青年學生，教的是他們本派的哲學思想，當時最重要的是斯多噶派和新柏拉圖派。甚至當時教會的學者和教師也不得不研究這兩派的思想，一則是把那些與基督教不衝突的道理溶化到基督教裏去，一則以便答覆反對基督教的那些見解或是揭舉異教理論上錯誤的地方。

在聖約翰福音和聖保羅的書信裏，已經是可以看出希臘的邏輯和哲學的學識來，不過希臘文化和基督教的宣傳第一次正式的結合，還是亞歷山大里亞的那些問答學校。當然，有許多熱心的基督徒很懼怕異教經典的那種放蕩和敬拜邪神，但是一個文法學家或詞令學家，甚至任何受教育的人，無論他是不是基督徒，對於惠吉爾和塔西佗的知識顯然是不可少的。像聖奧古斯丁這樣一個基督教辯護者，無論他怎樣誹謗新柏拉圖派，但是因為他研究古典的文學和哲學因而自己的地位要好些有力些。著名的神學家聖哲羅姆雖則很懷疑基督教與希臘文化究竟是否彼此能相容，然而他自己總算是當時一個淵博的學者，在拉丁的教父之中無人能及他。甚至早期忒滔良(Tertullian)那種轟轟烈烈對於凡是異教的都一概反對的威風，也還是因為演講學校的詞令之學以助其成。

把基督教和經典教育的關係講解得適當的，不是那些拉丁的教父，而是希臘的教父，因為他們對於知識，智慧，美感等，有一種種族上深切的遺傳，能夠對於這問題研討得切當裕如些。我從們亞歷山大里亞的克力門(Clement)的著作中可以看出他的見解：(一)哲學是必不可少的，(二)哲學是由上帝產生出來，（三）善人是研究哲學的。

一、上帝把十條誡給猶太人，把哲學給希臘人，以致使人能認識他在塵世上的存在。這時期凡是不信仰他的，便無可恕宥。

二、我們是否應當有哲理思想，這實在是一個值得討論的問題。哲學的名詞都是無矛盾的。假如我們不去玄想哲理，又怎麼樣呢？（因為一個人如果對於某件東西不知道，就不應當去詆誹之。）即算我們不知道，結果我們總還是要去想哲理。

三、對於學術問題合理的討論，加以選擇去取，是為辯證之學。這種辯證學是用例證確定合乎真理的結論，打破疑難。

因此，如果有人以為哲學不是從上帝而來的，就是等於說上帝不曉得世上的每一件東西，不是一切善良東西的根源——如果這些善良東西也可說是屬於東西一類的話。但是世上任何東西，如果不是上帝的意旨，就不會存在。如果是上帝的意旨，那麼哲學也就是從上帝而來的。上帝之所以要有哲學，就是爲着那些本來要做惡事的，但因哲理的緣故而改變不去做了。……人生有許多東西，是因爲承受了上帝的靈感之後，再由利用人的智力而發生出來的。譬如，衞生是由於醫藥，健康是由於體操，財富是由於商業，而牠們共同又是因人類彼此的合作而產生出來。理解也是從上帝而來的。

因此，哲學不是罪惡的產物，因其使人有德性。善良都是上帝的工作，所以哲學是上帝的產物。凡上帝給與的東西，人儘可以互相傳授。

況且，假如哲學的道理不是屬乎惡人的，而是屬乎最優良的希臘人的，則我們可知其來源是從何處了——顯然是從上天來的，上帝賜與各人他最適當的東西。

因此，上帝給與猶太人的是摩西的法律，給與希臘人的是哲學，直到耶穌降臨的時候。到那時，因着信仰的教訓，普世界的人就都爲正義的人，由一個主宰總合起來，是希臘和異邦人惟一的上帝，也可說是全人類的上帝。我們所謂哲學，就是由哲理而得到的那一部分眞理，雖則那眞理祇是一部分的。

這便是克力門的見解。他在亞歷山大里亞所設立的問答學校，不僅是信仰基督教的入門，而且也是基督教哲學的入門。聖巴錫耳（St. Basil）對於這方面的解釋還要詳細些，這從他對於青年提出的閱讀教外書籍的價值一篇訓誡，可以看出。

聖巴錫耳是三二九年生的卡帕多細亞（Cappadocia）之該撒利亞（Caesarea）。他的父母本是基督教信徒，但是把他送到雅典去學習哲學和詞令。回家之後，便在本城做律師，但不久又到埃及去，然後乃隱退獨自默想基督教的道理。其後他做牧師，一直便在該撒利亞做了二十年的主教。他死於三七九年，一般人無不尊敬悲悼他。據說某年飢荒時，他把自己所有的財物都分散與窮人，即算猶太人和異教人也可得他的賜與。他那篇關於閱讀教外書籍的訓誡不知是在何時何地，不過其目標顯然是為着那些在他下面讀書的教會學生而發，那些學生或許是將來想做牧師的。

他這篇訓誡的大意大概是如左：

一、世俗的書籍是為了解聖書一種很有益的準備。

二、世俗的學術不是必需品，乃是靈性的一種妝飾品。不過照摩西和但以理（Daniel）的榜樣看來，世俗的學術并不是可以蔑視的。

三、世俗的書籍研讀時應當加以辨別。正如蜜蜂不是任何花都採蜜一樣，所以基督徒研讀世俗的書籍時，應當衹選擇那些無害於聖潔和德性的。希西阿（Hesiod），荷馬，提奧格尼斯（Theognis），普羅提克斯（Prodicus）等的作品，是可以讀的。

四、這些作家那些合乎道德的見解，不僅要研讀，而且要實行出來，因爲最大的罪惡無過於口是心非了。

五、有許多世俗作者的教訓和福音書上的見解，是相吻合的。

六、如果我們想戴一個運動家的冠冕，就必須像運動家一樣的練習，不可偷懶，要不住的操練。（古代的思想家都是主張修養靈性，抑制肉慾。）

七、凡可以幫助我們達到永生的，都不可忽略；因此，我們要考查并實行古人的智慧。

大概而論，聖巴錫耳的這篇訓誡，可說是可以代表古希臘教父們對於世俗學術的態度。拉丁的教父們則比較的要保守一點，但是他們也并不完全詆誹世俗的學術。

（二）斯多噶派對於教育態度

正如基督教一樣，斯多噶主義也可說是一種教育的訓練。斯多噶派對於人生的理論雖則是起源於古希臘基督教以前的時代，然而在羅馬人性格那種強硬的土地裏也還是能够滋長起來。在羅馬帝國時代，這種自足的理論是那些思想高尚的人一種很適宜的迴避之所，因爲內心他們很反對那種奴隸制度的環境。闡發斯多噶派的理論最精詳的，要算挨披克提忒（Epictetus），他大約是紀元後四十五年生於弗里家（Phrygia）。據說這位哲學家在尼祿帝（Nero）是一個奴隸，但後來成爲羅馬著名的哲學教師之一，直到杜密善帝（Domitian）的諭令下時乃不得不離開羅馬。他的理論，一方面是可實行的，一方面是最高理想的，而對於後世許多極高尚人格的人發生了很深切的影響。挨披克提忒的演講是他的一個學生名阿立安（Arrian）編輯的，他對於這項工作似乎做得很忠實不壞。但是裏面文體的不大有系統無疑的是反映着當時教授哲學那種用談話的方式。

斯多噶派的教育理論是『隨從自然。』這與十八世紀時盧梭及其自然主義派信徒想改革教育方法的理論，大約相似。照挨披克提忒的思想，自然是善惡的標準。但是『自然』是什麽呢？照斯多噶派的用法，自然這個名詞可以與『理智』——有時或是『神聖』——互相換用。從他們的觀點看來，人類的情緒或欲望幷不都是合乎自然的，衹有合乎理智的纔是自然。如情緒和理智聯合爲一氣時，便是自然的，也就是對的。奢侈，無誠心，虛榮心，好奉承，虛假，以他們看來這些都是不自然的，因之也就是可鄙的。那班哲學家誇張自己的學生多，說自己演說完畢時鼓掌如雷，自己稱贊自己的口才，或是請許多朋友來加入聽講，都是要格外被人所譏諷的。挨披克提忒喜歡蘇格拉底的那種態度：『你們是否聽見蘇格拉底說過「我曉得什麽」或是「我能教什麽」呢？』因此，至少在理論上，斯多噶派是像基督教一樣態度毫無虛僞，生活的方式非常嚴謹。不過他幷不說虛榮和放縱是有罪的，而衹是與一個聰明人的人格是不相合的。

斯多噶派對於理論的學識的態度，是很明確的。他們以爲這不過是達到某種目的的一種工具。人生唯一最後的目標便是德性，或與自然之吻合。為學問而求學問的理論是他們所不贊成的，不過沒有像早期基督教徒那樣過分。他們對於研究七藝的人，是很注重的。他們很耐心的研究文法。柏拉圖在克拉替拉斯(Cratylus)裏，曾經討論及語文是否由一般人彼此互相約定同意而來，或是根於語文所代表的物件自然發展而來。斯多噶派以為語文是由於自然演化，而不是根於習俗而來的。因此，對於語文的研究可以達到自然，達到理智。在斯多噶派哲學家的學校中，邏輯也是相當注重的，因為邏輯是直接探討理智的。以現代的讀者看來，拔克提武的演講集最壞的部分，是關於辯證學形式細目的那部分。然而他本人卻以為辯證學本身并沒有什麼價值，其所以研究祂唯一最大最有價值的目的，便是要了解自然的意旨。了解自然比研究基利斯波(Chrysippus)的著作還要重要，雖則他是斯多噶派中最重要的腳色。因為以他們大半人看來，基利斯波雖然是不可缺少的指導者，但終究還祇不過是一個發揮者。自然所顯示於人的意旨，是與外界的一切影響完全不相關的。無人可以勉強自然說一句假話，或否認一項真理。凡與自然不相關的事物，則無關重要，雖則此種事物是有苦樂的。他們與道德毫無關係。德性是唯一的善良，祇要達到德性，人就可以自足了。在這一方面，斯多噶派的這一種自傲，與基督教的謙卑和依賴上帝的意旨，是完全相反的。

因爲斯多噶派的教義包含許多高尙的重要的思想，所以在羅馬帝國的第四世紀時，與基督教的神學是一個很有勢力的對壘者。這派學說不僅是學者們的一種消遣品，而是對於教育，人生，宗教，都有一種有系統的思想。斯多噶派以爲要估量一個哲學家，不是在他如何討論德性，而是要看他實行到如何程度；不是當着在學校裏安全無恙的時候，而是要當行舟危險的時候，實在講，斯多噶派把意旨的獨立看得太過分了。照他們的理論，一個人祇要心智上有訓練，就可以快樂，而肉體上的痛苦可以毫無關係，至於父母子女或丈夫妻子死了，則是可以不管的事，因爲這與意志是無關的。他們原是想追隨自然，但弄得反而不自然了。

照挨披克提忒的理論，道德哲學可分爲三項：

一、欲望和憎惡應當加以適當的裁制，使前者不致失望，後者不致發生。要做到這一步，應當把欲望限制到完全依賴意志方面的事物。凡與意志獨立的外界事物，則可完全不理會。

二、根據於欲望與憎惡的種種活動，卽追求與迴避。

三、贊可的行爲，在聰明人方面，應當用一種絕不會錯誤的判斷力裁制之。

獨立，自助，自賴，自制，充分的智力和精神的自尊心，這便是斯多噶派教育最顯著的特性，也就是與基督教教育不同的地方。凡有關於意志的事物，人是要自己負責的；而人本來賦有一種理智的神聖的天性，所以一個人有了德性便足夠了。凡是與意志不相關的事物，聰明人便取一種置之不理的態度。

（三）新柏拉圖派對於教育的態度

新柏拉圖派哲學古代眞正創立人并最能充分闡明此派哲理者，是柏羅提挪（Plotinus）。他在紀元後二〇五年生於埃及，二七〇年死於意大利。固然，他得益於在他以先的人，如沙卡斯（Ammonius Saccas）以及猶大斯（Philo Judaeus）也不少（後者是與耶穌同時的人。）新柏拉圖派落到後一班人之手的時候，如愛安布立卡斯（Iamblichus）等，則墮落爲神話，巫術，多神論，迷信，爲基督教反對的中心點。不過這一派也像斯多噶派和伊璧鳩魯派一樣，必須認爲是教育制度之一，因爲有許多後期羅馬的大思想家，在思想和宗教方面，是很注重這一派的。

新柏拉圖派對於教育的理想，像其他許多神祕主義一樣。上帝與人之間相隔的距離是很遠的，但同時他們以爲人的心靈是有一種神聖的盲目的直覺，所以人可以最後養練爲此種純粹神聖的成分。神祕主義者是要努力把內心的火燃燒起來，直到一切粗糙的成分都消滅。結果是變爲一種超然的樂境，然後人的心靈與神聖的自然合而爲一。要達到這種地步，努力是不可少的。柏羅提挪說：『我們要學上帝，我們由德性而可變爲像上帝一樣，上帝是宇宙的心靈。』『如果有人想摹做上帝，得到眞美，就必須努力追求上帝，追求眞美。』『人要得到世上的好果，不是靠祈禱，而是要靠修養。』新柏拉圖派是樂觀的，因爲他們以爲物界的變化是假的。『世界的事物都是好的，不過統轄者不是物質，因爲物質祇是暫時的東西。物質必須過去，而後各物能還原，否則物質便會是因果的根源了。理智乃是原則，理智是各物的根源。』努力，樂觀主義，默想善良，把哲學教育限於少數人，任意採用寓言隱喩，不管一切物質及具體的事物，對於錢財貧困及其他經濟狀況漠不相關，把理智和物質看爲完全相反的極端，幻想許多鬼魅連貫在人與神之間，以上這些便是新柏拉圖派最顯著的特點。其弱點便是對於具體事實不管；西歐古代及中古文化對於科學方面不發達，這也不無有關。

我們看龍基納（Longinus）寫給坡菲立（Porphyry）的信，就可以曉得在羅馬帝國時代的批評家是怎樣的取一種學者的態度。這兩個人都是研究新柏拉圖派的代表者柏羅提挪的。「除非有什麼特別的好機會，我在這裏簡直找不着什麼新材料。卽算已往老的材料也不完全，因爲你也說過，有一部分是毀滅了。在這裏也找不着抄寫員，以致我不得不把我所有的時間來抄寫柏羅提挪的著作，也還是抄不完。我叫我的書記不做別的事，完全來做這項工作。我把你所有送來的那些著作，也包括在我搜集的材料之內。然而我還祇算是得着了一半，因爲雖則我的朋友阿米柳斯改正了以前抄寫者許多錯誤，仍舊還是佈滿了的錯誤。」

新柏拉圖主義是一種神祕的而不是嚴格理智的訓練。牠有許多與基督教相同的地方，以致有些人對於這兩種信仰很難抉擇高下，而且對於後來中古時代基督教的神祕主義者也有影響，不過這派對於實際的道德生活，則不及基督教或斯多噶派的影響之大。新柏拉圖派雖則也有很大的勢力，但是祇能激動很少數的人；即算羅馬的皇帝朱理安想把牠倡爲一種國教，也完全失敗了。

斯多噶派的教育是自制和理智；新柏拉圖派的教育是直覺；基督教的教育則是整個的生活，特別是遵照一種模範以訓練信仰和仁愛，這是異教所無的。

本篇參考書目

羅馬帝國的教育

（一）

Becker: Gallus, Sc. III(on Roman Libraries and Books).

Clarke, S.: Education of Children at Rome.

Cole, P.: Later Roman Education.

Dill: Roman Society in the Last Century of the Western Empire, Bk. IV, Chap. V.

Fowler, W.: Social Life in Rome in Age of Cicero, Chap. VI.

Haarhoff: Schools of Gaul.

Hobhouse: Ancient Education.

Laurie, S.: Pre-Christian Education.

Quintilian: Institutes of Oratory (trans. Watson).

Sandys: History of Classical Scholarship.

Wilkins: Roman Education.

(二)

Abbott: Society and Politics in Ancient Rome.

Anderson: 'Some Facts Regarding Vocational Education Among Greeks and

Romans'(in School Review, Vol. XX).

Bailey(ed.): The Legacy of Rome.

Bury, E. G.: Student's Roman Empire.

Church, A.: Roman Life in the Days of Cicero, Chap. I.

Davidson: Aristotle and the Ancient Educational Ideal.

Gwynn, A: Roman Education from Cicero To Quintilian.

Johnston: Private Life of the Romans, Chap. IV.

Jullien: Les Professeus de Litterature dans l'ancienne Rome et leur Enseignement.

Mommsen, T.(trans. Dickson): History of Rome, vol. i, Bk. I; vol. i, Bk. I, Chaps. 11–24; vol. ii, Bk. 4, Chaps. 12–13, & c.

Newman: University Sketches(ed. Sampson), Chap. 8.

Painter: Great Pedagogical Essays — Chaps. I–VIII. (Cicero, Seneca, Quintilian,

Plutarch, Jerome).

Preston and Dodge: Private Life of the Romans.

Sellar: Roman Poets.

Teuffel: Roman Literature.

Tucker, T.: Life in the Roman World of Nero and St. Paul, Chap. 17.

Webster: History of the Ancient World.

Westerman: 'Vocational Education in Antiquity'(in School Review. Vol. XXii).

羅馬帝國時代早期基督教教育（過渡時期）

（一）

Bigg: The Christian Platonists of Alexandria.

Hodgson, G.: Primitive Christian Education.

St. Augustine: Confessions.

（二）

Clarke: St. Basil the Great.

Cubberley, E.: History of Education, Chap. IV.

Currey: Tertullian.

Cutts: St. Jerome.

Davidson, T.: History of Education, Bk. II, Chaps. 2-3.

Leblanc: L'Etude et l'Enseignement des Lettres profanes dans les premiers Siecles de l'Eglise.

Roger: L'Enseignement des Lettres classiques d'Ausone a Alcuin.

St. Augustine: Writings.

St. Basil: Homily on Reading Profane Authors.

St. Jerome: (in Painter's Great Pedagogical Essays).

Seeley, L.: History of Education, Chaps. 13–18.

Spear: Influence of Plato on St. Basil.

Whitaker: The New-Platonists.

Zeller: The Stoics, Epicureans, and Sceptics.

See also the 'Library of the Fathers'.

The Fathers for English Readers: Basil, Athanasius, Ambrose.

Alsovarious Histories of the Church, e. g.

Johnson, E.: Rise of Christendom.

Spence-Jones: Early Christians in Rome.

第三篇　中古時代之教育思潮

第一章　轉變時期

哲羅姆（Jerome）說：『羅馬帝國倒塌了』！但嚴格的說，羅馬帝國并不是一下子倒塌，而是漸漸的衰微腐化，瓦解崩潰了。紀元後四一〇年阿拉列（Alaric）之踐踏羅馬，當時人并不曾認爲是古代之終止，新時代之開始。這個古代大帝國崩潰的原因當然很多，不過其中最主要的還是因爲他們的軍隊中比較強悍有力的種族太佔勢力，而本族人不足以護衛國家。經過一番淘汰之後，羅馬軍中最佔勢力的，是哥德人（Goths）及其他野蠻民族；他們除了忠心於在上的領袖之外，沒有什麽別的關係，因此他們很容易向羅馬倒戈。最初是領袖與領袖間之爭，不是國與國間之爭，但後來有幾個野蠻民族集合攏來，學習了羅馬的戰術，侵佔羅馬之邊境，漸次佔領各省，最後瀰漫於羅馬全境。各野蠻民族的行爲各有不同，而是看他們吸收羅馬的文化有幾何，重視羅馬文化的態度怎樣。在日耳曼（Germany），不列顛（Britain），以及菲洲，他們把古代的文化都踐踏無遺了。在意大利，高盧（Gaul），和西班牙，他們對於羅馬的制度有一點尊敬，對於基督教有一點驚嘆，對於學校任其存留，對於羅馬的地方政府和羅馬法律略有一點了解。帝國中的教堂，僧院，學校，及其他機關曾經受過他們許多殘暴鄙視，逼迫，但最後仍舊能保存下來。那些政府所倡導，地方政府所管理的法律學校，在第五世紀初葉還存在的，便漸漸沒有了，或是範圍縮很小了，但是僧院以及教堂的學校，則仍舊存在。況且羅馬東部帝國仍舊未亡，而繼續西部帝國的哥德族領袖如狄奧多理（Theodoric）等，也仍以繼任聖神的該撒而自居。在東部帝國異教和基督教的教師可以同時並着教書，直到五二九年查士丁尼帝（Justinian）把雅典的學校關閉了纔終止，因爲他想把君士坦丁堡的學校改組擴充。

現在我們最應注意的，是關於西歐方面。這裏的問題是：是否祇應保存基督教的文化，抑或也應把古代的經典以及異教哲學家的思想傳播於當時那日漸不知希臘文的後代。關於經典文學之能繼承下去，實不得不歸功於當時有一班傳播者之努力。這班傳播者爲生於四七〇年之卡息奧多剌(Cassiodorus)，及生於約四八〇年之波伊悉阿斯(Boethius)和本泥狄克特(Benedict)。

卡息奧多剌是羅馬一個很著名世家的後裔。當狄奧多理帝(Emperor Theodoric)和接着的幾朝中，累陞至財政部大臣之職，最後榮任爲執政官。他所主張的政策，是想把哥德人和羅馬人融化爲一整個民族。到五四〇年時，他辭職回到維法里恩(Vivarium)自己所建的僧院裏，過着清閒的退隱生活。他著了一部聖教及世俗學術之組織(Institutions of Sacred and Secular Learning)，其下篇有對於七藝之論略，不過他自己沒有什麼創造的材料。他所著的教會發達史，是根據於蘇格剌地，索左門勒斯，提阿德雷等所著的基督教史，後來在中古時代非常盛行。不過他對於教育最大的貢獻，還是他在僧院裏所提倡的管理制度；他不要僧侶做勞力的工作，而准許幷鼓勵他們做文學的工作。如果不是提倡這種辦法，恐怕當時對於書籍的研讀和抄寫就將要絕跡了。

這幾個傳播文化的人物中，比卡息奧多剌更重要而與他同時的，便是波伊悉阿斯。他本是狄奥多理很重要的顧問，也是狄奥多理所極看重的；但不幸他寃枉被人所誣，說他要恢復從前古羅馬的那種政體，以致使他下獄，而最後於五二五年處以死刑。在監獄裏的時候，他著了一部哲學的慰藉（Consolations of Philosophy）。這部書是希臘的道德哲學一個很簡核的概要，在中古時代無人不研讀，至今看的人也還是很多。波伊悉阿斯曉得希臘的學術在西方會日漸消滅，便把亞理士多德大部分的著作，以及關於亞理士多德，坡菲立（Porphyry），西塞祿等的評論，都譯成拉丁文。雖則他的著作幷沒有偉大的意義，但中古時代的人總把他認爲是一個基督教的烈士。如果沒有他的那些翻譯，恐怕中古時代的一般人對於柏拉圖和亞理士多德都不甚知曉。他也有關於七藝的著作，幷把他認爲對於音樂和辯證學是一個重要的威權。照史學家吉本（Gibbon）的意見，波伊悉阿斯是『伽圖（Cato）或都里（Tully）可認爲是一個同胞的』。卡息奥多剌對於他的稱讚，可以總括他著作的功績是怎樣：『因着你的翻譯，意大利人纔得以欣讀畢達哥拉斯（Pythagoras）的音樂和托勒密（Ptolomy）的天文，尼哥馬克斯的算學和歐幾里得的幾何纔得以傳往西方，柏拉圖的神學和亞理士多德的邏輯能在昆體良的舌頭上辯論，甚至於機械的阿基米得你也用拉丁的服裝裝飾起來，送與西西里人；也因着你一個人的力量，把希臘許多人所努力的種種學藝，在拉丁語文裏恢復起來』。

大約與波伊悉阿斯同時的，還有本泥狄克特（Benedict），他是西部僧院的總主教。他年紀很青的時候，便從世俗的羅馬逃出來，集合了許多棄絕紅塵專爲上帝的人建立了許多教會團體。歐洲的西部不像東部那樣盛行過單獨隱遁的生活，對於教育的發展實在是有不少的幫助。在五二九年他最重要的夢忒卡栖諾僧院在五三〇年便公佈了他那著名的『僧院規條』（regula），後來漸漸各地盛行，直到五九七年聖奧古斯丁帶往英國的坎特布里（Caterbury）。本泥狄克特以爲『懶惰爲靈魂的仇敵』，所以他主張僧侶應當一方面『研讀聖書』，同時要有『手的勞作』。五四〇年時卡息奧多剌在維法里恩主張同時教聖教和世俗的書籍，恐怕就是根據於這種理論。後來本泥狄克特派的僧侶都讀書研究，教導預備入僧院的兒童，有時也收外來的學生。如果他們有會抄寫的話，也抄寫稿本。不過世俗的學術還祇認爲是宗教的一種附屬品，其本身沒有追求的價值。因此，僧院學校對於學術祇保存而已，幷未促使其前進。他們也建設了許多圖書館，以致許多極有價値的經典著作未致消滅，這也不得不歸功於他們。可敬的比德 (The Venerable Bede) 和馬路斯 (Rhabanus Maurus) 都是這種學校的產物在許多別的方面，如社會，農業，藝術等，這些本泥狄克特派的僧侶也是早期中古時代的教師。

在那時黑暗時代，凡想追求平安，學術，虔誠的信仰，僧院乃當然的退修之所。固然，僧院生活的這種利益，有時也作爲一種罪過放縱掩飾的地方，但這種情形幷不是普遍的。大概而論，僧院總是專心敬神的地方，過着禁欲的生活。在當時，禁欲主義是達到聖潔的唯一路徑。在東部這種趨勢更趨於極端，因爲他們以爲物質的世界和肉欲的快樂乃是魔鬼的同黨或奴僕。在埃及以及其他東方異教的退隱之士自己以極可怕的懲罰以禁欲，實可追源於此。當時還有一種趨勢鄙視婚娶的財產，表揚柏拉圖式默想的生活，不過基督教的默想實在比亞理士多德的『理想生活』還要充滿情緒些。在西方僧院裏，大概也有這種情形，不過孤僻退隱的人要少得多。西方僧侶的團體似乎比東方頭腦要清醒些，自制的能力也要大些。這是否因爲他們保存經典文化，或是其他的演化也可做到這個地步，則不能確定。

漸漸中古時代造成一種獨特的風氣。在羅馬帝國時代這種風氣很明顯的與希臘的經典思想互相競爭，但是在第五世紀的時候，在歐洲的西部這種競爭便沒有了。自此以後，關於異教的學術研究，雖也存在，但是附屬於神學的。像卡珀尼那樣一本關於各藝的教本，便算是足夠了。甚至羅馬的法律，也加以縮短，使其地方化。譬如在法蘭西的北部，這種法律漸漸的消沈，而祇剩下一點研究的興趣。不過關於個人方面的羅馬法律應用於教士們的，漸漸改用教會法律的名義之下，擴充而重要起來。此外，一班夷蠻的法律（甚至於含爾律 Salic law），各方面也受羅馬法律的影響。譬如從君士坦丁時起，羅馬律中便有反對異教的懲罰，對於離婚的限制，以及有關於基督教其他修改的地方。聖奧古斯丁的道德理論，勝過了異教的理智主義理論。在聖奧古斯丁以前，甚至到安布洛茲 (Ambrose) 的時候，許多基督教的教父都保存着西塞祿的道義。但是聖奧古斯丁祇在上帝裏面追求靈魂的安樂，便很滿足了。他不信託無上天幫助的人的理智，他追求簡單生活，信靠情緒。固然，息泥細阿斯 (Synesius) 的新柏拉圖主義和帶奧立細阿斯 (Dionysius) 超自然的神祕主義，一般人不易明瞭，以致難於普遍。

神祕主義現在有一種特別的魔力。一般人對於奇蹟的嗜好銳增，甚至有許多頭腦最淸醒的基督教團體，也忽視自然界，而趨重於超自然界。有許多事實，都用隱喩的方法來解釋。許多聖者神奇的故事比可證明的事實都要流傳得寬廣些。信心比眞實看得更重要。

亞歷山大里亞派的基督教學者，本是以哲學的態度來硏究聖經。但是現在對於希臘的哲學是不大重視了。直到十二世紀爲止，西部各學校關於柏拉圖和亞理士多德的教材，不過就是泰米阿斯（Timaeus）那不完全的譯本，以及波伊悉阿斯由希臘譯成拉丁的淺近的譯本。

照當時基督教徒的看法，『美』乃是靈魂的表現，也就是上帝的『美』的反映，從邏輯上講，這種看法比異教的是要完滿一點，不過實行起來，便要窄狹多了。除直接服務於神的作用之外（如哥德式的建築），美是不可靠的東西。甚至基督教關於愛的道理，雖則在道德上比柏拉圖公義的觀念要有力些，乃是要藉以抑制情欲而不是認可情欲的。他們忽略了人生的眞實，獨身主義是他們的理想。

文學差不多完全是限於宗教方面的。基督教的詩歌，沒有從前那樣有哲理，而是偏於情緒些。

古典的拉丁散文是很少人做了，不過大概文筆的風格是基督教化了。這種風格比從前古典的要直接些，流利些。神學的語文，採用了許多新名詞，是西塞祿時代所沒有的。現在的趨勢是不用從前那種詞令的詞藻及複雜的句語，而趨於簡單的格式，以便一般讀者易於明瞭。

上面已經講過，因着波伊悉阿斯，本泥狄克特，卡息奧多剌等少數人的努力，於是古代的學術，不致因着羅馬西部帝國的滅亡，也在西歐跟着消滅了。在第六世紀的時候，中古時代思想的趨勢，可以在都爾的格列高里(Gregory of Tours)，教皇大格列高里(Pope Gregory the Great)，以及塞維爾的伊索多爾(Isodore of Seville)等的著作裏反映出來。

都爾的主教格列高里是生於五三八年，他著了一部法蘭克民族史；在這部書裏保存着墨羅溫王朝(Merovingians)時代的許多情形，否則就都會遺忘了。從教育方面看，這部書的興趣是因其特殊風格，格列高里這部書的文筆比古典拉丁文的那種文雅準確，要粗淺得多了。他的風格是近於羅曼斯語文(Romance languages)，就是後來演成法文的。他本人曉得這種文字的短處，就利用其能流利的長處。但是我們不可據此推論以為他對於拉丁的經典是不知的。不過很明顯的我們曉得當時受教育的人寫古典的拉丁文就不大自如，而對於經典的研究，也成為學術上的一種奢侈品。在羅馬帝國時代或是在十五世紀文藝復興時代的意大利，都不會准許六世紀時這樣對於文法的忽視和風格的墮落。

教皇大格列高里（生於五四〇年死於六〇四年）是第六世紀時歐洲最主要的一個人物；從有些方面看，差不多是一般輿論之創造者。他是一個辦事極有手段的人；從五九〇年到六〇四年做教皇的期間，他開始在政治界上做成了很大的勢力，也就是後來繼承他為教皇的人藉以在西歐政治舞臺很活動的。當時倫巴底（Lombardy），法蘭西，日耳曼，君士坦丁堡以及遠處的英格蘭，都在他的勢力之下，雖則當時沒有任何人或是任何組織能夠使天下各地都服從。

大格列高里雖然配得上『大』字這個頭銜，但是他的偉大之處是因為他是一個嚴厲的道德，熱心的基督徒，有決心的組織者和行政者，而幷非因為他是一個思想家。他還做了一件有功的事，便是『設立了一個唱歌學校，撥了一些財產，建築了兩棟房子，一棟是在聖彼得聽的階級之下，一棟是在拉式藍宮（Lateran Palace）之下』。據說他還親自在這裏教過唱歌。這個唱歌學校的訓練是預備做禮拜時加入聖臺上唱歌的，校中的教材還有讀本和初級拉丁文。不過所謂格列高里式的音樂，乃是後期演進而成的，并不是這位教皇自己創造。他是貶抑經典之學的。雖則他曾經在君士坦丁堡做過幾年教皇遣派的大使，但是他并不曉得希臘文，對於文學也沒有什麼興趣。他寫給維也納主教底塞德留(Desiderius)的信，是不贊成高等教育；這信對於後代有很大的影響。他蔑視正確的文章格式，而他自己不管拉丁句語的規條，覺得是很自傲的。因此，在格列高里之後，因爲他的大名氣和教會作者威權的地位，所以後來各僧院都看不起古典的文化。他寫給維也納主教的信裏說：「頌揚基督的人也頌揚希臘的主神，實在是不對的」。因爲當時維也納的主教很注重詞令和文學的教導。

在格列高里之後的幾百年之中，除他的教會規律之外，很少有什麼其他的書有大的影響。在這規律裏，規定一個主教應有些什麼職務，以及關於各種通常的道德問題應當如何對答。這規律不僅是拉丁的版本很通行，卽是英國亞勒弗烈王(King Alfred)時盎格羅薩克森土語的版本也很通行。在第九世紀時，凡主教受職時，贈送一部規律也是受職典禮中的一項節目。

當時還有一個有名聲的作者，就是六世紀到七世紀時西班牙塞維爾的主教，名伊索多爾(Isodore)。他所著的辭源(Etymologics)一書，是百科全書式，共有二十卷，把黑暗時代的各科學術都搜羅在內了。雖則裏面的材料是非批評性的，從不準確的次等材料搜集而來的，但是在整個的中古時代中，一直是高等教育主要的課本。這書的編次是包羅很廣的，有(一)文法，(二)詞令與辯證學，(三)算學幾何音樂天文，(四)醫藥，(五)法律與年表，(六)教會手冊與職務，(七)上帝天使及信徒之各等級，(八)教會及各宗派，(九)語文學，(十)社會與社會關係，(十一)人與習慣，(十二)動物，(十三)世界及其各部，(十四)地球及其各部，(十五)房屋田野衡量，(十六)石與金屬，(十七)農業，(十八)戰爭與運動，(十九)船隻房屋衣著，(二十)備置家用及農村器具。

由此我們曉得從羅馬帝國崩潰以後演化出來的新歐洲，保存了古希臘七藝的大綱，再在上面蓋着一層基督教和超自然的思想，使世俗的學術完全抑制在下面。中古時代教育大概的性質，大約可從英國方面的發展推演出來。

第二章　愛爾蘭的教育傳統

色爾特民族（Celts）在不列顛羣島安定的時候，不能很確切的規定是何年代。高盧(Gaul)變爲加爾(Gael)。一時歷史上的連續性都中斷了。色爾特民族在愛爾蘭和威爾斯(Wales)的移民，不知與大陸上的民族究竟是如何的關係。

在第五世紀時，愛爾蘭人就大部分爲聖巴特里克（St. Patrick）和他那一班人基督教化了；到第六世紀時就伸張到皮克特人（Picts），這是以聖科蘭巴（St. Columba）在愛奧那(Iona)所設的僧院爲中心而傳播出來的。

皮克特族爲愛爾蘭的加爾人完全所戰勝，是第九世紀時的事。蘇格地人（Scoti）原來本是愛爾蘭人；在中古時代，蘇格特斯（Scotus）這個名詞應當譯爲愛爾蘭，而不應譯爲蘇格蘭。凡數百年之久，愛爾蘭總是色爾特的傳教士努力的中心地點，也就是附帶着宣揚希臘羅馬文化的地方。

加爾人是很努力的讀書人。當時在愛爾蘭僧院各僧侶對於希臘羅馬各科學藝的研究，比當時一般的標準都要高超些。當時羅馬人對於異教經典一般的敵視，他們是不大贊成的。喀利多尼亞（Caledonia）的蘇格特人，是愛爾蘭人之一支族；他們也是這樣的傳統態度。因此，從中古時代的記載上，那許多有名的蘇格特的學者，其生長的地點不知究竟是愛爾蘭，蘇格蘭，還是威爾斯。在這些地方加爾人的傳統主要的大概都相同。所以愛爾蘭人這個名稱，在中古時代應用於各地的加爾人，我們解釋時就應當廣義些，祇可說是屬乎加爾民族和加爾傳統罷了。大概而論，中古時代西歐僅得希臘文的學者，大都是加爾人，雖則我們不能像非次斐特利克（Fitzpatrick）及其他歷史家一樣，推論說是凡是曉得希臘文的教師都是愛爾蘭人。

我們在此不得不把拜占庭（Byzantine）和愛爾蘭的教育傳統互相比較一下。君士坦丁堡和愛爾蘭在羅馬帝國之下是居於東西兩極端的。他們在帝國崩潰之下能保存其為有勢力的中心點。雖然有外界的人向他們的海岸不斷的攻擊，然而他們學術的傳統還是沒有斷絕。希臘文為東部帝國通用的語文，希臘文在愛爾蘭也是研讀的文字。拜占庭那種偸閒的精神，以及一般學者附從於過去思想的奴隸性，使創造的思想和傳教的工作都歸與愛爾蘭人來努力。他們以一種自信和熱烈的精神，建設了許多學院附在僧院之內。愛爾蘭的教會有些方面與羅馬的教會不同，而他們的教會領袖們也能勇敢的在聖彼得的講座之下辯護自己的見解。從六世紀時的科蘭巴以至十三世紀時的鄧司各脫斯（Duns Scotus），愛爾蘭的學者都是以充滿了力量和教化而著名。第九世紀時可說是發達於頂點，產生了第一個偉大的學者伊烈基那（Erigena）。愛爾蘭的傳教士使盎格羅薩克森人基督教化了。他們建立了美洛斯（Melrose），林地司法（Lindisfarne），回特比（Whitby），曼茲柏立（Malmsbury），格拉斯吞柏立（Glastonbury）等教堂。在蘇格蘭，勃艮第，意大利有聖科蘭巴，在高盧有斐爾沙（Fursa），在英格蘭有愛丹（Aidan），斐蘭（Finan），科爾曼（Colman）：這不過是保存歐洲文化的加爾聖徒之中幾個比較最著者。聖科蘭巴在勃艮第的呂克遮爾（Luxeuil）所立的僧院，以及他的門徒聖伽爾（St. Gall）在萊茵河上游所立的僧院，成爲歐洲主要的兩個學術中心點。他們在第五第六第七世紀中，建設了三十至四十個愛爾蘭學校；當時雖則有丹麥人（Danes）的滋擾，他們仍能繼續不斷的造出許多傳教士佈滿於歐洲各地，同時收了許多外地來的學生。在大陸上有些僧院，如佩綸（Peronne）等，是專爲愛爾蘭人而設的。

到查理曼（Chalemagne）時代，復興了一種強有力的中央政府，其勢力佈滿於從前羅馬帝國大部分的地帶。愛爾蘭人對於這種絕好的機會也沒有錯過了機會。照愛因哈德（Einhard）的記述，他們成爲國家的一種重擔；這顯然是因爲他們的人數太多，而他們有許多特殊權利，以致引起了本土人的詬嫉。克力門（Clement）從愛爾蘭到高盧來『出賣智慧』，正如古希臘的那班哲人一樣；結果他是查理曼帝所提倡的文化復興運動主要的規劃者之一。因爲有愛爾蘭的學者，所以研讀希臘文就容易多了。如果阿爾琴（Alcuin）和馬路斯（Rhabanus Maurus）是屬於他民族的，他們對於愛爾蘭的傳統也充分的明瞭，可以拿出來貢獻。愛爾蘭的君王對於查理曼帝，也致相當的敬禮，以爲和好擁護的表示。大陸上有許多愛爾蘭的僧院，都受過查理曼的稱讚嘉奬；而特別是克力門認爲是繼任阿爾琴的，被任爲皇宮學校的校長。其他與查理曼帝有關係的學者

還有約瑟斯科脫 (Joseph Scotus)，鄧各爾 (Dungal)，及飛厄索勒 (Fiesole) 的多那式 (Donatus)。接着查理曼以後的各君王，還是繼續着護庇愛爾蘭學者的政策，如地理學家兼天文家笛科爾 (Dicuil)，大哲學家伊烈基那 (John Scotus Erigena)。伊烈基那大概是一個平民，他是第一個人把亞理士多德的辯證論應用於中古時代的玄想，就是後來之所謂煩瑣哲學 (Scholasticism)。

禿頭查理帝 (Charles the Bald) 和伊烈基那吃飯的時候，問伊烈基那說：『一個蘇格蘭人和一個蠢人有什麼相差的地方？』『就是相差一張桌子』，是伊烈基那的回答。由此我們就曉得這位最善於諷刺的哲學家在查理曼孫太子的皇朝裏，是享受着幾樣特殊的威風。據當時人的傳說希臘頗話蛾愛爾蘭人的學術，不過也不知是否確實情形。伊烈基那對於種種形而上和神學的問題，曾加以深切的研究；他還譯了許多六世紀時帶奧立細阿斯 (Dionysius the Areopagite) 在君士坦丁堡所發表的希臘論文，這些論文是想把新柏拉圖派和基督教互相調和的。伊烈基那以眞的哲學就是眞的宗教，反之，眞的宗教也就是眞的哲學。他好像是一個聳人聽聞的學界巨人，在一般侏儒之上；不過我們不能否認：他的學問也和他同時的人塞得里斯各脫（Sedulius Scotus）一樣，是愛爾蘭學校的產物。

伊烈基那和塞得里斯各脫與九世紀時兩個著名的學術中心點是有密切關連的，就是拿旺（Laon）和列日（Liége）。還有一個蘇格地人或曰愛爾蘭人，叫做所謂「希臘人」馬丁勒斯（Martinus "the Greek"）的，在拿旺講演希臘哲學和語文，而且能作希臘詩。然而除了愛爾蘭的傳統之外，希臘主義（Helenism）在當時西歐沒有吐氣的地方。拿旺一部分也是愛爾蘭的中心點，成爲一種有限的但是很眞實的文藝復興的家鄉。在第十世紀的時候，愛爾蘭的學術在德國比在法國還要興盛些。聖伽爾校（St. Gall）成爲歐洲出產書籍最多的一個學校；其次便是佛耳達僧院（Fu'da）這裏大部分也是愛爾蘭人在裏面主持。在意大利方面，科蘭巴所創立的巴比阿（Bobbio）僧院爲愛爾蘭人學術的中心點，而且其圖書館是意大利藏書最多的一個。不過上述這些僧院以及愛爾蘭在外的僑民對於現代最大的一種貢獻，就是他們能把別人所不齒的異教經典，和基督教的聖書一樣很小心的保存起來。在後期的數百年中，有許多加爾的學者，如聖維克多院的理查(Richard)，邁克爾斯各脫(Michael Scotus)，喜柏尼克斯(Hibernicus)，鄧司各脫斯(Duns Scotus)等，都是很著名的學者能繼承愛爾蘭的學業；而且但丁特別把理查排在『第三層天上』，與比得(Bede)並列在一處。不過在他們這個時期，經典的學術已經是普遍了；而愛爾蘭人對於後世最大的貢獻，還是從第六世紀到第九世紀所謂黑暗時代。那時他們又有力，又豐富又穩固，這就很足以證明如果基督教和學者都努力的話，可以做到什麼樣的成績。

第三章　盎格羅薩克森民族的教育

英國被盎格羅薩克森民族戰勝之後，全國各處羅馬的學校，使都消滅了。這些外來的侵略者對於羅馬的制度無任何尊敬之心，差不多把一切布立吞人（Britons）都消滅了，祇有在威爾斯喀利多尼亞愛爾蘭幾處色爾特的僧院裏，纔保存着基督教的傳統和經典學術。在他們侵入英國之先，盎格羅薩克森族是否已有一種教育制度，不得而知。在他們侵略時期所謂貝奧武爾夫（Beowulf）的史詩時代，其文化的程度，大概可與希臘的荷馬時代相比：詩歌音樂非正式的互相傳誦，並無學校爲媒介。最初無寫讀的技術，直到受了羅馬文化的影響之後纔有，雖則在五九七年聖奧古斯丁及其僧徒到肯德（Kent）來之先，在君王的朝庭裏一定已有一種寫讀之術，而他們的祭司也有一種草書。

在英國的第一個學校有記載可考的，是聖奧古斯丁在坎特布里(Canterbury)所設的學校；

他是格列高里教皇遣派他來把基督教傳給英國人的。據比得所述，在六三一年時，在東安吉利亞(East Angelia)開辦了一個初級中學校，『是根據於坎特布里校的辦法聘有教師』。在這種學校裏，不僅是學習拉丁文，而且研讀古典的作家，特別是那些詩人。坎特布里學校大概是與坎特布里教堂同在五九八年創立的，而在東安吉利亞的學校一定是設在鄧維基(Dunwich)。

李赤(Leach)在他所著的教育掌故一書中有這樣一段：『自最初英國的教育乃是宗教的產物，學校是教堂的一種附屬品，校長是教會的職員。自五九八年以至於一六七〇年，凡一千一百餘年之久，一切教育機關都完全是在教會的統治之下。教育律爲教會律的一部分。教會的法庭對於各學校大學及學院等有完全司法之權，而直到一五四〇年止，一切教師學者都是牧師會吏之流，且有其職位，雖則有時不一定是聖職』。

六六八年狄奧多總主教(Archbishop Theodore)和哈德良僧院長(Abbot Hadrian)到英國，盎格羅薩克森的教育便開始了一個新的紀元。他們兩人對於希臘文和拉丁文，世俗學的學術和聖經文學，都是有高深研究的。狄奧多把英國的教會統一，把他們復活節的儀式與羅馬流行的儀式弄得一致，不過在北部和西部的本地基督教徒，還是保守着他們原有不同的習氣。他們兩人還把詩韻天文學教會算學教會音樂等，授與學生。據比得所述，在六十年之後，因爲他們努力的結果，英國還是能保存一種很好的希臘和拉丁語文的知識。比得自己那種深淵的學問，就是這種學校直接或間接的一種產物。這些教會教師的學生對於本土薩克森的語文和文學，也還是同樣的注重，以至漸漸能造就到很高的程度。

大約在六八〇年時，西部某薩克森皇族的後裔阿德赫謨（Aldhelm）講述他所研讀的各種學科，其基礎大部似乎是由於愛爾蘭的根源，而不是羅馬的根源。他提及他所熟習的科目，其根源似乎不大深遠。亞拉伯的數字直到十二世紀時纔通行，則他對於算術的困難，可想而知了。

要讀書實在是要花不少的時間，因爲像我這樣一個求知慾很厲害的人，一方面想深研羅馬的法律，一方面也想把羅馬律師的各種神祕都查究出來；而最使我感覺困難麻煩的，就是要把各種無數的韻律化爲散文的規條，把詩歌各種混合的音調之揚抑，化爲直接的單音。而且對於這項科目更感困難的，就是不易找得先生。

因爲篇幅的關係，我不能對於這個題材多加講述。譬如，關於韻律的祕訣，是如何分爲字，單音，韻腳，辭藻，段，抑揚，分量等。關於詩體學是如何分爲七階段，無頭之六腳韻，段行等。關於詩的單行，五行，以至於十行等，是如何使其音律平衡的。有如何的原則，可以辨別什麼是缺尾韻的，過短韻的，過長韻的等。凡此種種，以及其他類似的東西，我都不能一時明瞭，或赶快的應用出來。

至關於算術的原則，我怎樣講呢？當做算學的失望把我的心境壓迫得太厲害時，則我對於學術已往的一切努力，自以爲透徹明瞭其祕密的，似乎就完全覺得歸於烏有了。用一句哲羅姆的話：我從前以爲是通才的，現在又覺得是一個學生了；直到後來的困難解決了，經過不斷的努力最後明瞭一切理論之中最困難的，就是所謂「分數」（fractions）的。至於所謂黃道帶及其在天空環繞的十二宮，我想頂好是不要說，因爲像這樣煩難不易捉摸的東西，必須精詳剖解的，如果我隨便的說明，就會把牠弄得淺薄無價值了。

阿爾琴（Alcuin）曾經被查理曼帝請去在他的帝國之內提倡學術和宗教。他述及在約克

(York)那個教堂所附設的學校的情形這學校的主持人就是他自己的老師亞爾伯特(Albert)，不是一個牧師或僧侶，而是一個世俗的學者。亞爾伯特從幼就是這教堂學校教養大的，後來做了教師，是自己拿出錢來在這學校裏教幾個學生。他在外面遊歷了一些時，追求新的學識和新的書籍，後來回到約克的時候，就請他爲約克的總主教。他同時還是擔任這教堂學校的校長。不過最後他把他『一切的智慧，他的講座，以及他從各地搜集而來最寶貴的書籍』，都遺傳與他最喜愛的高足阿爾琴。在亞爾伯特死後，阿爾琴祇繼承了他的學校，幷未繼承他總主教的位置。阿爾琴用拉丁詩的體材，敍述亞爾伯特那種多方面的教材。但是這詩中沒有述及一般盎格羅薩克森人都熱心的集合到這位名師前來聽講，好像從前希臘時代一樣；他們除非想進入教會做牧師的話，也不來進這種學校。由此我們可知盎格羅薩克森人對於學術還是一個門外之人。

在這裏，他用各種教材的源流，和各種學術的甘露，滋潤着三十個心靈，給以文法的學藝，灌以詞令的河流。有些放在法律的砥石磨擦，有些教以歌樂，再有些吹着卡斯退力亞的笛子，還有些乘着抒情人的韻脚，在帕那薩斯山上奔跑。有些我們的教師告以上天的協和日月的工作，天空的五帶，七行星，恆星之規律和升降，空氣之運行，海陸之震撼，人及禽獸之本性，以及各種不同的數目和形體。他肯定宣言基督之再降臨，揭舉聖經之奧祕，剖解古代法律之精微。凡他認爲有天才的學生，必異常親近，特別加以教養愛護；所以這位教師有許多學生研讀聖書，精通各種學藝。然後他又跋涉異地，追求智慧，尋找奇特的書籍和學校，以資借鑑。他又因愛神之心，專誠特往綸繆拉斯（Rumulus），遍遊聖地。然後他滿載歸來，以博學之王子，受各地君王熱烈之歡迎，無不欲聘留以學術灌漑其土地。但我們的先師，兼程歸還本鄉，銜天主之使命，完成其固有的工作。乃登岸不久，又不得不主持教政，因人民之需求，登教牧之位。

七九六年時阿爾琴雖已不任校長了，但還是向約克的總主教建議把文法音樂習字等各分開爲班次，幷各任專門的教師。他論及赫克散校（Hexham School）時這樣說：『以食物賙濟貧人的肉體，實在是一種偉大的慈善事業，但以精神上的學術賙濟饑餓的心靈，乃是一種更偉大的慈善事業……因爲羊羣的增多是牧羊者的光榮，學者的增多是世界的安全』。聖書的研讀總是應在世俗的學術之先，因此在整個的中古時代中，學術總是在一種附屬的地位。阿爾琴以後的身世，可以在此簡略的述一下。在他往羅馬接受約克總主教的禮服的途中，在巴費亞（Pavia）遇着了查理曼，勸他在這地的佛蘭克帝國裏服務，先是暫時的，後來就是長期的。他在這皇宮裏勾留了數年之後，便到都爾（Tours）設立了一個模範僧侶學校，間常還是到皇宮裏去。他是一個多才多藝的著作家和健談者。他對於七藝大部分都有寫作，因爲他以爲七藝是獲得智慧不可少的條件。以大查理看來，他是教育部部長的地位，使許多無生氣的學校和僧院能够得到生命和熱忱。阿爾琴是八〇四年死的。

在八二六年游其尼阿斯教皇（Pope Eugenius）的參事會令行各初級中學校必須聘有關於七藝的教師。這不僅是對於英國，對於全世界的各地教會莫不如此。雖則各地的初級中學校有時向着教皇訴苦沒有教師或是經費不足，但在各主教的區域本來是要有這種準備的，不過這次是重申前令能了。

很顯然的，丹麥人的侵佔使一般英國的初級中學校和學術受了一番打擊。這些外來的丹麥人蹂躪着各城市和鄉村，不過因爲大亞勒弗烈（Alfred the Great）的天才把這種破壞阻止了一時。他在格列高里的教堂規律盎格羅薩克森的譯文前有一篇序文，說當時的拉丁教育是幾樣墮落，而在阿爾琴時是幾樣的偉大。大亞勒弗烈是八七一年登位，他的序文大概是八九三年寫的。

我常常心中總是覺得，我也想要大家知道：在從前英國的各地，不知多少有智慧的人，無論是教內或教外的……而且在教內有職守的人，對於教人研討以及服侍上帝，是如何的充滿了熱忱。當時也有許多外人到此地來追求智慧學問，而現在我們要從這方面努力，還要跑到國外去。此時的英國人民墮落得如此厲害，以致在恆伯河（Humber）的這邊很少的人能夠懂得禮拜的儀式，或是把一個拉丁字譯成英文，而且我相信在恆伯河的那邊像這樣的人也很少。這樣的人如此之少，以致在我登位之時，我記得在泰晤士河之南，一個也找不着。而現在在我們之中有了一些教師，實在是要感謝上帝的大能。我一想到這些，便記起了在各地未被蹂躪之先，國內各地的各教堂都藏滿了寶物和書籍，也有很不少上帝的僕人，但是他們對於那些書不知其內容，因爲不是用本土文字寫的，不知閱讀。

因此，我想最好把一部分我們最有益的書，譯成我們都能懂得的文字；如果有上帝的恩賜，天下太平，這種工作也是容易做的。這樣，凡是英國自由的青年，有充分的金錢能專心於這方面的，而他們不適於別項工作的，就都要來學習，直到他們能透徹的閱讀英文；其後凡是要繼續讀書的，就可以再研讀拉丁文，以求高深的進步。當我記起一般英國人對於拉丁文的知識是怎樣的淺薄，而能讀英文的很多，我便在那種國事紛繁之暇，根據於我從總主教，牧師等所學來的語文，想把牧人之書（Herd's Book）譯成英文，有時是逐字的，有時是逐意的。當我竭力的研讀完全明瞭之後，我便把牠譯成英文；譯完之後，我便要各送一本給國內的各主教，並每書上用一隻值五十個曼克斯（mancus）（英古幣）的書夾夾着。我以上帝的名義不許任何人把書夾從書上取去，或是把書從教堂拿走。

亞勒弗烈王的傳記，後人說是阿塞主教（Bishop Asser）做的，但實在是錯了。這傳記述道：

位偉大君王早年所受的教育，說他直到十二歲的時候，纔開始讀書，不過在小孩時他就能背誦許多薩克森詩，而且與他的哥哥們同學習算術，得着了一本薩克森詩集的獎品；這本書裝釘很美麗，是他母親預備獎給她兒子們之中那個能最先讀書給她聽的。他也學習了認識時辰，學了一些聖詩和禱文，并把這些詩歌禱文訂成集子隨身帶着，不過在全威塞克斯（Wessex）區域中，他找不着一個適當的教師能夠教他的拉丁文法。然而在他一生之中，這種渴望的求知欲，總是從未間斷的。據說在他三十歲的那一年，在一天之中他學會了而且能解釋拉丁文。然後他把聖經中最好的精華，收集在一本小册裏。上面的記述，雖則與歷史的事實有些不合或矛盾，但是略爲看出當時教育的情形。亞勒弗烈也和查理曼一樣，認定了他的兒子和親戚們應當受一種比他自己更有系統的拉丁教育，於是他設立了一個皇宮學校。在盎格羅薩克森時代君王和貴族的子女，似乎也和庶民的子女一樣，同在拉丁中學校裏讀書。而且當時做母親的也教兒女讀盎格羅薩克森的詩歌。

在以得加王（King Edgar）的時代，盎格羅薩克森的教育恐怕是達於頂點了。色爾特的僧侶們的學問和羅馬學校的設立，這時已經是有堅定的根基了。丹麥人的侵略已經制止，天下太平，基督教盛行。努力於教育的，不僅是主教們，各教堂的牧師也莫不如此。亞勒弗烈王上述一般人對於拉丁之無知，已經是過去的現象了。大概凡是父母有錢的學生對於牧師都要付學費，否則法律上載着一個學生必須得着他從前教師的許可而後纔能另從教師，就會令人不可解了。不過當時一般的風俗，凡家中無錢而聰明的孩子可以免費讀書，大概後來總做牧師的職務。盎格羅薩克森人對於本國的文學比拉丁文學要愛好些，除非拉丁文與他們所做的事有不可少的關係。一〇〇五年阿爾夫立克（Aelfric）所著的對話（Colloquy），說農夫，牧人，獵人，漁夫，販卒，商人，鞋匠，鹽商，賣糕餅者等的兒子們，都一齊進拉丁中學校，幷不是可照字面上解釋的。這些職業的名稱，顯然是文法學家用來教學生的拉丁文的。不過凡是將來想做牧師的小孩，無論其家庭的階級爲何，都是可以接收的。而且盎格羅薩克森的社會，不是像諾爾曼佛蘭斯的那樣封建化或是階級分隔得非常清楚。中古時代的教會，是不會阻止微賤出身的人前進的。

李赤的教育掌故上引錄着以得加王（King Edgar）所頒佈的教會律規：

第十條　凡某牧師欲接受其他教師之學生，必須得該教師之許可。

第十一條　凡牧師除研究學問之外，必須勤習一種手藝。

第十二條　凡受教育之牧師對於一知半解者，不可諷笑而須加以指導。

第十七條　凡基督教徒必須熱心教導子女習於基督教義，幷教彼等熟讀主禱文及信條。

第二十二條　凡欲加入聖餐享樂天堂者，則必須努力讀書熟讀主禱文及信條；因未熟讀者不能稱爲眞信徒，幷不可施以洗禮。

第五十一條　牧師對於青年必須勤加教導，幷教以手藝以幫助教會。

一〇〇五年阿爾夫立克所著的對話，是教拉丁文的一部好教本，直到十八世紀時都很通行。拉丁文之旁，附有本土的譯文。上課時學生先溫讀了一些時之後，先生便發問，學生要以拉丁文答覆，不可看書。那時對於拉丁文除寫讀之外，會話也是同樣的重要。阿爾夫立克先本是溫徹斯特(Winchester)教堂的一個牧師，後來做了厄甫茲罕(Evesham)的主教。他把許多拉丁書譯成盎格羅薩克森文，由此恐怕許多鄉村學校教盎格羅薩克森文。拉丁的原文大概是從前羅馬式的公立學校傳下來的。阿爾夫立克還著了一部文法，大都是根據於普立細安(Priscian)所著的主要的學藝，這是一部很繁重的書作者是第六世紀早期君士坦丁堡的一個教師。在讀阿爾夫立克的文法之先，學生還要先讀他所編多那忒的次要的學藝。多那忒的次要的學藝原是第四世紀後期羅馬所用的一本初級課本，但在中古時代便成爲一部很通行的拉丁文法課本。我們看阿爾夫立克的文法，不僅曉得盎格羅薩克森人對於經典有相當學識，而且曉得當時的女子——至少是家庭好的以及女尼——都學習拉丁文，不過這種風氣在諾爾曼民族侵入英國之後便衰微些了。在文法裏有這樣一段可以爲例：『女尼醒着教小姑娘們。一個男子讀書受教，因讀書而一個女子受教』。照李赤所記載的，僧侶是用拉丁名稱，女尼則用本土語。

丹麥人戰勝了英國之後，并沒有十分阻止教育的進步；不如當亞勒弗烈王時以及在以前的那樣強暴蹂躪。這是因爲他們很快接受基督教的緣故。據說加紐脫(Canute)不僅爲自由國民的兒子設立了許多獎學，而且爲那些獲得自由後的奴隸也設了獎學金。十一世紀時有一個史家這樣記載着：『伽紐脫如是之虔誠仁慈信仰宗教，以致他在城市鎮邑設立了許多公立學校，委派教師，使一般得了自由的奴隸的兒子們，與那些有希望的貴族的兒子，同樣的受「文法」的教育，一切費用由政府開付』。

我們要曉得，當時的公共教育，并不是正式僧侶或專任牧師的職務，而是世俗的牧師的職務，這包括主教，世俗的傳教士，及教區牧師等。一個正式的僧侶可以將來做一個總主教，甚或至於教皇，但是像這樣他便必須擔任世俗的職務。因此，盎格羅薩克森時代的公立學校，都是附屬於大禮拜堂教堂，如在窩爾坦（Waltham）的聖十架堂。在英格蘭最後的一個王哈羅德（Harold）登基之前，這學校更擴充爲一個大學，設有教育主任及牧師十二人。次於教育主任的爲校長(school master）。在森拉克（Senlac）之後，還是這學校的校長把哈羅德的尸首索回在窩爾坦安葬的。但是到一一七〇年時，亨利第二以爲那些世俗的牧師是結婚的，便不許主持教務，而代以正式的僧侶。這就是他殺了柏刻特（Becket）一部分贖罪的辦法——雖則也還是犧牲別人的辦法。大概而論，世俗的牧師所辦的學校總算是不錯，不過研究的工作是要歸功於僧院了。諾爾曼人以爲早期英國的學術界很遲緩，實在是他們想像的一種虛構。

第四章　查理曼時代之教育進展

查理曼是七六八年登位，八〇〇年在羅馬被教皇封爲聖羅馬大帝國的皇帝，此後直到八一四年他死爲止，在整個的西歐都是享受着無上的威權。他雖則不是羅馬人，而是法蘭克人，但他很能看出羅馬的制度，法律，習俗，教育等那種有秩序的原則的好處。他很看重學問，所以竭力把阿爾琴從英國勸勉到他的宮廷裏來，還搜羅了許多著名的學者，設立了一個很好的皇宮學校，鼓勵國內的僧院院長主教等改良現有的學校，并增添新的學校，甚至於他個人也努力想增加自己的程度，其結果也或許有相當的成就。不過像一個年紀大了的成人吃力來學習讀書，似乎不能引起人覺得他的智力是怎樣的活躍。

左錄查理曼對班果爾夫（Bangulfus）僧院長所發的指令，是包括在七八七年的法令之內的：

在過去數年中，余常接各僧院之來函云：在彼等祈禱時各兄弟均虔心代余等祈禱；此類函件，其思想雖極純正虔誠，然其文字則粗魯不堪，其心思雖專誠可嘉，但不能以適當之文字表白之。由此余心中頗爲疑慮：如對於寫作之技術如此欠缺，則對於聖書了解之能力，亦必多有不當之處；文字上之錯誤固屬危險，而了解上之錯誤則危險更大。因此余極力敦促爾等，對於文字之研讀不可稍懈，而當以堅持謙虛之心，努力學習，由是對於聖書之精微道義，能易於得到透徹正確之了解。聖書內多有隱義借喻之詞，必爾等研讀較深，始能領悟神靈之意。因此，爾等可選擇有讀書之志願有讀書之才能，幷樂於教導他人者，從此方努力；其努力之熱忱，正如余所期望之熱忱。余甚望爾等能爲教會之精兵——有宗教之熱忱，高深之學問，純潔之行爲，流利之口才——則凡親近教會者，目睹爾等莊嚴之神情，耳聆爾等之演講及歌聲，可引起其神聖之靈感，宗教生活之熱忱，而歸家時充滿感謝上帝之心。

此令接到後，須抄送往各副主教，各僧院。再則各僧侶關於司法之事不可越出其本僧院之範圍，幷不可加各會議及選舉等事。

在喀羅林（Carolingian）時代最特出的一個學者，要算是馬路斯（Rhabanus Maurus），他是七七六年生於馬因斯（Mainz）。他是在佛耳達（Fulda）的大僧院裏完成的學業，後來就做該僧院學校的校長。當時外來有許多人到佛耳達追求學業，不僅是七藝，還有物理學，哲學，神學等。馬路斯的著作很多，其中最著者有牧師之教育，時間之計算，靈魂論，智慧研究，神聖之法律。左列數節，是從牧師之教育錄下來的：

算學是以數目決定而擴充之科學，或曰數字的科學。世俗科學的學者，把數學放在各科學中的首位，因爲沒有其他科學更可安置在其前。音樂，幾何，和天文，是需要算學幫助的，無算學則他們不能產生或存在。不過我們要曉得，在希伯萊學者約瑟福斯（Josephus）所著的古代事物（Antiquities）第一卷第八章中，說是亞伯拉罕（Abraham）把算學和天文帶到埃及來的，而他們是一種深思好學的人，所以依據算學而發展了其他別的科學。神父們主張凡是好學的應當多學習算學，因爲這大半可使他們不想到世俗的欲望，而且使我們曉得由上帝的幫助我們用自己的心思可以得到什麼。因此，數字的重要，是不可忽視的。凡是熱心研究的人，就曉得數字可以解釋聖經上許多的意思。『您用衡量數字安排了世上的一切東西』，這樣的稱頌上帝，也是不無根據的。

但是每一個數目，都有其特殊確定的性質，所以沒有第二個數目能和牠一樣。各個數目都是不相同的，都是有限制的，然而數目又是無限的。

凡是尊敬柏拉圖的人，就不會看輕數字，以爲數字對於神的知識是無關係的。他說上帝是用數目創造宇宙的。而在我們之中的先知也說：『上帝用數字形成世界。』在福音裏救主也說：『就是你的頭髮上帝也數過了的。』……如果對於數目無知，則我們對於聖經上許多隱喻的神祕的意義，就不能明瞭了。

在這本書裏，馬路斯把七藝也都討論到了：文法，修詞學，辯證學爲『三學』(Trivium)；算學，幾何，音樂，天文爲『四學』(Quadrivium)。

卡珀拉的著作對於上述的科目似乎在次序和內容方面，都有影響。馬路斯後來做了馬因斯的總主教，并日耳曼教育長之尊銜。

查理曼可信靠的密友愛因哈德(Einhard)，述及這個君王的生活，使我們對於他的教育習氣多知道一點。他對於他的兒女很小心的教育。「對於他的孩子們，無論男的女的，他以為對於各項學藝都應當努力研讀，正如他自己專心研究一樣。至於他的兒子們，到了年齡的時候，便要像一般法蘭克人學着騎馬，弄武器，追逐；女孩們就要織羊毛紡紗。他們不可閒空以致怠惰，應當教以各種有益的職務。」

這便是查理曼時代的教育的空氣。他們是用一種蠻幹的努力，以供應一種急切的需要，但是如若要把西方的文化永久恢復過來，還是要等到羅馬的文物制度在各基督教領域裏，有了堅固的基礎之後。從查理曼時起，以後有一班不斷的名教師，以致到十二世紀文藝復興時，便造成了一種輝煌燦爛創造的文化。

第五章　阿柏拉德

阿柏拉德（Peter Abelard）是十一世紀之末時，生在布勒塔尼（Brittany）一個小別莊裏。他的一生，是好像許多像他這樣熱心的學者一樣，脫離戰神，而追求溫柔的才藝之神。他的第一個教師，是理智主義派的洛塞林（Rosceilin），就是因爲對於三位一體的特別見解，以致從英國和法國驅逐出國的。阿柏拉德所到的地方，都是辯證學興盛的地方；他除了數學之外，對於各種學術都有相當的成就。他在僧院或主教區學校裏所學習的課程，特別是在那些大城市的學校裏，包括有七藝。在第十二世紀的初年，他住留在巴黎，此時的巴黎已是歐洲各處學生追求學問的中心點了。那時巴黎的各大僧院裏，都各設有一個學校，甚至有所謂猶太人的學校，女子學校，因爲那時異教徒對於教會之反對不像以前那樣激烈，所以教會對於異教人也就容忍些了。

當時巴黎最著名的學校，是宋浦（Champeaux）的威廉（William）所開的學校，他是當時法國最著名的辯證學家，不過後來他的名聲爲他的高足阿柏拉德掩被了。威廉的學校，就是開設在著名的聖母院（Notre Dame）。當時各學者討論最激烈的一個問題，就是波伊悉阿斯譯成拉丁文的坡菲立（Porphyry）的亞理士多德緒論中的一段話：『種』和『個別物』是否都有眞實的存在。一般人認爲正面的答覆是對的，但洛塞林則以爲有共通性的種類不過是一種名詞而已。安瑟倫（Anselm）從神學方面向着洛塞林攻擊，威廉則從哲學方面向他攻擊。阿柏拉德就是因爲辯駁這個問題，得到歐洲思想界的欽佩，因爲他發見了關於種類和個別關係實在對的理論，幷不是眞實論或名詞論，而是概念論（Concep'ualism）。有共通性的種類幷不是獨立的眞實，也不是空洞的名詞，而是概括的觀念。阿柏拉德在離麥郎（Melun）三十哩之遠，自己開了一個學校；後來他遷移到與巴黎相近的地方。最後在名聲上他代替了威廉的地位，爲當時最大的辯證學家。

在他的自傳『我的痛苦的故事』中，阿柏拉德說他因爲身體衰弱的緣故，差不多與法蘭西相隔了幾年之久。等他回到巴黎的時候，威廉已穿着黑袈裟爲正式的僧侶，主持建立聖維克多僧院，後來爲中古時代神祕主義主要的堡壘。威廉留下了一個代理人主持聖母院的學校。這個新校長大概是「饕餮者彼得」，這混名是因爲他異常好讀書的緣故。這個新校長請阿柏拉德爲校長，而自己在他手下做一個教員。但是威廉不贊成這種辦法，把阿柏拉德仍赶回麥郎去。他這種舉動激起了學術界的公憤，反而使他自己居於窘迫的地位。於是威廉便離開了巴黎。阿柏拉德仍舊回到巴黎，把他的營寨建立在仁未甫山（Ste Genevieve）上（照他自己的口語），就是從前洛塞林的學校舊址。在這裏都是一些世俗的教士，與那些正式的僧侶不大相容。像這樣聖母院和仁未甫便開始了一種激烈的學術界的戰鬭。我們看十二世紀時兩個僧侶所寫的聖哥斯文傳記（Life of St. Goswin），就可知正宗派的對於阿柏拉德是怎樣的看待，因爲正宗派的能力一部分就是無知。

最後，阿柏拉德把聖母院派的完全戰勝，把他們攻破了。後來他回到布勒塔尼，因爲他母親想要入院爲尼了。然後他又退休了一些時專研究神學，恐怕是有一點野心，雖則他從前所欲達到的聖母院的校長之職，現在已經是任他來接受了。然而他還是往拿旺（Laon）拜安瑟倫爲師，因爲安瑟倫是當時最偉大的神學教師，正如威廉，以及後來阿柏拉德自己，認爲是當時最偉大的辯證學家一樣。安瑟倫的記憶力很驚人，對於神父典籍也有非常淵博的研究，但是沒有創造的天才，這一次這個學生又變成了先生，從舊約的以西結書講起。他的文章實在是太好，不能讓他繼續做下去了。他完全被壓迫得不能伸張，於是又回到巴黎。

這時他一生中的黃金時代到了。據說他從各國吸引了五千多學生到巴黎來，這種話也幷非言過其實的。當時的巴黎發展得非常之快，到十二世紀之末的時候，人口達二十萬之多，這種發達一部分也是因其是一個「大學城」之故，在阿柏拉德時代，還沒有什麽大學，但是促成大學之成立的，實以他的功績最大。布勒塔尼在當時歐洲算是最愚昧的地方了，然而有一個僧院長寫信給阿柏拉德說：「偏僻的布勒塔尼也遣送動物到你那裏來受教。」

阿柏拉德一天之中講演六小時之久，差不多日出時便開始；他的學生坐在乾草墊的地板上聽講，膝上放着記錄的木板。學生之中有英格蘭人，法蘭西人，諾爾曼人，勃艮第人，布勒通人，佛來銘人，日耳曼人，羅馬人等，但是沒有那一個團體是文雅的。各國的學生團體時有戰鬭發生，至於流血，以致官廳和下手們不得不時常出來維持秩序。關於阿柏拉德的才藝和聲名，我們可從當時他的敵人們的評語看出來，特別是聖伯爾拿（St. Bernard）。

阿柏拉德離開波伊悉阿斯，卡息奧多剌，卡珀拉等那些窄狹的教科書，博覽琉坎（Lucan），奧維得（Ovid），賀拉西（Horace），惠吉爾，西塞祿，旁及朱味那爾（Juvenal），柏細阿斯（Persius），斯退細阿斯（Statius），斯韋托尼阿（Suetonius），發利立阿斯（Valerius），昆體良，普立細安等。他不大懂希臘文，更不懂希伯萊文，但是他藉着拉丁的翻譯和神父們的引證得知了許多希臘的著作。

到一一一八年，便造成了他對亞羅伊茲（Heloise）熱戀的悲劇。這故事大家都是曉得的，不必在此重述。他這次的罪惡和懲罰，把他整個的人生都改變了。亞羅伊茲入院爲尼，他自己便退隱到離巴黎六哩遠的聖得尼僧院（St. Denis），以躲避他的恥辱。

他在聖得尼的生活是世俗的，放蕩的。他現在充滿了改革的精神，與同院的人很不相合，於是又被迫去教書。他選擇的地點雖然是一個很小的鄉村，但一時就叢集了三千學生。新舊的仇敵對於他這種成功覺得非常之驚訝，於是一時各方又詆誹他爲傳授異端的首領。阿柏拉德是一個理智主義者，而在那時期一個理智主義者是敵不過一般人的控訴。他有一本書是論『上帝的統一性和三位一體』，這種論文是免不了有一種異端見解的。結果他是傳到耍松(Soissons)的法庭受審。他的書焚燬了，拒絕他的申辯，把他軟禁在聖麥達僧院(St. Medard)裏。這次軟禁沒有經過許久，因爲現在一般學術界的公衆熱烈的堅持要釋放阿柏拉德。

他回到聖得尼僧院，因爲他反駁聖得尼從前在巴黎遭難的那些神話，因而又不幸的受着窘迫。他被控到國王的法庭裏，因爲同侶中有幾個同情於他的幫助他，使他得以逃往宋判湼(Champagne)去了。後來聖得尼僧院的院長死了，纔未致第二次被捉受罰。接院長任的是著名的蘇格(Suger)，允許他在院裏平安過着退隱的生活。他頗能安心過這種生活，但後來不得已的情形又迫着他去教書。現在聖伯爾拿對於他的敵視非常厲害。正當此時布勒塔尼有一個僧院無人主持，請他去當院長，這似乎是一條安全的路。但是住在院裏的僧侶實際上就好像一班強盜，憤恨他種種新的改革。他險些兒送了性命，然後逃到巴黎來，在附近一個地方教書。聖伯爾拿現在組織了一個正宗派反對他的運動，一時爲阿柏拉德的辯論所挫敗，於是又訴之於羅馬。在羅馬就完全是聖伯爾拿的勢力了，教皇出了一個把阿柏拉德完全革出教會的通令，但是因爲克呂尼（Clugny）的可敬的彼得的從中斡旋，這通令纔未嚴格執行出來。這個著名的僧侶勸他自認錯處，算是一部分的取消通令。然後這個年紀已大氣勢衰餒的阿柏拉德，安靜的在克呂尼度他的餘年，幷教授院裏的僧侶們。他在這裏雖然一一四一年時又被松斯參議會判過一次罪，但是仍讓他安然過活直到一一四二年他死的時候。

阿柏拉德的一生，可以表白這個最重要的過渡時期教育情形。這個過渡時期就是興起了一種新的神學和哲學興趣，大多數學生的集合將要組成爲大學的模範，理智與信仰的衝突等等。從這種混雜情形，後來有些學者如阿奎那（Aquinas）等，就找出了一條出路。在教育方面他們是反對那些僧侶和世俗的教會職員，而發動了十二世紀文藝復興的開端。

第六章　中古時代之初等學校及初級中學

（一）僧院與教育

在西曆紀元後開始的數百年中，優良的道德爲一切的標準。從第三世紀到第五世紀，爲正宗派的信仰。從第五世紀大約到第十三世紀時，道德和信仰雖然幷未完全忽略，但是新的着重點是替教會爭錢財爭勢力，特別是爲那些僧院。第一個時期是受着使徒宗教純希伯萊的影響，第二個時期是受着希臘和異教哲學反抗的影響，第三個時期是因爲一切對於教會嚴重的反抗都消滅而造成。

在第三個時期——就是早期中古時代——各僧院對於新的世界文化沒有什麽貢獻。他們主要的職務是宗教的，不是學術的。他們對於文學不過是盡保存之責，幷未有增添的貢獻。他們貶抑世俗的著述，把信心比眞理還看得更重要。同時，他們對於神學有積極的進展，使那些在別處找不着安息的學者有一種理想的躱避之所，并且對於那些如英國的卡德夢（Caedmon）神聖之流可以從聖書和神話得到一種靈感，以免對付當時那種殘暴的半野蠻的實際社會。而且在他們的本範圍之內提倡了學術，不過是一種保守的精神。

本泥狄克丁學校（Benedictine Schools）——在僧院裏的學生，大半將來總是做僧侶的。有些中心城市，特別是像巴黎這樣大的城市，有一種歡迎外來學生的趨勢，收取學費。大概而論，關於平民的教育是世俗教士的職務，不是僧侶的職務。

兒童在很小的年齡就入僧院，在七歲便希望他們能背誦拉丁文的詩篇。在這時期他們便進僧院的學校，教以七藝。希臘文是完全不知道的，不過有一部分是因着愛爾蘭的僧侶的影響而保存着，這種影響伸張到歐洲許多大的僧院如聖伽爾，拿旺等。他們對於土語文也有相當的注意，但是總不及有永久性的神聖的拉丁文。名學者如比得，阿爾琴，馬路斯等的名聲都證明在黑暗時代本泥狄克丁的教育制度是很有勢力的。他們對於古代的學術如果沒有什麼進展，但至少未使其滅亡，雖則僧侶除必須者外幷沒有保存的責任。我們也不要忘記對於圖畫，印刷，建築，農業等技藝，僧院也有不少的開創者和出色的人物。

不過在另一方面現代之所謂『科學的精神』，那時還幷沒有什麼地位。除宗教的眞理之外，他們幷沒有爲眞理而求眞理的精神。凡神聖的神話，以理智的衡量看來無論是怎樣的虛假錯誤，但比起世俗的科學來，認爲對於心靈總還是要較好的糧食。僧侶的規條是注重在聖書的研讀，而不是在世俗學科的研究，後者不過是幫助前者的僕人而已。

左錄一節，是本泥狄克丁規條中對於僧侶的手工藝和課讀的規定：

關於每日之手工藝——懶惰是心靈的仇敵，所以在某規定的時間內，各兄弟們應當有手藝的工作，其他規定的時間內有聖書的閱讀。照這種辦法，兩季的時間都要分配好。從復活節到十月，從很早第一點鐘到第四點鐘，要出外做必須的工作。從第四點鐘到第六點，便要讀書。在第六點鐘吃過飯時，便要從棹旁起來到牀上去靜靜的安息一會，如果自己想讀書的話可以不出聲看書，以免滋擾別人。第二餐飯的時間，大概是第八點鐘的中間，要吃得少一點；吃後就要做所當做的工作，直到晚禱的時候。如果他們所住的地方貧窮或是有意外之事而必須自己去摘取果木的話，就不要有所怨恨，因為像這樣用手工作纔算是真正的僧侶，正如我們從前的祖先和聖使徒們一樣。但是一切工作都要做得有節制，以防身心衰弱的過度之虞。從十月以後直到四旬齋的時候，頭兩點鐘都要讀書。在第二點鐘後便要舉行早禱。此後便要做所指定的工作，直到九點鐘的時候。到九點鐘第一次鐘聲響的時候，便要離開自己的工作，第二次鐘聲的時候便去用小餐，此後便讀書或讀詩篇。但是在四旬齋的日期，從天明到第三點鐘要做所指定的工作。在這些日子，他們每人分派有幾本圖書館的書，要依次完全讀完。這些書是四旬齋的第一天發出。最重要的，應當指定一兩個長者，當讀書的時間內在院內各處巡查，看是否有弟兄偷懶玩耍，或是不僅自己不讀書，而且滋擾別人。如果發覺有這樣的人，可以先告誡他兩次。如果以後他仍舊不知改過，則處以相當的懲罰，使弟兄們看了有所畏懼。在不適當的時候，弟兄們不當彼此接交。在禮拜日的時候，除有特別指定工作者外，全體都應當讀書。如果有人懈怠懶惰，不願意或不能讀書的話，就派以他能做的工作，以免其偷懶。凡是體弱不堪的弟兄，就派以他所能做的工作不使其偷閒。不可叫他們做太重的工作迫得他們不得不逃走。院長應當顧慮到他們的軟弱。

（二）中古時代學校之種類

一、僧院學校——很明顯的這些僧院對於世俗的事是取退縮的態度，而普通的教育幷不是他們的職務。僧院的學校是教育那些將要做僧侶的，教以聖書及必需的關於七藝的粗淺知識。有時他們也接受外來的學生，這似乎是有一點違法的；有時一個僧侶到一個貴族家當子女的教師，不過在大僧院裏教那些貴族侍從的每每是世俗的職員。有時一個僧侶可派以主持一個公立學校，不過實在講起來這幷不是一個僧院學校，而是在僧院監督之下的一個初級中學。此外，早期最好的學者都是僧侶，他們做研究工作，從事著述，不過僧侶都是獨身者，所以一個僧侶或牧師的學問每每是與他本人的死亡一同消滅了。

在一般標準的歷史中，關於僧院學校對於普通教育的功績，都沒有一種正確的了解。譬如在英國的僧院學校所謂 Abbey Schools，在德國的所謂 Cloistral Schools，所提倡的是僧侶教育，不是普通教育，而時時總是特別看輕世俗的學問。雖則當查理曼時代在阿爾琴的影響之下，各僧院和教堂的學校設有音樂，算學，文法，作文等科目，雖則七八九年時亞亨（Aachen）的評議會也頒佈了這種命令，然而在虔誠的路伊斯（Lewis the Pious）之下八一七年的亞亨評議會時，卻禁止教會學校接收外面的學生：『除爲入僧院的學生之外，各僧侶不許開設其他學校。』如果初中學校付託與僧院辦理的時候（這也是常有的事），則教書的多半是世俗的教員。在李赤的記載上是用的『總是』兩個字，不過這也是言過其實，因爲阿柏拉德爲僧侶時，曾經派他主持一個公立學校。年青的姑娘和小男孩子們常常送到僧院裏去由女尼指教。但女尼不像男僧懂得拉丁文，所以是用本土語文。雖則在後期中古時代，對於僧侶想施行充分的教育，但是在宗教革命時代，他們大都是很無知的。在一三三五年本泥狄克特第十二（Benedict XII）命令各聖奧古斯丁和聖本泥狄克特僧侶要請一個文法的教師，一定是僧侶，同年也命令在英國百分之五的僧侶應當到牛津大學或劍橋大學去讀書，但是這種種辦法的結果並未能實現他們的期望，而同時也足以證明在從前伊拉斯莫斯（Erasmus）及其他教皇時代，他們是怎樣任一般僧侶對於學問荒疏懈怠。

二、教堂學校（Cathedral Schools）——在這一方面，教堂的學校大半是爲教會中世俗的職員而設的，在世俗中促進教會的工作，不是與世隔離。每主教都應當在本教區之內設立一個這樣的學校，附屬於他的教堂，施以拉丁文的教育。有些教堂學校似乎是從後期羅馬帝國時代繼續存留下來的。教堂的學校至少分有兩部，初中部和音樂部，各是分開的組織，各有不同的教師。從十二世紀末葉以後，神學部又與上述兩種分開。音樂部所教的拉丁文祇要學生能夠唱拉丁文的頌詩和詩篇，但初中部則各項學藝都教授。在早期中古時代，教堂學校是公開於羣衆的最高教育機關，但是除了將來預備在教會做事的之外，進來讀書的很少，而且有許多貧寒的學生是由教會機關或主教等幫助，等他們畢業之後，將來爲教會服務。

在最初所謂教堂學校原是主教學校（Biehops' Schools），但是到十一世紀之末時，關於教育方面主教的職務由教育長（Dean）代替，依次在其下的爲訓師（Preceptor），監督（Chuncellor），司庫。其中訓師是管理音樂部的，監督是管理初中部的，但是在教堂的關係中初中部總認爲是最重要的教育機關。

三、高等學校（Collegiate School）——高等學校是模範着教堂學校而設，是在牧師教院手中的，有些這種學校是牧師教院就是教堂的時候存留下來的。有幾個英國的高等學校是在諾爾曼族侵入之前就有的，如窩立克（Warwick）和窩爾坦（Waltham），其他有些如哈斯丁斯（Hastings）的，則是在此後不久設的。有些高等學校（窩爾坦聖十架高等學校也包括在內），因爲十一二世紀時有一種提倡僧門的運動，以致爲僧侶者有一種優先的權利，而高等學校乃趨衰微。大約到一二六〇年時，時運又轉過來，又設立了許多高等學校；照李亦的計算，一五四七年時英國大約有二百個高等學校。這些學校都包括一個拉丁初中部和音樂部，但是有許多學校的基礎自亨利第八和愛德華第六時充公後未恢復。

四、小教堂學校（Chanty Schools）——這裏所謂小教堂，像許多僧院一樣，是別人捐助成立的，其主要的功用是要維持一兩個牧師喪葬時替死者舉行奠祭的儀式。有許多小教堂是附屬於大教堂或其他教會機關。但是舉行奠祭所佔的時間不甚多，於是對於牧師就付託以其他的職務，特別是教書。像這樣而興起的小教堂學校大都是不收學費，所收的是附近貧窮的兒童。有許多小教堂學校都分有所謂初中部和音樂部，其實就是一個拉丁部和小學部合併組織的性質。這種學校在後期中古時代非常之普遍，特別是在英國，但是自一五四七年命令封閉各小教堂之後，於是學校也隨之而消滅了。

五、商會及市立學校(Gild and Municiple Schools)——當十二世紀之末，在城市裏興起了一班實業階級，有一種新的國民自覺，而發展爲一個第三階級的平民，造成了城市的比較的獨立，以及在城市中許多新學校的設立。這些學校有許多是商會設立的，在大陸上有些是市政府設立的，因爲有些市政府與商會是不分開的。

這種城市學校有幾種：國民拉丁學校，國民土語學校，私立學校。此時私立女子學校也普通起來了。這些學校的教員雖然還是教會的管理之下，而理論上他們也是教牧之類，但教員之中教外的男女一天多一天。鄉村的學校有時是聘請的先生，而是牧師自己，因爲他有時要管理幾個鄉村的事務。

這些城市學校也像其他教堂學校一樣，這些多半是由人特別捐助的。學校的校長叫做Rector或Master，或Ludimagister，他的資格大概是要在大學讀完了某科，其委派和給薪是由市政府。他的助手們叫做Socii或Locati，是由他選擇幷付薪。校長有時把他大部分的職務付託與他的助手。漸漸一般商人和其他有錢的人把他們的孩子都送往城市的拉丁學校讀書。學生分爲許多班次叫做lectiones或locations，各班有分開的教室：

（a）初等——寫讀，

（b）中等——拉丁文法，

（c）高等——邏輯，經典。

拉丁文是課程中最主要的科目，一切教本都是拉丁文。因爲在基督教會的領域裏一切都是用拉丁文，所以當時的教育有一種國際的性質，這是有一個時期失掉了的。其他的科目是宗教，閱讀，寫作，算學；還有些學校裏有哲學，高等算學，音樂，地理，歷史，自然史。

學生的管教還是很嚴厲，有所謂「集鞭假日」以及違法說土語時的「背木馬」等懲罰。所謂「集鞭假日」就是有幾天學生自己出外去搜集柳條鞭以爲全年中先生鞭打學生之用。當時有些到處遊蕩的學生，外號「酒徒」(bacchantes)，還有他們隨從的叫做 ABC shooters。普拉特(Thomas Platter) 有關於他們的記述。他自己曾經在北勒斯勞 (Breslau) 進過七個教會學校，不過可惜沒有述及各校所用的課本。那些遊蕩的學生是由政府許可在外乞食爲生，有時還有一點小小的偷竊來補充，但有時遇着慈悲的人便款待他們。

六、初等學校(Elementary Schools)——中古時代初等學校的情形是很模糊不清的。以往的歷史家都似乎以爲在這個長時期的中古時代，除拉丁文的學校，很少有其他種的學校，而拉丁學校祇能認爲是中等學校。很明顯的，在前後各期中古時代，一定有許多孩子未學習本土語文之先，便直接入拉丁學校或初中學校，正如昆體良主張那時羅馬的兒童應當先學希臘文然後學拉丁文。但是我們曉得一定有許多昆體良的學生在曉得希臘文學之先便懂得拉丁文學了。而且大概一般中古的小學生們在學習教會的文字進入學校之先，一定是已能閱讀他本土的語文了。

我們現在要剖解中古時代初等學校所以困難之故有三個原因。第一是這種學校大半是無基金的暫時的，至於那些有基金的，則每當遇到一次轉變的時候（如宗教革命），便不能保存自己繼續下去。因此，初等學校沒有存留正式的文件可供我們考查。第二個困難是土語學校在一般人眼中是看不起的，因爲各個民族的土語沒有像拉丁文那樣有永久性，普遍性，標準化，以及文學的價值。因此，在詩歌和散文文學中，都沒有提及土語的。第三個困難是很明顯的，就是中古時代所包括的時間有好幾百年之久，在內部和外表方面對於學術都有很重要的進展，所以在中古某一時期認爲很流行的情形，到另一時期卻又完全改變了。

但是這些困難并不能阻止我們完全不能追究有些初等學校（就是不教拉丁文法的學校），也還是有基金的。李亦在他所著「英國學校的歷史研究」中，可以查出許多頭緒來。有許多學校的基金，與主管他們的教堂解散時，隨着而充公了。我們也不十分確實的曉得在早期中古時代，是否已有了有捐助基金的小學。照我們至今所能查究的，雖然在中古作家的著述中，很少提及小學，但我們可以找出很多證明在黑暗時代英國和別處有很多的人都能用土語文寫讀，而這就非要有小學的教育纔能辦到。的確，那時之所謂『黑暗』，實在是因爲我們對於那時所知道的太少的緣故。亞勒弗烈曾經命令要把幾部分標準的著作譯成盎格羅薩克森文，以便『大家都能閱讀』，這顯然是當時一般人能認識盎格羅薩克森文。在阿爾夫立克的『對話』課本中，每間一行有古英文的譯文，這就可知學生們會讀古英文，雖則他們還祇是初讀經典。讀盎格羅薩克森文的人比讀拉丁文的要多些普遍些。的確，在那些大城市如倫敦等，商界對於英文寫讀之不可少，正如現代一樣。而且用盎格羅薩克森文寫的詩歌，一定很通行。在其他基督教的各國，情形大槪也差不多。諾爾曼的勝利者說盎格羅薩克森人心智遲鈍，也還是靠不住的話。

盎格羅薩克森人從何人學來寫讀的呢？他們初來不列顚的時候，對於寫讀的技藝恐怕是不知的。從各方面看來，那時花妙的字體，完全是牧師們一種神祕的技藝。但是在聖奧古斯丁和他那班僧侶在坎特布里設立拉丁初中學校很早以前，當日耳曼民族與羅馬文化相接觸的時候，就必定用羅馬字母學得了寫讀的技術。自從戰勝了布立吞人（Britons），以及至少與大陸通商的時候，英文文字就一定已成立了。他們的史詩貝奧武爾夫（Beowulf）似乎最初從大陸便帶來了，但不知何時初次寫成文字的，不過至少是在初中學校在英國成立以前。

在整個中古時代中，主持初等教育的機關，各有不同，也每每是非正式的。有些孩子是在家裏學習寫讀。有些則到一個教師那裏去就教，這教師大概總是一個牧師。牧師們得上面允許開的學校，大概總是初等學校，雖則有時譬如在倫敦的城外也有開設初級中學的。普通一個小教區所開的學校是在牧師指導之下由教堂的書記去辦理。在中古時代末季所謂『女孩學校』，大概是年老的婦人主持的，開設在廚房間或地室裏，收很少的學費，所教的材料除字母，主禱文，信條，數字之外，沒有什麼別的。當然，這種性質的學校恐怕從很早就存在了，其範圍太小，不必得教會正式的許可。還有所歌詞學校是教兒童讀歌詞就夠了，不教拉丁文法，不過這種學校所附的教會如果不開歌詞學校時，可以另開一個初中學校，或同時都開。有些初中學校有小學部，教小學生學習本土語的寫讀，讀完後可以讀高班或拉丁班。在後期中古時代，每個城市對於初級和高級的教育都有充分的設備。初級學校的學生混名叫做『初學者』（Abecedarius）。祇有在鄉間纔有完全不識字的情形；大概而論，除了過於貧窮或一部分奴隸階級的緣故，大都是能得到土語或拉丁文教育的。

奴隸的兒子們除了將來想做教會的牧師之外，很少是入學讀書的。

（三）十二世紀時倫敦的學校

中古時代在倫敦主要的學校，都是附屬於很老的教堂的。有很長久的時期，聖保羅堂，拱門堂，聖馬丁堂等所設的初中學校，獨佔了全城附近的高等教育。菲次史梯芬（Fitz Stephen）在他所著柏烈特傳記（Life of Becket）中，述及一一一八年時倫敦的學校。李赤把這種記載編譯如下：

倫敦城外主要的井是在城北，水很甜，合乎衛生，清淨，在清潔的小石子上流過。這些井之中最著名的是聖井（Holy Well），克勒蘭井（Clerken Well），克力門井（Clement's Well），城裏比較有名的學者和青年們每當夏季時常常到這裏來郊遊。有了一個好的天主，這實在是一個很好的城市。

學校——在倫敦城裏三個主要的教堂設有三個很優越的歷史長遠的好學校。不過當常因爲特別優待某某著名哲學家的緣故，他可以特別設立學校。在節期的日子，各教師在教堂裏集合宴會。各學者可以互相辯論，有些是演講，有些是用問答的方式。有些是用省略推論法，有些是用三段論法。有些是旁徵博引以誇張自己的學問，有些則溫文爾雅專想追求眞理。那些哲人用蘇格拉底的諷刺法堆積許多詞句而自鳴得意，另有些則專在字句上弄槍花。那些研究修詞學的則以很好的詞令說得不偏不倚以誘惑聽者；他們很小心的利用他們的技術，生恐有遺漏的地方。各學校的學生以文詞互相競爭，或是辯論文法上的原理，以及動詞過去式和變體的條例等。再有些用警句，韻語詩詞，自由地放言高論，不指名的辱罵同學，互相譏諷謾罵，倣傚蘇格拉底的智慧指摘同學甚至於長者的錯誤，或是用大膽熱烈的演講，痛快的攻擊。而聽衆則『隨時準備着笑臉，捲起鼻子全身震動着狂笑』。

遊戲——在每年之中，有一天叫做『狂歡節』(Carnival)的，最初便是兒童的遊戲（因爲從前我們都是兒童）。各學校全體的兒童都把他們的『鬭雞』帶來，這天整個上午專爲兒童遊戲，大家都看鬭雞彼此相鬭。這天下午全城的少年都到城外一個場上舉行球戲。每個學校都預備自己的球，而且政府的職員也預備一個。全城的成人，凡做父親的或有錢的人，都騎着馬到這裏來看這班青年的球戲，因着這個他們自己的行動也可變爲年青了。他們看了這許多青年的活動，以及共同享受青年自由的快樂，於是他們自己也鼓舞起來，以致熱血在他們裏面激盪。

第七章　中古時代英國之教育政策

（一）教會對於教育的態度

中古時代的教育是非常標準化的。在西歐任何國裏的學校，除很小的差異外，大都是與別國的學校差不多的。因此，如果我們想研究教育與教會，君王，以及貴族的關係，儘可以祇研究在英國的情形如何，就可以夠了。別國裏關於這些方面的問題大概都差不多，因爲在基督教化領域裏教育制度都是統一的；雖然也有些地方差別的不同之點，但大體而論英國發展的情形與大陸上的國家是差不多的。

在諾爾曼族侵佔英國後不久，教會對於教育的統治權是絕對的。拉丁學校裏的校長和教員，都是教會以內的職員。一〇〇〇年時有一篇記載關於柏味力（Beverley）的一個學校，說這裏的教員應當是有學問的，人格高尚的，謙恭而靈敏，教課時周詳細心，對於學生温和而不失其尊嚴。教本土語文的教師認爲是不重要而且是無學識的，所以不必在教會註册，而拉丁教師則必須在教會的高級職官處註册，大概是主教或教會裁判官。一一三八年英國的教會在韋斯敏斯德(Westminster)宣佈了一條命令：『如教師將學校轉與他人辦理，則必受教會之懲罰。』像這樣，一方面教會是免得教育走入異端，一方面保持學校的效能。在形式上教會本來是鼓勵學識的，但是在各大學建立以前及以後，有許多教會的當局不遵照羅馬教皇的命令，對於註册的教師們勒取金錢。在一一七〇與一一七二年之間，教會的法規上很明顯的載著：『凡是有資格的讀書人，可開設文學學校的，不應加以滋擾或勒索，以免教育變爲買賣，因爲教育是應當免費施與人人的』。

中古的教會想保護教育有一個很好的證明，就是一二一五年第四屆拉忒藍會議(Lateran Council)通過了一條法令，就是每個教堂應當有一個教師，人選須得主教之許可。這法令是應用於全世界各地教會的。建立教堂學校雖然已經是幾百年來的習俗，但是在法規上主教對於這方面的正式的職務，還是從那時開始。

中古時代的學校是可以賺錢的。在柏味力（Beverley），格羅斯忒（Gloucester），倫敦等處，因爲爭執教育專辦權，曾經有過許多訴訟。許多老的學校不肯讓新來的人辦學校，因爲恐怕分割了他們的學生。大約在一一三八年的時候，布羅意（Blois）的亨利（Henry）想與倫敦未註册的教師鬬爭，命令聖保羅堂的牧師會和總會吏威廉發出佈告，對於那些未得准許在倫敦講課的，除聖馬利寶學校，聖馬丁格蘭得學校以及聖保羅學校的教師之外，經過三次不許講授的警告之後仍不聽信的，則逐出教會。不過大概而論，一般主教們對於教師執照之發給似乎幷不怎樣吝嗇，因爲在十四世紀時，較大的城市至少有一個拉丁學校。關於教書的權利所引起的糾紛，常常弄到教會法庭上去，有時也向羅馬上訴。

在中古時代，常常有所謂「自由學校」（free school）的名稱，不過這名詞的解釋，各有意見不同。有些人以爲是不收學費的學校，有些人則以爲是教自由主義教育的學校。除此之外，還有第三種解釋則以爲是一種地址隨意移動的學校。有許多學校有特別捐助的基金，特爲若干學生免費的獎學金，其他的則須付學費。譬如在十二世紀之末時，聖愛德曼茲僧院（St. Edmunds）的院長散普孫（Sampson）在城裏買了一棟石造的房子，專爲那些貧窮的教會職員或學生的住房；不取租費而從前不論貧富都是要收取房租的。院長幷按月給教師以薪金，使那四十個貧窮的職員不付學費可以讀書。所謂自由學校還有第四種解釋，便是公共學校的意思，任何人都可以收容。

直到羅拉特人（Lollards）侵入之後，英國的教會當局纔感覺得一種嚴重的危險，纔竭力想把拉丁學校的數目限制起來。從前的限制是無計劃的，偏於地方的，暫時的，是以金錢的利益爲出發點的；但是現在他們對於羅拉特人的恐懼，爲着教會正宗派的信仰，使他們認爲這種限制是勢不可少的了。

在十四世紀中葉的時候，英國的各中學校，由拉丁翻譯的文字，英文代替了法文。在諾爾曼民族佔據英國之先，所用的文字是盎格羅薩克森文。自諾爾曼民族佔領英國之後直到十四世紀之中葉，教書的文字還是盎格羅薩克森文。在一三二七年時，學校的學生要用法文講解課程，但是到一三四九年第一次瘟疫以後，英文和拉丁文便成爲各學校通行的文字。這種變遷，有一個重要的結果便是增加了許多羅拉特人的教師，因爲當時因瘟疫逃亡的學校很多，而他們因宗教的熱忱不怕瘟疫的災害，於是得以立足。論到這裏，我們可以在此附帶講一句，威克里夫(John Wyclif)把鄂斯福(Oxford)造成爲新教派(Protestants)的中心，甚至暫時還得到一般主教們的擁護。這些主教們既然可以有對於教師們發給執照的權柄，所以有許多羅拉特人在教會的保護之下可以有機會加入各學校，因而可以改良教會的生活和道理。

這些羅拉特人似乎把他們的神學道義也編入學校課程中了，但是在一四〇一年亨利第四的時候，有一條法令禁止羅拉特人做教師；而在一四〇八年的時候，阿籃得爾總主教(Archbishop Arundel)釐訂了幾條法規，禁止對於聖經有什麽新奇的解說，或是在學校裏對於信仰及聖典的爭辯。當時教會關於學校教科書檢查的例條，如果在此完全抄錄下來，是很有趣的，因爲這不僅表示教會對於教育的態度，而且可知在印刷術發明以前各大學的任務以及出版書籍的方法：

一種新的路每每引人入於歧途，以故特此命令：凡威克里夫及當時人所著之書，或以後所著類似之書，不可在本省之學校，講廳，旅舍及其他地方採用。凡出版之書籍，必須送入檢查，檢查後得牛津大學或劍橋大學當局全體通過，或至少須由該二校選出十二人之通過，或由本教會指派一人得其同意，然後將本教會之准可公佈。最後乃以大學之名義抄寫出版，經詳細校對之後，凡欲購買者，可以相當之價格售與之，但原稿則須永遠保存於大學之庫中。但如果學校或其他處所所採用之書，非依以上之方法出版者，則認爲傳播異端邪說，須按照情形而處罰之。

在這個時期，各大學顯然是不讚同那班羅拉特人，結果以至不許那班熱心的教師在學校教書，阻止了大學研究的進步，幷特別減少了學校的數量。

（二）政府對於教育的態度

有時政府也還是不許教會對於教育保持獨有的權柄。譬如在一三四三年英國的國王愛德華第三不許教會的法庭接受關於中學校設立問題的案件，『這種案件祇能由政府理受，而不能由任何其他人理受』。因此，愛德華第三命令凡此類案件投往教會法庭的，必須轉入國王之法庭。

在一三九三年至一三九四年之間，倫敦聖保羅、亞爾齊斯、聖馬丁三個學校的校長，對於國王有一個呈請，請求在倫敦城內有專辦學校的權利。因爲當時有幾個外來的人辦理另外的學校，於是這些教會學校的校長們便在教會法庭裏向着他們起訴，而那些外來的人則在政府的法庭裏反訴，以圖報覆。那些教會學校校長對於國王的呈請，是想要這件案件在教會法庭裏解決，而那些外來的人則想逃出教會的約束之外。結果國王理查第二沒有允許那些校長們的請求，這似乎教會已經是失去勢力了。

但在別的時候，特別是當國王懼怕羅拉特人造成不好的影響的時候，則國王遷就於教會方面的政策。在一四四六年亨利第四允許教會的要求，把倫敦全城的中學校，限爲五個。但是對於羅拉特人的這種懼怕，激起了一種對於教育爭自由的反動，這種轉變也得助於坎特布里的總主教和倫敦的主教。對於學校數目限制隨着的結果，便是一四四七年有四個鄉村的牧師提出一個很憤慨呈辭：「在從前國內的各地，除倫敦之外，不知有多少的中學校，但是現在卻祇剩下幾個了。」他們請求在自己鄉村區域裏，開設中學校。這種請求得着了准許，不過開辦學校時必須先得坎特布里的總主教或教會法庭裁判官之許可。

一四一〇年格羅斯特中學校的兩個教師向另一個學校教師提出侵犯罪，在政府的法院起訴，但總裁判官不理受這案件，須歸教會法院審問。這似乎是一個很關鍵的案件。總裁判官這樣說：「如果一個家庭請一個教師教自己的子女，則有損於城裏公共的教師。但是我相信他幷沒有犯什麼罪」。他還說：「教導青年是一種合乎道德而且慈善的事，對於別人是有幫助的，所以法律不能懲罰他。」

因此，在民法上人民教書的權利已經是成立了，一部分是因爲上述的原因，一部分是因爲法律上沒有明文記載關於家庭教師的條文。但是在另一方面，教會對於這類案件審問的權柄，政府幷沒有否認，而這類的案件，大半是交與教會的法庭去審問。但是政府對於教會想把教育的權利僅限於幾個教師，卻不肯贊同。有一點重要的，就是起訴的人沒有顯明的給以暗示說教會的法庭可以幫助他們，不過政府的法庭是很明顯的不能幫助他們，也不願意幫助他們的民事訴訟的總裁判官漢克法（Hankeford）很肯定的表示意見說，除了大學和成立有若干年代的中學校外，一般學校是并不禁止他們競爭的。

這樣，大概而論中古時代後期的英國政府，是承認教會對於學校的威權的，并對於教會的教育有相當的協助，不過同時政府自己還是保留相當的權力，并除了恐怕羅拉特人對於教育太佔勢力之外，也是相當鼓勵教育的自由的。據芒模倫西（De Montmorency）所記載的，關於格羅斯忒中學校那一個案件的判斷，凡三百年之久，並沒有認爲是一種衡平法。然而從記載上看來，在中古時代末期英國的教育是很普遍的，有許多住在城裏的都請家庭教師教導他們的子女，而其他城市中產階級的兒童，則入本地的中學校。

（三）貴族對於教育的態度

從上述各節看來，中古時代英國教會和政府對於教育大概的態度都是頗好的。然而一般有貧產的地主們則常常表示一種保守的反對的態度。在諾爾曼侵入英國時代，有些比較有錢而有野心的農夫，便把他們的兒子們送往拉丁學校去讀書。像這樣他們的兒子們後來就可以做教會的牧師，或是做鄉間的官吏，關於這種事實有拉丁文的記載。但是在第十二世紀之末的時候，史家馬普(Walter Map)則以爲當時的農夫不應當把他們那下賤的子女送往學校裏去讀書。這裏所指的學校幷不是英文的學校，而是拉丁文的學校。後來據說一三九一年在衆議院裏（我們要曉得衆議院的議員都是男爵們），通過了一條對於國王的奏議，就是不許農夫送子女往學校讀書。這個議案一方面是因爲瘟疫的緣故使耕種的農人減少了，一方面是因爲想制止羅拉特人那種平民革新的運動。幸而遠見的國王，拒絕了這個奏議。國王之與平民親善，這也不是第一次，因爲平民自然會與國王聯絡起來，反對那些爵士們。

在這不久以後，奴隸階級的農民，都得以解放而能自由了。這種解放第一個結果，便是社會的任何階級都有享受教育的權利。在一四〇六年國會便通過了一條議案，社會的任何階級，無論是自由人或奴農，都可隨意入任何學校。『任何階級的男女，皆可送其子女入國內之任何學校。』

（四）士人權利制

關於英國中古時代的教育政策，最後還必須論到所謂『士人權利制』(Benefit of Clergy)，這種制度最大的功用，就是鼓勵讀書。『士人權利制』在英國是始於九二六年阿式斯蘇(Ahtel-stan)的時代；這種制度的意思，是讀書人犯了罪的，可以在教會法庭裏受審，而不在政府的法庭裏，因爲教會法庭要輕鬆些。這制度或許把教會的道德標準減低了，但無疑的對於讀書是一種鼓勵的政策。在盎格羅薩克遜時代，牧師教書的似乎是要得金錢報酬的，因爲九六〇年以得加王(King Edgar)時有一個命令：『凡牧師收學生者，必須得其從前教師之許可』。這條法令幷不是爲着教課的連續性的緣故，而是爲着得報酬權利的緣故。

『士人權利制』的一種結果，就是讀書的人愈多，則教會法庭的勢力愈大。所以教會想要擴張牠的勢力，鼓勵讀書是一種很重要的方法。

最初的『士人權利制』，是祇限於教會職員的，但後來便擴充到凡是讀書人，不管是否有聖職的。不過讀書還是獲得聖職惟一的路徑，也就是卑賤的人求上達的路徑。如果一個主教有意進用一個未讀書的人擔任教會的聖職，則是犯了很大的罪過。

卽算農民階級也還是可以加入聖職的。前面已經講過一三九一年時衆議院奏請想取消這種辦法，但理查第二完全否決了。

一四八八年亨利第七時下了一項命令：讀書的平民第一次犯罪時雖然可以享受『士人權利制』的權利，但是看他們所犯的是殺人罪或其他罪，在右大姆指上烙印一個M字或T字，以免他們自以爲可以逃脫法網，而大胆犯罪。這項命令是防備一般人利用『教會的權利』，特意警告他們不要犯罪的。在一五三一年更進一步想取消士人犯罪的權利。在這一年頒佈了一項法令，就是凡在教士以下的人，沒有享受士人權利制的權利。教育一旦普遍之後，就不能給以特殊權利了。

很奇怪的，在教會革命以後，士人權利制又恢復起來了，這或許是因爲有許多學校的財產充公，因爲教育衰微了。照一七〇五年布拉克斯吞（Blackstone）所載的：

『凡女子，上議院之長老，女貴族，平民等之能讀書者，如犯罪均以士人權利制免罪。如在聖職者全免，男女平民加烙印，男女貴族第一次過犯不加烙印。但除男女貴族以外，如裁判官認為必要時，當判以一年以下之徒刑。凡貴族以下不能讀書者可判以絞刑。但後來覺得讀書人不一定不犯罪，或者還要更甚些。如果犯重罪而處以死刑對於讀書人覺得太重，則對於未讀書的人也必同樣太重。因此，在同此法規之第五節第六條中，注明凡有資格可以請求享受士人權利制者，一概予之，不必問其是否為讀書人」。

事實上，這種權利漸漸好像無關重要了，不過直到一八二六年佐治第四時纔正式取消。這種制度在道德上本來是不能成立的，而事實上也漸漸不合時代之需要了。

第八章　大學之興起

歐洲的大學，是由中學校自然演化出來的。外來的野蠻民族侵入之後，則羅馬帝國時代那些市立的法律和詞令學校，就都衰微了。從帝國至十二世紀歐洲的高等教育除了教堂的學校和修道院之外，就沒有其他的教育機關。學生學得的知識，也縮小了範圍，祇有卡珀拉，卡息奧多剌（Cassiodorus），阿羅息奧斯（Orosius），波伊悉阿斯，大格列高里等的著作。至多也祇擴張到伊索多亞（Isidore）的那本不合科學的百科全書（Etymologies）。直到後來有了新的有價值的學識，各國都有可以保持治安，強有力的政府，師生能夠過安全生活的時候，然後纔興起近乎大學程度的學校。

大學的興起，是第十二十三世紀時代學術界最重要的現象。所謂『十二世紀的文藝復興運動』，形容當時思想界的轉變，實在是一個適當的名詞。即算後來意大利的文藝復興時代，也沒有造成這樣偉大的大學。這些大學並不是教皇君主或者是政治領袖計劃出來的，而是老的學校不能應付當時的需要，而演化出來的。有許多新的知識，必須在專門學者指導之下經過長期的研究，而後可以成功；因此大學在十二世紀是一種不可少的教育機關。

使中學校發展爲大學的新知識，有幾種不同的科目，其根源也各不相同。哲學的起原，一方面是因爲實念論和名目論的爭辯，一方面是因爲從摩爾人和君士坦丁堡找得了亞理士多德的全部著作。還有，一部分因爲哲學爭辯的原因，一部分因爲倫巴彼得（Peter the Lombard）努力研究的結果，所以神學也系統化了。醫學的研究，因着亞拉伯人的努力，也大有進步。厄泥立阿斯（Irnerius）研究民法，因而成爲大學訓育的標準。格累細安（Gratian）把教會的法律重新整理了。他把教會會議所通過的法規和教會的命令，都搜輯起來出版爲法令大全（Decretum）。卽算古典的學術雖然不能代表當時學術界的潮流，也沒有復興起來，其重心點是在沙脫爾（Chartres）教堂學校。像這樣，哲學、神學、醫學、羅馬法律、教會法規、古典文學等，在十二世紀時都發展爲很豐富的學科，祇有那些很成熟的心智在專家指導之下，經過數年的工夫，纔可有相當的成績。大學的發展，就是這種情形演化出來的。

現在我們要詳細討論十二世紀文化復興的經院學派。十一世紀是安瑟倫和洛塞林的實驗論和名目論之爭，現在便演成兩個大的派別，其爭辯的結果便造成了經院學派的運動。阿柏拉德對於這爭辯的關係，上面已經講過。他不像別的經院學者。他不僅指出早期教父們神學理論許多矛盾的地方，並且要讀者自己找出答案來。大概而論，一般經院學者不僅要使神學的經驗理智化，而且要使他們的宗教信仰也理智化。當然，哲學和宗教理智和靈感，是有很清楚的界線；經院派學者，也可以把他們反對宗教的理由提出來，不過最後的結論，他們總要證實基督教正宗派的勝利。不過有許多地方所謂正宗的理論，是經院學者自己規定出來的。在十三世紀比較著名的經院學者是：嘿爾茲的亞歷山大（Alexander of Hales），百科全書家芬運特（Vincent），神祕主義者褒那溫圖拉（Bonaventura），萬能博士馬格那斯（Albertus Magnus），安琪兒似的阿奎那（Thomas Aquinas），敏銳的斯哥特斯（John Duns Scotus）。阿奎那的神學總論還是羅馬天主教標準的正宗理論。

大學愈發達的時候，思想的中心地點便由修道院而轉移到自由的、規模大的、有國際性的大學了。大半的經院學者都是與這些大學有密切關係的。教會有受新派別所發生的影響，如芳濟派（Franciscans）和多明我派（Dominicans），一方面是學術的，一方面是道德的，而這些新派的僧侶在十三世紀中葉在各大學有了地位之後，便代替了從前那班僧侶的地位，而爲當時領袖的學者和教師。馬格那斯和阿奎那是屬於芳濟派的；亞歷山大，褒那溫圖拉，羅哲爾・培根，斯哥特斯，奧坎的威廉（William of Occam）是屬乎多明我派的。

從要點上講，經院學派的哲學和神學是嚴格的用亞里士多德的邏輯，使思想和信仰系統化。亞里士多德的復興便是造成大學的一個原因。亞里士多德好像是中古時代的一塊肥肉，必須有人把牠分割爲許多小塊，而後別人能吸收他的理論。許多阿拉伯的學者很早就有亞里士多德的著作，不過版本是很壞的。在西班牙有摩爾的學者亞味洛厄茲（Averroes）找了一本『亞里士多德評註』。這本書和亞里士多德全集，都譯成了拉丁文。大家對於新的亞里士多德都熱心研究，不過從前波伊悉阿斯所介紹的老亞里士多德，仍舊保存着。不過在早期許多大學的保守派，竭力反對新亞里士多德哲學理論。在巴黎有一部分亞理士多德的著作是不准讀的。教皇祇派了一個委員會把許多錯誤的地方删改。但是漸漸經院學派者把亞里士多德又扶持起來，正如馬格那斯所說的：凡反對亞里士多德的，不曉得自己所說的是什麽話。到十三世中葉的時候，對於亞里士多德那一部分的禁書，也取消了。

從教育方面看，經院學派有許多優點和劣點。有一點不可否認的，就是經院學派所用的方法，大都是演繹的，所以不能追求什麽新的眞理。許多學者把時候耗費在邏輯的辯駁上，以致邏輯不是教育上的一種方法，而變成了一種目的。祇有把些有特別天才的人，如羅哲爾·培根和馬格那斯，纔能從推論上得到歸納，而使科學進步；而其他的人祇是聰明的詭辯，善用名詞，精於分類，把常識再組織起來而已。不過這已經算是不少的貢獻。經院學派者把從前那些混雜的思想分析起來，組織起來，成爲完滿的系統精確的推論，而後追求出來的新眞理，纔可靠些。現今科學的系統和專科的分類，實在受賜於經院學派者不少。如果所謂思想訓練的理論可以成立的話，則中古時代的大學對於這方面算是最發達了。

早期的大學，如波倫亞（Bologna）和巴黎，原來是一種普通學校（studium generale）。漸漸正式大學的名稱（universitas）便用起來了，原意是組合（corporation）的意思。雖則十二、十三世紀時，中古大學是各自獨立發展的，但不久他們就彼此連絡起來，特別所謂隨地教書的權利，成爲大學畢業生的特許權。最早著名的大學是波倫亞和巴黎，其次便是國立醫學院撒烈諾（Salerno）。

歐洲的大學，可分爲兩大類：一是南方的，一是北方的。南方的主要活動者是學生，波倫亞大學（Bologna）可作爲例子，北方的主要活動者是教師，巴黎大學可作爲例子。波倫亞的學校是因古典根源在聲譽上可以代替從前拉温那（Ravenna）的學校，這是因爲厄泥立阿斯研究羅馬法律的緣故。過了一代之後，便有格累細安所編的法令大全，成爲當時教會關於法令標準的集子。當時一般皇帝和教皇都感覺得高等教育運動的重要，這種運動的中心點便是在波倫亞。一一五八年腓特烈帝（Emperor Frederick）有明令保護倫巴底（Lombardy）的學生。一一八九年教皇發出一個諭令，限制對於學生所收的房租。學生自己也組織起來，正如中古時代的商團一樣。學生由監督來管理，這監督最初原是一個學生。一般教師、博士、教授等，都反對他們這種專橫的管理，但是無結果。甚至市政府當局也無辦法。他們想施以裁制，但是失敗了。學生最厲害的武器便是不合作。如果對於他們逼迫太甚的時候，他們便離開本城，到鄰近的城市。這種威脅就很够了。一切商業人口和城市的聲譽，都有賴於學生的住留。因此，一三二一年波倫亞的學生因與政府決裂退出城時，惟一解決的辦法，祇有遵照學生所提出的條件，就是當衆鞭笞禍首的縣長，并要市政府替大學建設一個禮拜堂。這城裏有兩個大學團體同時發展，一個是意大利的，一個是外國的，各名 universitas citramontanorum 和 universitas ultramontanorum，到一三一七年便合併起來的。這大學獲得了許多權利，甚至設立學校自己的法庭。一四一一年學校并指派法官不僅審理校內的民事案件，并且審理刑事案件。有許多事都是由校監和校務委員們管理，但是向來除了受別人津貼的之外，最高的權柄還是在學生自治會手裏。這會并時常開會。凡入校的教授都應當對校監發誓表示從服。如有不法，則將辭退。如上課時遲到或課本上應講之章節跳過不講，則將處以罰金。如果他的講課聽講的人不踊躍，則市政府將處以罰金。對於販賣書籍的有相當的督察，如書中有錯誤則處罰之。對於買賣舊書的營利是有裁制的。關於借錢祇許四家註册的當鋪，不過似乎有些教授暗地做這種生意。有學生寄宿舍的大學很少，而這種大學實際上不過好像註册的旅館而已。

教授們也有一種公會保護自己的利益，這種組織恐怕比學生的還要早；不過因爲他們是靠薪金而生，所以漸漸流到一種卑微的地位。普通上午的課程是由博士講授，下午大都是額外的課程，由另請的學者擔任。各大學因爲爭請有名的學者，漸漸造成訂約給薪金的情形，這至少在一一八〇年便是如此。一百年之後，波倫亞有二十三位法學博士是訂約聘請的。此時政府已經有選派教授的辦法；這二十三人之中除了一個是大學自己聘任的之外，其餘也可說是政府間接選派的官員。學生自治會的權柄一向是教會保障，但後來政府漸漸把學生這種權柄奪去了。

在十三世紀的後期還有許多別的變遷。待遇較好的教授位置，祇限於波倫亞的國民。有些教授的位置甚至定爲世襲的。教授們也能給學生學位，雖則一二一九年教皇命令一切學位的給與都必須得總會吏的許可。在巴黎，大學校長是在教會的管理之下，是規定了的。一二九二年教皇出了一個命令，凡波倫亞的博士，可以在任何地方教書，這樣，教會對於這方面的權柄，更是擴充了。

在波倫亞的大學裏醫學和各藝的發展是在法律之後，不過這些科目的學位還是由同一總會吏給與。各方面學生自治會的權柄都漸漸消失了。這一方面是由於教職員的聰明，一方面是由於政府和教會的組織日趨於嚴密。在一三五二年，還增加了一班神學教授；他們能享受大學中的有些權利，但不是全部。

意大利，西班牙，普勒斯堡（Pressburg），克拉科（Cracow），烏布薩拉（Upsala）等處的大學，都是以波倫亞的爲模範。但是巴黎和北方的大學發展的歷史又另不同，雖則早期大學的根源都是同出於教堂的學校。

在巴黎有聖母院（Notre Dame）大教堂，這裏的學監聲言有惟一教書的特許權。但是其他許多僧院還是設立自己的學校，譬如阿柏拉德（Abelard）在塞因河那邊山上的聖仁未甫院（Ste Genevieve）開了一個學校。中古時代僧院的學校原來是祇教預備入院的僧徒，但巴黎是一個人口衆多繁華富庶的地方，所以因當時的需要嚴格的僧院學校便擴充爲普通的學校。當時各僧院學校的教師共同組織一個團體，目的是要與聖母院的學監獨立起來，不受他的統轄。當時教皇在聖仁未甫院又另派了一個學監，使他們更容易達到目的了。他們這種聯合，又造成另一種聯合。在聖母院的學監註册的教師，再加上其他許多領有執照的教師，又共同建立了巴黎大學，巴黎大學便是由此而起的。波倫亞大學我們曉得是由學生組織而起的。

凡學生要得到一個學位，必須要滿足教師和學監的條件。教師是要考查他功課的成績，幷在舉薦他受學位之先，要他當衆演一篇講，表示他可加入成人的權利和義務。學監對於這方面的職務是管理納費，幷且凡是未領執照的教師所舉薦的學生，則不給以學位。雖則有教皇的禁令，而有些學監和主教還是把教師的執照當作一種營利的財源，因此有許多人嫉視這種發給執照的權柄，這也就是何以一般教師團結起來以求獨立。巴黎大學的校長是一種督學，與教師的組合是常相衝突的，而教皇頗有同情於教師的趨勢。凡同事未得教師組合之同意而在督學處領得執照的，則教師們與他們不合作。到十三世紀末的時候，凡學生已得教師們同意的，校長都得要給他們以學位。漸漸校長有許多權柄都移到文學院教師會的主席，實際上他差不多就是大學的校長。

在十三世紀的時候，僧院的勢力都漸漸爲新派僧侶所起而代之了，同時一般人對於學術和藝術有一種新的興趣。大學的興起，是一種自然的發展，是由於應付新的需要而產生。這些大學超越了僧院學校那些窄狹的界限，可以盡量利用新派僧侶們的學問，幷對於新的學識容易學習傳播。大學運動似乎是一種大多數人的運動，不是由政府或教會當局所發起來，而是由於各個人的欲望所促成的。直到一三〇〇年的時候，教皇和皇帝纔認淸了這種新起的勢力，於是下令凡無執照的不能設立新大學。最初的十四個大學之中，祇有三個是政府設立的，三個是教皇設立的。在一二〇〇年時，腓力·奥古斯都（Philip Augustus）便發給了巴黎的學者們一張執照，但實際上講起來他們幷不成爲一個大學。當時需要執照的情形是很重視的，因爲當時有許多國家，把學生送往國外留學，研讀神學，再回來教書的，日漸多起來了。這種計劃在一二一九年教皇的命令裏表白得很淸楚。在一二九二年甚至波倫亞大學和巴黎大學的畢業都要領得執照，而後能往各地去教書。雖則如此，教皇的執照也不是有很大的勢力，因爲有些大學不聘請某些大學的畢業生做教師，而巴黎大學和牛津大學的博士互相聘請須得互相考查一番。同時，有許多國王對於本國內大學發以執照。直到一四〇〇年爲止，未有執照的大學共有十一個，有教皇執照的有十六個，有國王執照的有十個，同時有政府和教會當局執照的有九個到一五〇一年時，歐洲的大學共有七十九個。

中古的大學是在教會的管理之下，不過不像從前那些僧院學校或教堂學校完全屬乎教會，市政府和君王對於大學的開設都是有分的，而大學的行政是趨於自主方面的。但此時教會還是保留着發給教書執照的特許權，并裁制教師和學生生活的方式。教師還是兼着教會的職務，學生享有教會的權利，并每每有計劃在教會服務的心志。

十二世紀對於學術研究的復興，可說是十五世紀意大利文藝復興的一種先聲。在沙脫爾古典文學有普遍的勢力，而我們現在看索爾兹巴立的約翰（John of Salisbury）的著作，還可以看出其對於中古學術的形式和內容的影響。不過在另一方面，當時歐洲還未到人文主義成熟的時期。學術在深究之前，必先求其普遍。聖伯爾拿（St. Bernard）和阿柏拉德雖然彼此是仇視的，但都努力於神學而不研究古典文字。阿柏拉德差不多可說是經院學派之創立者。中古時代大學重要的課程包括神學，亞理士多德，民法，教會法，七藝，醫學。這些之中興趣最大的是經院學派的神學。阿奎那把這種系統理到最完備的地步，在大學裏佔據了完全的勢力，雖則他同時代的人羅哲爾·培根看出經院學派的基礎許多弱點來，因為他以為他們的基礎是建設在誤解的殘缺的亞理士多德和神學著述上。不過結果還是阿奎那勝利，而培根為人所遺忘了。同時在學術界裏，造成了一種共和的精神，這是根源於一種慈善和平等的精神。這時貧富學生平等趨勢是很明顯的，而且常常甚至貧窮的還要佔利益些。大學的輿論發生很大的影響，譬如亨利第八請教於各大學，巴黎大學定奪關於教義的爭論。

中古時代大學教授的講演很早就有了。要讀過拉丁文法是聽講的先決條件，因為差不多一切演講都是用拉丁文的。不過後來覺得在大學裏面要設立拉丁學校，使學生對於文學的知識到完美的地步。大學的講授有兩種，一種是經常的，一種是特殊的或臨時的；特殊的性質是雜的，方法是自由的，是補充正課的，學生可隨意去聽不聽。最初大學畢業的時期是七年，和手藝學徒一樣；不過後來漸漸減至三四年。學生讀到某一個時期，便可稱為『文學學士』(literary journeyman)，到這時有一種儀式叫做 determinatio，就是舉行一種辯論。大學畢業得博士時的儀式叫做 inceptio，以後就可有教書的權利。這種文學博士的學位，原來是一種職業上的頭銜，就是有資格教書的證明。如果要在法律醫學或神學方面做一個職業者，必須再化八年或十年的功夫，不過這種條例每每是不遵照着行或是不發生效力的，而有許多功課也祇是掛名的。考試可以不甚嚴格，學位可以用金錢賄賂，不過關於這類的事情也沒有十分可靠的證據。大學裏研究的結果，也沒有正確的估評。有許多自由的思想和討論，是用假設的方式，而有許多個人學生在科學和醫學方面眞有價值的成績，多爲後人所遺忘了。現代科學和哲學的專門名詞和科目的分類，實在受賜於當時大學研究的功勞不少。在中古的大學裏，關於表現的準確，敏捷，和記憶的正確，發達得最有系統最有成績。

大學的組織，有許多有趣的地方。大學不像那些僧院學校，是設立在城市裏的。當然，像巴黎這樣一個充滿了國際性的城市，學生都是以國別而聚集的，如法蘭西，諾爾曼，皮伽爾，英國以及在『百年之戰』以後的德國。所謂 faculty 這個名詞的意思，原來是應用於學校的某一部（如文學院）以及管理這一部的教職員團體。

要得文學士的學位，必須學過拉丁文，因爲大半的講授都是用拉丁語。高等文法大半是根據於普立細安（Priscian）。亞理士多德的邏輯是必修科，其後便是他的形而上學和倫理學。一二一五年在巴黎所禁止的「新亞理士多德」，但到一二五四年要認爲必修科。摩爾民族的學者亞味洛厄茲（Averroes）關於亞理士多德的評論，是和亞理士多德的課本一併讀的。邏輯完全代替了詞令學的地位，不過根據於希臘和亞拉伯的幾何學和天文學，在大學裏還是有地位的。

雖則最初大學的行政是歸學生負責，但漸漸巴黎及其他大學的校長便由皇帝指派了。因爲大學的立案包括許多限制的地方，於是學生的權柄便漸漸減少了。最後學校的規則便成爲很嚴厲而專橫，如中古時代之末的西班牙和英國的大學。關於學生佩帶武裝和賭博等，是有規則限制的。

入校的年齡各大學的差別很大，不過巴黎大學有一條規定，凡得學士位的至少必須十四歲，所以入校的年齡就必須更早。有許多學生兼牧師之職，甚至有些年齡很小的便做了會吏。據拉希達爾所載，這些受職的不是學生中壞的，他們的權利也還是鞏固的。各學生的年紀雖然不大，但可以自由選擇他們的科目，而且可先聽幾個教師的演講而後再決定，常常也有許多學生集合爲一個團體，選定其中一人爲會長。在十五世紀時，做這種會長的是教授。

關於大學生的懲罰，除重要的犯規開除以外，沒有特殊的規條。但是漸漸有一種分級罰金的辦法。在十五世紀的時候，對於年青的學生有肉體上的責罰，不過大都是爲很重的過犯，如謀害殺人之類。鞭笞是文法的教師用的。當十五世紀的時候，規則比較的嚴謹，學生必須住在註册的寄宿舍裏，有教師爲舍監，學生必須於晚八九時歸舍，幷須按時往校聽講。但是在那時甚至酒醉都不認爲是一種過犯，有許多放縱的生活都是寬宥的。也有一些很奇怪的處罰，譬如在索爾奔大學(Sorbonne)有一個學生虐待僕人，便處罰他送一夸特好酒給同學們痛飮。

大學的發展，隨着對於某一部分學生有津貼的辦法，以致到十六世紀時產生了許多嚴厲的規則。受大學津貼的貧窮學生，必須屈服於一種嚴厲的約束。有時根源於僧院的辦法還可以看出來，如禁食，規定時間之靜默，以及相伴同行等。大學愈發達的時候，也產生了鞭笞的辦法，特別是在英國有這種情形。在武爾西(Wolsey)所建立的卡丁納爾大學(Cardinal College)，鞭笞的辦法甚至可以施行到二十歲的學生。在有些大學裏，有派定的稽查監督學生除規定的時間外談話都必須用拉丁語。像這樣，大學生便差不多成爲一種小學生了。

中古的大學生不僅對於學校當局有畏懼之心。大學一年級生常常要舉行一種很痛苦的入學儀式。這種辦法起初是當局所不許的，但後來正式許可了。

大學的權利，包括有校內的司法權，至今還可以看出一些痕跡。學位，或是教書的特許權，也是一種很重要的權利。大學的師生可免各種賦稅和捐款，而且可以完全或一部分的免軍役。這些權利，是古羅馬後期的皇帝們給與過那些比較著名的教師的。在巴黎的大學生，除敵人迫近城牆五哩以內之外，是可免軍役的。

學生的地位是屬乎『聖職的』(clericus)，就是他穿聖職的服裝，雖則除非他想做一個神學的學生幷想傳道之外，是不授以聖職的。他可以享受『士人權利制』的權利。他的學生服裝是根源於聖職服裝而來的。早期對於服裝方面的規律大都是節儉律令，譬如不許穿綠色或紅色的靴子，尖頭鞋子，燈籠褲和燈籠袖子。對於教師的服裝比學生的還要規定得早些。有一個大學裏的規章是學生的服裝必須到腳後跟，『至少在新做好時應當是如此』。

早期大學的成立，既然好像商團的性質，所以學生畢業後的學位，就正如對於教書業出了師一樣。這種學位有時稱爲博士學位，有時稱爲教書執照，有時稱爲教授職權，各地有各地的用法不同。在意大利法學博士的學位比普通文學的學位要高一等。在巴黎大學有一個時期文學的學位必須是有幾年功夫用來專門教書，所以這種學位可說是一種職業上的資格，而不是純粹學問上的資格。所謂學士的學位祇表明這學徒出了師，還不能成爲一個師傅，不過是想達到師傅的地位罷了。學士學位是預備得博士學位的第一個階級而已，直到十五世紀的時候，纔認爲是一種單獨的學位。

在牛津大學，對於教育學似乎有一種特殊的學位。在十四世紀的時候，牛津大學對於城鎮的中學校有一種統治之權，這些中學校的教師是要在大學領得執照的。在十六世紀的時候，文法學的博士在畢業時賜與一根欅枝和一根柳條，而不像別的文學博士是一本書。像這樣的博士在行畢業禮時要當衆用柳條鞭打一個小孩子，幷付學校一個格羅特（groat）爲柳條的代價，付小孩子一個格羅特爲被打的代價。據拉希達爾所說的：「如果說除了附近的兒童來進這種大學城中不好的中學校之外，別的兒童是不來的，這實在是不可靠的話」。不過在牛津大學或許有一點這種情形，因爲這城裏的中學校以人口的比例說起來比別的城實在要多些。但是在歐洲大陸上各大學的中心點，卻不會有這種情形，因爲在那裏有許多所謂 A B C shooters 及其他學生叢集在中學校裏，以爲將來高深職業之準備。

在各大學裏，產生了一種學界的輿論，這種輿論的勢力漸漸伸張出來。卽算在阿柏拉德在世的時候，學者的意見是爲人所尊敬的。大學的生活，有一種相當自由的精神。思想有很大的自由，卽算在神學方面，祇要不以異端煽惑羣衆，也是可以自由思想的。在神學方面，巴黎大學差不多有一種絕對的威權，如果教皇對於教義有什麼難題，還要請教於這大學。

有時其他的爭執，也付託與大學來判決，其中最著名的是法國的腓力王和亨利第八會以其離婚的案件由大學來判決。從前有許多破裂缺欠的地方，都是由各大學來彌補的。他們綜合了學術上的興趣，使圖書館和教師比從前修道院時公開於羣衆些。限制異端裁判所的活動，不得不歸功於巴黎大學。雖則有這許多優點，但各大學所用的方法和研讀的材料，是偏於枯燥無味的，形式上的，過於學究性的。直到法蘭西斯·培根(Francis Bacon)的時候，纔在他所著的新大西域(New Atlantic)理想另一種實驗的，歸納的，實用的大學，就是所羅門之宮(Solomon's House)。

第九章　但丁的理想

任何時代文學史上的名人，可以代表當時教育的情形，這乃是自然的結果。自古以來（除最近而外），大家認爲有價值的教育，祇有自由教育；而各時代的作者，特別是中古時代，在作品裏都有這種表現。但丁（Dante）的詩和散文都表現從古羅馬帝國到十三世紀之末這長時期間最淵博的學問，高尙的思想，遠大的見解。他可說是中古時代最高峯教育的代表。他是一二六五年生於佛羅稜薩（Florence），在青年時努力於詩歌，研讀，運動，幷似乎在本城馬隊裏加入過戰爭。一二九〇年他最心痛的愛人俾阿特立斯（Beatrice）死後，便把他的抒情詩搜輯起來，中間還間以散文，題名新生活（Vita Nuova），以紀念俾阿特立斯。他曾經加入政治活動，幷做過本城的高級執政官，但後來與其他十五人因事被逐放。他所寫的王政論，可以看出他相信最初的羅馬帝國是以權力擴張起來的，後期的帝國纔是眞正代表羅馬和意大利的。

他和那班同逐放的人幾度想仍回到佛羅稜薩來，但是未能成功，於是他離開他們走了。此時他寫了兩本散文，但是都沒有寫完。一本是土語之演說（Vernacular Eloquence），另一本是宴會（Convivio or Banguet）。在名義上後者是講解他的詩頌的，但實際上是剖解他自己的哲學的。

當時盧森堡（Luxemberg）的亨利帝對於意大利的政治不能統一，對於意大利生活的理想不能統一，以致但丁覺得非常之失望。他自己默想之後，覺得對於新生活和對於俾阿特立斯的紀念未能忠心。他於是在神曲（Divina Commedia）中，舉出『人是有善惡報應的。他隨他自由意旨的行動，經過公平的裁判之後，而有賞罰』。這是作者一種想像的歷程，經過可怕的地獄，奇特的煉罪所，以及除愛之外一切都變化了的天堂；這樣他在全書中一步一步的顯出中古時代最高級教育的範圍和限度。

然後俾阿特立斯請惠吉爾（Virgil）為嚮導，作者來到靈魂候審處（Limbo），在這裏停着許多古代異教的作者，但是沒有受什麼苦楚。惠吉爾也是這些有德性的教外人之一。這是陰間的第一個區域，空氣很寧靜，在這裏的人物有荷馬，奧維得 (Ovid)，賀拉西 (Horace)，琉坎 (Lucan) 等。他們把惠吉爾當作首領，而但丁自己則為他們之中的第六個。但丁把惠吉爾最初尊為一切詩人中之最光榮者，現在更稱頌他為『最高詩歌之主，如天空飛鳥之鷹』。但丁和他當時的人不知希臘文，所以不知惠吉爾的伊泥易德 (Aeneid) 乃是摹倣別人的。至於荷馬，但丁除了曉得名字之外，別的什麼也不大清楚。奧伍斯 (Orpheus) 和來那斯 (Linus) 認為史詩家。

在這裏但丁也認識了亞理士多德，但不喊他的名字，而稱他『先生』或是『教師』或是『哲學家』，在宴會就僅僅稱『他』，因為中古時代的一般學者認為亞理士多德是一切學科的泉源，不必說出名字就都曉得了。居於次等地位的是蘇格拉底和柏拉圖。對於柏拉圖，但丁祇曉得他的泰米阿斯 (Timaeus) 的拉丁譯文。從波伊悉阿斯的哲學的慰藉和教父們的著作中，使他以及當時代的人對於其他許多希臘哲學家的名字也熟悉了，如他所提出的有德謨頡利圖、帶奧澤泥 (Diogenes)，赫拉頡利圖斯 (Heraclitus)，恩拍多克利 (Empedocles)，亞拿薩哥拉 (Anaxagoras)，退利斯 (Thales)，芝諾 (Zeno)，帶奧斯科立第 (Dioscorides) 等。

關於希臘的數學家和天文學家所提及的有歐幾里得和托勒密，醫學家有希波革拉第(Hippocrates)，格林和摩爾民族的亞微瑟那(Avicenna)。在這裏羅馬哲學家的代表有西塞祿和辛尼加。他對於收羅回教人是很慷慨的，如亞微瑟那和亞味洛厄茲(Averroës)。後者是第一個把亞理士多德使中古時代的人明瞭的。甚至十字軍的大敵人回教國王薩拉丁(Saladin)在這裏也有一個安靜光榮的地位。

希臘神話中的許多人物如天罰三女神，渡靈神，冥府門神，牛首神，馬首神等，在這陰間有一種次等的地位，不過但丁自己也明白這不過是一種象徵的人物而已，譬如馬首神乃是代表意大利君王們所僱用的士兵。其他所涉及的人物，有關於英國和法國歷史的，有許多關於意大利的，再有一些關於德國的史蹟和人物的。古代歷史包括的很多，而不加以評判。他還把幾個教皇也放在陰間，就足見但丁的大膽，并證明中古時代對於受教育的人是給以很大的自由，祇要不是一種普遍顯明的異端。但丁極力評批教會領袖的貪婪之心，不過他的神學理論完全是想合乎正宗派的，雖然這詩裏面有些小地方是頗有挑衅態度的。君斯坦丁帝的遺件（根據於這上面君斯坦丁帝之所以退往西方乃是想教皇在羅馬可有最高權）本來是早期中古時代僞造的，但但丁認爲是眞的，雖則其辦法他認爲是不對的。他對於伊索寓言中古時代的版本很熟悉，但對於古典的版本不大淸楚。

尤利塞斯（Ulysses）和帶奧米第（Diomede）在這裏受很重的刑罰，因爲他們攻打伊尼阿（Aeneas）的家鄉推來（Troy）。伊尼阿本是最初建設羅馬城的一個神話人物，但但丁認爲是眞有的事實。但丁遊歷到這裏，惠吉爾便叫他不要談話，因爲『那些人物是希臘人』。由是但丁似乎是承認自己是不懂希臘文的。他這次到陰間整個的歷程，都是根源於伊泥易德，其他的小地方，則有根源於李維（Livy），琉坎，奥維得，以及惠吉爾的不等。

在地獄的最下一層，將近地球的中心，他們來到一個魔鬼的地方，關在冰籠裏。這魔鬼有三隻頭，三張口各呑吃着猶大（Judas Lscariot），布魯特斯（Brutus）和加西阿斯（Cassius）三人。布魯特斯和加西阿斯是叛逆羅馬帝國的首領，猶大則是教會和耶穌最大的罪人。他們繼續遊歷到地獄的那一邊，因爲當時一般人都曉得世界是球形的，而且在他們未從地球的那邊伸出來時，便把身子倒頭過來，以便出來時是順立的地位。

在地球的那一邊是什麼呢？一般的理論以爲是一片汪洋，但是但丁爲他行文象徵方便的緣故，便以爲是陸地。在這裏他們又可以看見星辰，幷可以看出海洋的震撼。他和惠吉爾經過了一些冒險之後，便到了滌罪所很陡峭的山上。在這裏他們看見許多人一層一層的洗滌七大罪惡——驕傲，詬嫉，憤怒，懶惰，貪婪，饕餮，縱淫。

但丁顯然似乎把神聖的事蹟和經典的事蹟混雜在一處了。但是我們細心分析起來，還是有一種組織的。作者似乎有一種計劃，凡是從神話中舉出一件事，便從歷史上或聖經上配合一件。譬如在滌罪所的最後一階段關於貞潔的，總是從聖經和奧維得的作品互相更換的引證；這種例子，總是在百數以上，不僅神曲是如此，卽宴會中也莫不如此。同樣，所謂地上的樂園（洗罪以後的靈魂住留的地方）不僅就是『以東樂園』（Garden of Eden），也是古希臘哲學家的夢想。在滌罪所但丁看見了羅馬帝圖拉眞（Emperor Trajan）。據說因爲他救了一個可憐的寡婦，於是聖格列高里（St. Gregory）替他祈求，便把他從地獄裏拯救了出來。

在佛羅稜薩，但丁認識了兩個大畫家，奇馬部亞(Cimabua)和喬托(Giotto)。他說明喬托如何勝過了他先生的方法。由此，但丁，佩脫拉克(Petrarch)，薄伽邱(Boccaccio)等的文學作品，奇馬部亞和喬托的畫，就足以證明當時的意大利已有了一種文藝復興，雖則不是後來的那種經典復興。

但丁對於中古時代的學者並不是漠然視之，不過他以為自由意志與造物者的威權是不相衝突的。人的天性是根源於上天而來的，不過有了生命以後可以有選擇善惡的自由，因此就有責任和判斷。但丁隨着馬格那斯(Albertus Magnus)之後，以為人是有兩個基礎：天性和自由意志。

當時的理論，以為自然是隨着天上的星辰而轉移的；但意志是自由的，不過如果沒有抵抗力時，則意志為自然和星辰所導引。

大概而論，但丁的邏輯是經院學派的；在宴會裏，他的推論是極合乎三段論法的。他的心理學是認定有各種『材力』(faculty)，如領悟、智慧等。

中古時代對於摹倣惠吉爾的基督教學者如塞雕力阿斯(Sedulius)，朱芬克斯(Juvencus)，斯退細阿斯（Statius）等，是很看得起的。但丁遇着了斯退細阿斯的靈魂的時候，便欣然介紹給惠吉爾。斯退細阿斯想擁抱惠吉爾，但後者止住了他，因爲兩人都祇有鬼影。斯退細阿斯答覆說：

現在你證明了我愛你的力量和熱情，

而我忘了我們祇是好像空氣一樣的東西，

我好像實質對待空的影子一樣。

惠吉爾盡了他的任務，把但丁送到地上的樂園，自己回到陰間去之後，但丁便忍不住哭起來了。因爲現在俾阿特立斯從天上降了下來，責罵但丁，然後做他的嚮導。神曲的第三段，是論到天堂。在這裏顯示了但丁對於天文的知識，以及對於教會的拉丁教父和中古時代經院學派的學者們的著作，閱讀了不知多少。但丁隨着俾阿特立斯升到月亮上去，因爲但丁這部史詩的隱喻，有一部分是包括上天，不過天上的各行星，有各種不同的宮殿，各種等級不同的光榮。他們的上昇，是次等經過水星，金星，太陽，火星，木星，土星，到滿佈恆星的上天，然後達到推動一切的神賜的原動力，最後到安寧的「最高天」，從這裏看下去地球祇好像小火光一樣。

在太陽上但丁遇着了許多中古時代偉大的教師，如馬格那斯，阿奎那，格栗細安，倫巴·彼得(Peter the Lombard)，奧洛息阿斯 (Orosius) 波伊悉阿斯，塞維爾的伊索多亞，『可敬的比德』，部奧那芬都拉 (Buonaventura)，聖維克多的休哥 (Hugh) 及其他許多別的人。還有所羅門王和帶奧立細阿斯(Dionysius the Areopagite) 也列在他們之中。聖法蘭西斯，聖多米尼克 (St. Dominic)，聖伯爾拿 (St. Bernard) 也有相當的地位。關於三位一體的眞義和人神的聯合，都是很神秘的表現了出來。

在宴會中，但丁自己解釋何以注釋是用時行的意大利文。他承認拉丁文是有永久性的，純潔的，比意大利土語要聖潔些，高尙些，美麗些，但是因爲這本詩的本文是用意大利文，所以註釋也要用意大利文。拉丁文祇能做主人而不能做僕人，拉丁文可以表白任何方式的情緒和思想，但是不能普遍達到一般能讀意大利文詩的人。

在土語之演說這本書中，但丁則稱贊土語，而不贊成拉丁文。他之所以用意大利文寫宴會，也是因爲他非常愛土語的緣故，恐怕寫了拉丁文別人又譯成粗陋的土語，幷想證明別人的土語不及他的土語好。意大利文之所以降到很卑下地位的，是因爲有些人用意大利文時無謂的重複，有些當作自己無能的一種掩飾，有些學習了外國文的故意把外國文比土語擡高些，有些是因爲訴嫉，另有些是因爲缺乏愛國的精神。意大利文是但丁的父母所愛好的，是由此而引導他學習拉丁文的，是他所追求的目標。意大利文併入了他精神上的組織，是他所熱心愛戴的因此，但丁之提倡土語，正如後來法蘭西斯·培根提倡歸納一樣。

但丁的作品大半是隱喻的。他之所以想用這種方法，很足以代表中古時代的作家，也是詩人的本色。在宴會中，他說明一本書可以從四方面去評論：（一）字面的直接的意義，（二）隱喻的意義，就是在假像下藏着的眞理，（三）道德的意義，這可歸讀者自己去評定，（四）精神的解說，就是在知覺以上一種精神的解釋。譬如某先知所說的這句話：『以色列人從伊及出來之後，猶太人便成爲聖潔自由的民族了』，如果從精神來解釋，便是：『靈魂從罪裏出來之後，他的能力便變爲聖潔而自由了』。

但丁也像其他許多隱喻的詩人一樣，有時也祇靠自己一時的智慧來解釋。不過這也是中古時代一般學者的缺點，不僅但丁一人而已。

因此，在許多方面，但丁可以代表中古時代的一般思潮。在意大利的文藝復興開發之前，他是研究經典的，是受着教會教父們激發的，也是熟悉經院哲學的。他對於希臘文學，雖然因爲文字的限制，祇能從零碎的拉丁譯文知道一些，但他的學識是很淵博的，對於七藝無不通曉。他對於天文的知識，雖則當時的天文是根本錯誤的，但比現今一般所謂受了普通教育的人要知道多些。沒有藝術家詆誹他的隱喻，沒有詩人批評他那種神祕的想像，但是中古時代經院學派者灌入各大學的那種思潮，以及專注重亞理士多德三段論法的那種詭辯，以致使十五世紀時的人文主義者很不耐煩了。如果但丁不是有廣大深遠的見解，合乎邏輯的哲學思想，恐怕後人也要把這種汚點加在他身上了。但丁對於俾阿特立斯那種忠誠之愛，實在是合乎中古時代那種俠義之風；他決心要增高她的名譽以紀念她，表彰她的人格是合乎專愛和高潔的標準。他的政治思想是根源於中古時代那種教會和君王神權的思想。他也和亞理士多德一樣，以爲知識的豐富是心靈完美的條件：「人類的天性是生而求知的」。

但丁以為一個人的默想生活雖然比活動生活要幸福些，然而也要看他的智慧能力如何。如果一個人從道德方面比從智慧方面容易前進些，則也可以從道德方面去努力。宇宙是愛的跳舞，愛把宇宙的枝葉縛成一束。但丁是一個中古時代的人，但他也是一個思想復興者。

本篇參考書目

（一）

Adamson: "Education in Middle Ages" (Article in "The Legacy of the Middle Ages" ed. by C. Crump and E. Jacob).

Azarias (Brother) (Mullaney): Essays, Educational.

Cornish: Chivalry (Chap. III).

De Montmorency: History of State Intervention in English Education (Chap. I).

Drane: Christian Schools and Scholars.

Gasquet: English Monastic Life.

Hazlit, W.: Schools, School Books and School Masters.

Jessop: Coming of the Friars.

Laurie, S.: Rise and Early Constitution of Universities.

Leach: Educational Charters

Leach: Schools of Medieval England.

Lyte: History of University Of Oxford.

Maitland: The Dark Ages.

Mansbridge: Old Universities of England.

Mills: History of Chivalry (Vol. i, Chap.2).

Mullinger: History of Cambridge University.

Poole: Illustrations of the History of Medieval thought.

Rait: : Life in a Medieval University.

Rashdall: Universities of Europe in the Middle Ages(3 vols.).

Sandys: History of Classical Scholarship.

Taylor: The Medieval Mind.

Watson: English Grammar Schools to 1660.

West: Alcuin and the Rise of Christian Schools.

（三）

Abelson: The Seven Liberal Arts.

Adams: Civilization During the Middle Ages.

Anderson: "Development of Non-professional Schools in Europe Before Renaissance"(Ped. Sem., March and June, 1907).

Bartholomaeus Anglicus(ed. Steele).: Medieval Lore.

Batty: Spirit and Influence of Chivalry.

Clerval: Les Écoles de Chartres.

Compayré: Abelard and the Origin of Universities.

Coppée: History of the Conquest of Spain by the Arab Moors.

Coxe: Ante-Nicene Fathers.

Dante: Convivio(translated).

De Montmorency: "Medieval Education of Women" (in Journ. of Education vols. 31, 32).

De Wulf: Philosophy and Civilization in the Middle Ages.

Draper: Intellectual Development of Europe.

Emerton: Medieval Europe (Chap. 13).

Farrar: Lives of the Fathers.

Gardiner: English Girlhood at School.

Gaskoin: Alcuin, Life and Works.

Gautier: Chivalry.

Gibbon: Decline and Fall of the Roman Empire.

Hallam: Europe in the Middle Ages.

Harris, H. L.: Thesis on Medieval Scholasticism.

Haskins: Life of Medieval Students as illustrated by their Letters.

Haskins: Rise of Universities.

Hatch: Influence of Greek Ideas and Usages on the Christian Church.

Hitchcock: Clement of Alexandria.

Hungerford: "Rise of Arab Learning" (in Atlantic Monthly, vol. lviii).

Lacroix: Science and Literature in the Middle Ages.

Lang: Oxford (Chaps. 2, 3).

Leach: "Medieval Education of Women"(in Journ. of Education, vol. 32).

Lecky: History of European Morals from Augustus to Charlemagne.

MacCabe: Abelard.

MacCabe: St. Augustus and His Age.

Milman: History of Early Christianity.

Milman: History of Latin Christianity.

Monroe, P.: Thomas Platter and the Educational Renaissance.

Montalembert: Monks of the West(Bk. 18, Chap. IV).

Mullinger: Article on "Schools" in Smith and Cheetham's Dictionary of Christian Antiquities.

Mullinger: The Schools of Charles the Great.

Munro, D.: (editor of): Medievas Student (Trans. and Reprints from Original Sources).

Newman: University Sketches(ed. Sampson), Chap. 13–16.

Norton: Medieval Universities.

Pace; "St. Thomas Aquinas on Education"(Cath. Univ. Bulletin, July 1902).

Paetoy: Arts Course in Medieval Universities.

Painter, F.: Great Pedagogical Essays(Charlemagne, Rhabanus Manrus).

Parker: 'The Seven Liberal Arts'(English Historical Review, vol. v, 1910).

Parry: Education in the Middle Ages.

Paulsen: German Universities.

Putnam: Books and Their Makers During the Middle Ages.

Rickaby: Scholasticism.

Schaff and Wace: Nicene and Post-Nicene Fathers.

Stille: Studies in Medieval History.

Taylor: Classical Heritage of the Middle Ages.

Townsend: Great Schoolmen of the Middle Ages.

Vaughan: St. Thomas of Aquin.

Waddell: The Wandering Scholars.

Williams: Education During the Middle Ages.

第四篇　文藝復興時代之教育思潮

第一章　意大利的文藝復興運動

一般人每每以爲意大利的文藝復興是一種忽然的新的運動。好像回教時代，或是大查理(Charles the Great)在西方登位爲帝之日，歷史家也把這文藝復興認爲是一種忽然的奇特的階段。在這個階段他翻開一頁新的歷史，甚至另開始一卷新的書。他告別中古時代以及中古時代的遺件，而以一種傲慢的態度向着新世界邁步前進。他好像在這裏看見了一個新的景象，他看見過去和將來的一個自然界線，他默想着從前中古時代所未見過的東西和事蹟：新的藝術，新的文學，國語文學的發展，印刷的發明，火藥的應用，政治的新試驗，古代遺稿之發見，以及地理上新世界之發見。甚至有人把君士坦丁堡被推倒的一四五三年爲文藝復興開始之日期。但是可惜這種看法很容易暴露許多矛盾的地方出來。火藥，印刷，地理的發見，不是發源於意大利，而是發源於別國的。更有一點難於解釋的，就是遠地的遊歷，火藥的應用，藝術和文學的進步，甚至古代遺稿之發見，在中古時代就已經是有了的現象。我們也很難找出歷史上的證據，證明君士坦丁堡之傾覆，對於文藝復興有什麼深遠的影響。況且，有許多事實促成中古傳統之倒塌的，在時間上是遲早零碎發生的，如果我們勉強說是牠們忽然同時發生的，實在是強姦了歷史。眞正的文藝復興運動，在很早十二世紀時的阿柏拉德（Abelard）的時候便開始了；他有些方面實在是一個新時代的人物。實在講起來，意大利的文藝復興并不是一件事，而是蔓延於十二十三世紀時許多重要文化上的事實一種進步的過程。譬如據佩脫拉克（Petrarch）和薄伽邱（Boccaccio）的文字所記載的，文化的基礎，在中古時代即已奠定了。新興的學術并沒有消毀或代替了中古的傳統或中古學者的產物；牠們對於後期西歐的文化，總是不住的發生一種深切的影響。

從教育方面看，文藝復興重要的地方，是因爲這個時期產生了一些完滿的合乎理智的學者，這也可說是阿柏拉德的產物。文藝復興發源於意大利，一部分是因爲意大利出了一班天才，一部分是因爲意大利封建制度的崩潰。中古意大利腓特烈第二和愛薺林諾（Ezzelino）所造成專制和壓迫的傳統，以及十四世紀時一般小君王再繼承其餘威，使封建制度一部分崩潰，建立中央集權的政府；當時這種不鞏固的情形使個人的企圖有發展的機會。當時產生的天才學者，都掙扎着以圖存。不僅在君王之中，即算是軍人、官吏、朝臣、爵士之中，才能都認爲是成功的一種要素。當時意大利的君王爲滿足自己的欲望，搜羅詩人傳記家藝術家等，想藉着他們自己永垂不朽。他也是從個人的動機上建立了一些圖書館和藝術品陳列所。十五世紀的君王比十四世紀的君王在手段上實在是要文雅些；他一方面能大膽的有各種不正當的行爲，一方面也是富有才學。他的虛榮心和嗜好使他對於藝術和學術取一種寬大護庇的態度。

在這種情形之下，自古羅馬帝國以來，追求學問乃是當時最有利益的事業。許多希臘文都譯成拉丁文，以應付各貴族的需求。在十五世紀之中葉，拔佐（Foggio）把色諾芬（Xenophon）的 Cyropedia 翻譯出來時，那不勒斯的大亞豐瑣（Alphonso the Great）送了他五百金幣以爲酬金。在烏耳俾諾公爵（the Dukes of Urbino）的宮裏建立了一個陸軍學校以教導各貴族家的後代，并建立了一個全國著名的圖書館。孟都亞(Mantua)的公爵那種誠懇和愛國的態度吸引了許多文人如阿利渥斯妥(Ariosto)，本波(Bembo)，班得羅(Bandello)，塔索(Tasso)等。雖則當時公爵們的金錢是由充公勒索而來，但是非拉臘(Ferrara)的公爵還誇張着對於大學教授的薪金是按時發出的。在這種情形之下，有些人文主義學者如佩脫拉克等在他們的著作裏沾汗着那些自私君王的汙點，也是當然之事。不過但丁以後有幾個少數自尊的學者想制止這種媚君的行為，譬如薄伽邱甚至主張殺戮暴君之行為，而且甚至在米蘭(Milan)有一個充滿了熱血的教授這樣實行過。大概而論，文藝復興除了粉飾那些在上的不法行為之外，對於政治和個人的道德并沒有什麼直接的影響。

上面已經講過，近代學術空氣的開始，應追源於十二世紀，而不是十五世紀。不過意大利的文藝復興運動，是本土文化機關的發展，而促成了學術的進步，而這種進步甚至應用到許多新方面去。譬如在威尼斯和佛羅稜薩，便第一次應用到統計學方面。關於佛羅稜薩，微拉泥(Villani)頗有詳細的記載。據他的計算這城裏的人口共有九萬，其中有八千至一萬是識字的，一千至一千二百是懂得算學的，六百是懂得邏輯和拉丁文法的。這城裏除了教一般的閱讀和算學的學校之外，還有四個著名的中等學校是專教邏輯和拉丁文的。教算學的祇有六個學校。從上面的統計，可知當時的教育偏於上層階級而未能普及於下層階級，但總是日趨於普遍了。即算在中古時代，巴黎和鄂斯福都有不少的讀書人，不過這裏的學生大半是由外面來的。佛羅稜薩大學直到一三四九年纔成立，也發達得不甚快，因爲這裏的生活程度太高。不過克立索羅刺（Chrysolaras）是一三九六年在這裏擔任西歐各大學中的第一個希臘文教授。

佛羅稜薩的各學校對於國民的訓練佔很重要的地位，是很明顯的。他們對於個人主義的發展，也可說有相當的貢獻。各中學校裏有了一種批評態度的趨勢，正如兩百年以前的大學一樣。從前大學的批評精神，是因爲重新研究神學，哲學和法律的緣故，現在中學的這種精神，則是因爲重新研究經典的緣故。這種研究雖則因爲新的西塞祿主義之故以致很生硬呆板，正如中古時代的課本一樣，但有一個時期這種新的研究鼓勵人有一種出乎眞心的思考，就是獨創的思想教育；如果沒有這種精神，便會發生一種保守的影響了。佛羅稜薩是這種情形，其他許多意大利城市也是這種情形。

因此，當時的教育，藉着那時意大利的精神和人民生活的新情況，造成了許多偏重個性的人，他們的特性是新時代性的，覺得自己除所屬的種族家庭教會或其他社會組織而外，有一種獨立的存在。這班人的思想和行為，不是依照過去那種統一的團體的標準，而受了一種不定的，變遷的，反抗的，流放的教育，追求真實的學問，達到獨創思想和行為極高深的地步。個性強的人在歷史上出現的，大半是在伯里克理斯時代，文藝復興時代，以及十九世紀，雖則在中古時代也產生了一班人如果是離印刷發明相近的話，恐怕也能夠有完全個性的發展，如阿爾以竕 (Leon Battista Alberti) 或芬奇 (Leonardo da Vinci) 一樣。

個性的發展產生了優點，但也產生了劣點。古人追求名譽的欲望，在意大利文藝復興時代也過分的發達起來了。但丁沒有逃脫這種傳染病，佩脫拉克相信自己有很大的威權，能夠使那些卑微的人也能享大名聲。甚至有些人因為想求名聲的緣故，不惜去犯罪作惡。譏諷，傷詬，諷刺等，常常用以來炫耀自己的才能，或是攻擊別人驕傲的態度。阿果提諾 (Aretino 1527-77) 因為得着了上面的特許可以用他那諷刺之筆，可說是不正派的諷刺家之祖。不過我們不要以爲凡追求名譽的人都是很自私的，因爲文藝復興時代有許多著名的學者如里恩濟（Rienzi）等，相信自己的成功也是爲社會的好處。

總結起來，意大利文藝復興最重要的因素，是因爲本土的天才。譬如十二世紀時一部充滿了智慧和想像力的拉丁文學生詩集 Carmina Burana，其中最好的一個作家是意大利人。但丁的著作，是在希臘和拉丁古典文學復興之前便產生了。造成文藝復興的第二個因素，是因爲當時意大利政治的情形。當時有許多自尊自私的君王，彼此互相競爭以增加自己的光榮，不僅是在君事方面，也是在文學方面。那幾個少數的愛國者如但丁雖然悲嘆着意大利之不統一，但事實上這種國家的分割對於文化的發展實在是有很大的幫助。即算除了意大利的天才和當時國內政治情形之外，沒有其他的力量，也無疑的仍舊會造成一種文藝復興的結果。不過如果希臘的古典文學不復興，意大利的天才沒有一種正是他們所急需的滋養材料，則所造成的文藝復興，性質又大有不同。恐怕那種文藝復興，其成效不是普遍的，而祇是地方的，因爲希臘和羅馬的古典文學是全歐洲共同的遺產，是別的東西不能代替的。如果文藝復興運動是根源於這種文學之復興滋養出來的，則其將來的效果不會僅限於意大利，而必會普遍於全歐洲。

在意大利，一般人幷不把古代的世界認爲是死的。佩脫拉克等看見了從前羅馬的那些墟荒，便激起了一種地方的今昔之感，不過這種影響也不頂大，因爲當時一般人還是把古代那些極可貴的遺跡毀滅以製造石灰。後來把這種褻瀆的行爲阻止了，不過總而言之，古代的文學比古代的建築對於他們的影響要大些。

因此，他們對於書籍比房屋要看重些。當時關於古本之購買和抄寫，有人肯出很大數量的錢。波里比阿（Polybius）和斯特累波（Strabo）的著作譯成拉丁文，尼古拉第五教皇出了五百德卡（ducat）和一千金佛羅林（florin）。他也搜集了五千至九千圖書，後來便成爲教皇圖書館的基礎。一四五〇年他從羅馬被趕走時，恐怕他所聘的那班編輯家和翻譯家爲瘟疫所害，便一同帶往法布里阿諾（Fabriano）；這顯然不是爲着人道主義，而是因爲他覺得他們工作非常重要的緣故。尼科利（Niccolo Niccoli）把他所有的家財都花在書籍上，得着了麥第奇皇族（the

Medici）無上的嘉獎。除瓜里羅（Guarino）和坡佐（Poggio）所能得到的典籍之外，又另外增加了不少。紅衣主教柏含立溫（Bessarion）雖然是一個希臘人，但在威尼斯積存了六百本極有價值的稿本。蒙特非爾特羅的佛特烈（Frederick of Montefeltro）從小便是一個搜集圖書者，後來他長期請了三四十個抄寫員，以擴充烏耳俾諾的圖書館。這類的抄寫員在十四世紀時爲數很少而不可靠的，但至十五世紀時便增加了很多，而他們的報酬也高些，直到後來印刷術通行之後，纔漸漸消滅了。

十五世紀時希臘的學者在意大利很發達，特別是在一五〇〇年前後時，有許多移居於意大利的希臘人。後期對於希臘的研究是屬乎條頓民族的，而不是屬乎意大利文藝復興運動的。對於希伯萊和亞拉伯也沒有疏忽。彌蘭多拉（Pico della Mirandola）對於希伯萊之 Cabbalah 和 Talmud，摩爾民族的亞味洛厄茲（Averroes），以及中古經院學派者的著作，都是同樣的能認出其優點。彌蘭多拉是重視心靈在言語之上的，思想在文字之上的，不過像他這樣的人是在少數之中，因爲當時的潮流是很重視經典文學的著作的。

意大利學者對於古人偉大之尊敬，是出乎誠意，這是無疑的。譬如但丁雖然在思想上是很重視基督教的，但對於古人的經典總是和基督教保持一種平行的地位。佩脫拉克和薄伽邱把自己在文學上的榮譽都歸功於古人拉丁的著作，而佩脫拉克以爲自己那些意大利文的詩是不會存留於後代的。他們兩人也和當時一般學者一樣，以爲文化的復興不僅是要研究古人的經典，而且要摹倣之。他們彼此競爭着摹倣古人，凡成功的詩人則加以桂冠。

但是從另外一方面看，新文化運動雖然瀰漫了意大利，但其對於各中學和大學的直接影響是很慢而片面的。在這些學校裏，中古的傳統還是保存着勢力。在十三世紀的時候，民法，教會法，醫學等科目，在各大學裏便奠定了很鞏固的基礎；至於哲學，修詞學，天文等還是後來漸漸增加的。甚至在文藝復興的最盛時代，各大學對於希臘文和希伯萊文的科目還是不大有的。文藝復興運動對於意大利各大學所發生的影響，可分三方面：第一是學生方面增加了熱忱，第二是國家和市政府很熱心幫助教育機關，第三是各大學互相競爭聘請最有名的教授。這時的教育雖然還是停滯在老的槽窩裏，但漸漸是很被人所重視了。比薩（Pisa）有一個教授接受了帕雕亞（Padua）大學的聘請，要求學校給他一萬八千金佛羅林的保證金。從前聘請教授的期限每每是很短的，如果學校不續約，大都祇有六個月，而且有許多自願教書不要薪金的教授。不過在教皇利奧第十之下有一個短時期，羅馬大學大規模的重新改組，共聘請了八十八位教授之多。

意大利文藝復興時代的中學校或拉丁學校，還是像從前數百年來的一樣，不過當時新的清潔主義的態度使他們重視西塞祿的模範文體，而新的研究供給了他們一些好的課本。有一個時期，這些學校是由市政府或個人來辦理，所以當時教會對於世俗的教育并不是一個主要的主持者，直到宗教革命時代和反革命時代，教會纔恢復其在教育領域裏宗教的勢力。

在意大利文藝復興時代有兩個特殊學校可以代表當時對於教育實際最高的成就。有一個是斐爾特勒（Vittorino da Feltre 1378–1446）在孟都亞（Mantua）主持的，另一個是瓜里羅（1374–1460）在非拉臘（Ferrara）主持的。這兩個學校原來都是爲貴族的子弟來學習的，但是因爲教師的熱忱在他們自己家裏也收了一些貧窮的學生。這種貴族學校證明當時意大利的貴族所受的教育是屬乎人文主義派的，或曰提倡新學的。斐爾特勒和瓜里羅都是很淵博的學者；

後者雖然著作很多，前者差不多毫無著述，但前者眼光開擴些，他的學校對於中等教育有幾種新的貢獻。

斐爾特勒曾經拜過許多名師，如研究西塞祿專家巴西查（Barzizza）De Ingenuis Moribus的作者味格里阿斯（Vergerius），意大利最著名研究希臘的學者瓜里羅。他也做過學生們的宿舍主任（拉丁文有一個尊貴的名稱叫Contubernium），幷教他們的拉丁文和數學。一四二二年他繼續巴西查在帕雕亞大學擔任修詞學教授，然後在威尼斯擔任『新文化』的教師。此時他在文學人格，以及基督教道義方面，都有很好的名聲，於是孟都亞的侯爵請他去主持他私人所辦的貴族學校。斐爾特勒答覆說：『我接受這個位置，要你答應我一個條件，就是凡你要我所做的事，不要有辱於你我任何一方的人格』。侯爵把花園宮作爲學校的房屋。在這種極優的環境裏，受教的有侯爵的子女，外國貴族的子女，還有許多貧家有天才的孩子們，其數達七十之多。

在這個學校裏，發生了三種思想的潮流，便是基督教，俠士之風，和人文主義。這三種思潮何以能在一個人裏面混合幷存，可以在斐爾特勒個人的生活上看出來。

（一）基督教　斐爾特勒習慣了每早讀宗教修養的書籍，然後鞭笞自己，便到禮拜堂裏去。他的學生必須進禮拜堂祈禱，每月認罪一次，并須按時禁食。然而斐爾特勒并不是一個講外表的，專講禮儀的。他以爲人人都要謹守一種義務的生活。他對於義務觀念的嚴格，可由他勇敢的行爲證明出來。有一次有一個貴族小姐的父親想把她嫁給一個無人格貴族，她自己不肯，他大膽的替她辯護。但是他這種嚴厲裏面蘊藏着一種仁慈的。侯爵送他二百四十金佛羅林的薪金，他分出一部分用以津貼貧窮的學生。他毫無自私的思想，以汙辱他忠於工作的偉大性。他雖然是一個很著名的學者，但他態度很謙虛，不肯有什麽著作，即算他少年時所做的那些可貴的詩，也完全毀滅了。斐爾特勒這種完美純潔的生活，與當時一般人文主義學者的好名之心，實在是大不相同。

（二）俠士之風　斐爾特勒雖然自己沒有努力於武術的練習，然而他非常贊同柏拉圖所主張的健身運動，於是他覺得運動和武術是不可少的。最初的根源，大概是想恢復希臘的精神，或是文藝復興運動的一部分，或是爲着保護朝廷的武士，不過總之斐爾特勒是很注重他手下各學生的健康和運動。甚至身體的姿勢和聲音的音調，都要有徹底的訓練。學生不僅是要做一個基督徒，而且是要做一個有訓練的基督徒。

（三）人文主義　斐爾特勒是一個淵博的學者，他對於書籍熱心的搜集，也很慷慨的送與別人，因此當時的人都把他認爲是人文主義運動的領袖之一。他辦理學校的方法，是根據於昆體良所著演說學校的條例而辦的。坡佐在聖伽爾發見這本書時，使巴西查也非常之高興，那時斐爾特勒正是他的學生。斐爾特勒把柏拉圖在共和國裏的許多主張，拿來補充演說學校之不足，如音樂的訓練可以促進道德的發展。此外，他還取材於波盧塔克的教育論（一四一一年瓜里羅所翻譯的）。工藝的學習沒有包括在內，不過在經典方面這學校比當時各大學的標準還要高些。文學的課程包括希臘和羅馬的作者，由專門的助教教授。他們研究希臘學者是取其內容的學識，拉丁作者則是取其文學的價值。關於希臘文他請了兩個希臘人的教師。我們要曉得當時的科學，哲學，數學，地理，歷史，文學等，都是用拉丁和希臘文的課本，所以研讀這些科目也要研究古典的文字。這學校對於拉丁散文作文和演講的藝術很是注重，因爲當時用拉丁文的信札和演講在外交上是很重要的，所以即算沒有昆體良的條例和已往的傳統，也還是會注重到這方面的。一四二三年在羅坻（Lodi）發見了西塞祿的演說家，於是激起他們對於演講學有一種新的研究。在歷史方面，祇有研究傳記之類，如波盧塔克所著的名人傳，因爲得不着別的歷史材料。

因此，文藝復興時代所設的這個模範學校，是包括三方面的：人文主義，俠士之風，基督教。在任何時期，像這樣的學校都是少有的。在意大利文藝復興那種半異教的時代，這也是一種特有的現象。送到這學校來讀書的，不僅有王侯的子弟，而且有著名學者如瓜里羅，菲勒佛（Filelfo），坡佐等的子弟。在這學校裏讀過的，不必再進大學，因爲大學裏的人文課程也不能超過這裏。有些學生甚至追隨着斐爾特勒到二十七歲的年紀。腐敗的學生都開除，腐敗的助教和僕役都竭力不用。音樂是教的，但是限於高尙的音韻。教授的方法時時改良，譬如對於四五歲的小孩發明一種方塊字教他們讀音，拼字。意大利文是不教的；拉丁文認爲羅馬的文字，凡屬羅馬的東西人文主義者都認爲是有永遠存在價值的。總之，當時的斐爾特勒，再加以瓜里羅的幫助，使教書的專業爲一般人所尊敬，而不爲他們所看不起。

到十五世紀之末的時候，人文主義雖不能說是成爲全意大利的傳統思想，但至少是居極高地位的，斐爾特勒最著名的高足弟子烏耳俾諾的腓特烈在他自己的宮庭中是最有學問的人。佛羅稜薩的卡細姆(Coaimo)和羅稜索·麥第奇(Lorenzo de Medici) 把柏拉圖的哲學恢復到從前那種有勢力的地位。教皇利奧第十，亞拉岡的大亞豐瑣，以及那不勒斯的國王，對於詩人和歷史家都是非常優待的。無論那個小邦的朝廷，至少總可維持一兩個學者；凡是未讀書的國王，總覺得自己卑微。即算在世俗的外交上，用優美的拉丁文演講寫信，都認爲是重要的。教皇和國王們都爭相聘請拉丁文筆好的人做宮中的文官；利奧第十兩個最著名的祕書本波(Bembo)和薩多雷托(Sadoleto)所寫的書信，是當時很著名的，認爲是拉丁書信的模範文。在重要集會的時候，詞令的才幹是不可少的，因此一般人都特別努力研究演說學。一切人名，頭銜，儀節，都改爲拉丁文拼音。

摹倣西塞祿的拉丁論文不知有多少，但很少有永久的價值。薩多雷托的教育著述，是很近乎昆體良的。坡佐和阿累提諾所著的歷史因爲太倣照古典的格式，所以結果更壞。即算當時的歷史家不像李維 (Livy) 一樣，以爲歷史是一種藝術，不必注重準確的事實，然而即就文字而論，用西塞祿時代的拉丁文字來描寫文藝復興時代的事蹟，實在是不够用了。這一點恐怕人文主義者還不肯承認。

在利奧第十的任期之中，是人文主義者最盛的時期，但是等到羅馬被蹂躪的時候，他們的乖運便到，但這有一部分也是他們自己的驕傲和放縱的生活所造成的。而且當時的宗教革命對於他們也是成見很深的。當時的西歐雖然祇有一個統一的教會，而對於批評的創造的思想很能容忍，但自馬丁路得以後，便不能隨便了。從那時以後，學者都必須加入某一方，由是批評和創造的思想就因着在意大利，西班牙，以及異端裁判所有兩種對峙的力量膨脹的緣故，就不能前進了。爲宗教的學說辯護，代替了追求眞理的努力。這種情形，再加以過於摹倣西塞祿的緣故，於是爲追求傳統學識的人文主義，便不爲人所不齒了。無論是宗教革命派和反革命派都不贊成人文主義運動，因其雖在藝術和文學方面有些成就，但總是屬于世俗而不是宗教的。

在意大利文藝復興時代的教育發展中，我們還可以提到的，就是他們有計劃的教導一種新的人格，就是所謂扈從（courtier）。卡斯提略湼（Castiglione）在所著的扈從一書中，把這種人的個性很詳細的描寫出來。扈從爲人主要的原則，不是像從前封建時代專爲服侍他的主人，而是要有令人可尊敬的人格。在必要的時候，如果主人的命令是不正當的，可以拒絕之。他必須善於游泳，奔跑，騎馬，角力，跳躍，跳舞，玩一種樂器，作詩，談論文學，善用騎士的各種武器，講戀愛，這一切都要以一種文雅高尙的態度。固然，這些條件在早期騎士的教育中大半都是有的，但中古時代的那些標準乃是封建的，宗教的，社會的，而扈從的標準則純粹是個人的。他所追求的祇有個人的尊嚴和任務的完備。

這本論到扈從的書，不僅在意大利很普遍，卽在法國，英國，西班牙等國也有譯本，極受歡迎，認爲是高尙行爲的標準。阿斯坎(Ascham)加以稱讚，史本庾(Spenser)和力力(Lyly)採用裏面的意見。還有厄力奧特(Elyot)所著的監督者，皮章謨(Peacham)和布拉斯韋特(Brathwait)所著的君子，都是摹倣卡斯提略湼的這本書。正如史本庾所說的，『學校成爲了貴族的堡壘』，扈從不是從前那樣專忠心於主人的武夫，而是實現柏拉圖所理想那種完美的人格。卡斯提略湼自己也是一個『扈從』的好榜樣，不過還不及英國的錫德尼爵士(Sir Philip Sydney)那樣完全的發展。

第二章　伊拉斯莫斯及北方之文藝復興

在意大利方面，古典研究的復興，不僅造成一種窄狹的，摹倣的，西塞祿主義的拉丁文化，而且帶着一種異教的懷疑派的色彩，但是在北方則情形不同。在那裏，在穩固的條頓民族性之下，很久未能達到意大利文化的水平線，而有一種利用新文化在道德和社會方面的趨勢。這方面重要的領袖要算阿基柯拉（Agricola）和伊拉斯莫斯（Erasmus），雖則當格洛特（Geert Groot 一三四〇年生於德文特）創設共同生活兄弟會（The Brethren of the Common Life）時，對於這方面便已有了很大的進展。

代表北方這種文化復興阿基柯拉（一四四四年至一四八五年）對於一般人這樣熱心的勸誡着：「凡現今別人所教你的，應當抱着懷疑的態度；凡別人認為是學識的，除了古代著名學者所認可者之外，都祇能認為是虛偽的學識，應當棄絕之」。伊拉斯莫斯之想脫離中古的思想，也不及這樣的厲害。

阿基柯拉是荷蘭人，十四歲時耶爾福（Erfurt）得學士學位，三年之後在盧芳（Louvain）得博士學位。他在意大利的研讀，是在巴費亞（Pavia）始於一四六八年，他的教師有瓜里羅和伽薩（Theodore Gaza）等。他對於各種科目研讀了一番之後，便於一四七九年回到荷蘭，一四八四年移住於海得爾堡（Heidelberg）。他對於希臘和拉丁文學固然是造詣很深，而以那個時期而論，他對於法文德文意大利文音樂藝術等的研究，也是非常驚人的。但是他的著作不多，可舉出的有邏輯論和一本關於教育的小冊 De Formando Studio。在這本論教育的小冊中，他以為教育的價值應以古典學者的判斷為定論，不過他也和伊拉斯莫斯一樣，以為學識應當在行為上結出果子來，應當有一種道德上的目標。阿基柯拉可說是德國芬奇（Leonardo da Vinci）的第二身。他是一個具有多方面天才令人驚佩的人。他能夠製造風琴，畫圖，演講，整理古代的舊稿，教書，很生動的談吐等。

伊拉斯莫斯自稱為拉丁的底塞德留（Desiderius）。他是一四六六年生於鹿特丹（Rotterdam)。他起初在高達 (Gouda) 進了一個私立學校，後來在烏得勒支 (Utrecht) 入教堂唱歌學校 (Cathedral Choir School)。再後從九歲起，入黑哲阿斯 (Alexander Hegius) 的大規模學校。黑哲阿斯自己也是一個著名的學者，與德文特 (Deventer) 的教堂有關係。再後來，大約是從一四八〇年至一四八二年入共同生活兄弟會在波伊德 (Bois-le-Duc) 所開的學校。到一四八三年，照他自己所說的，因為他的保護人和其他僧侶壓迫的緣故，便在一個聖亞古斯丁的僧院裏當僧徒；一四九二年就被任為牧師。他對於這學校所得的印象很不好。

十八歲的時候，伊拉斯莫斯便與人文主義發生了很密切的關係，他便把伐拉 (Laurentius, Valla) 的 Elegantiae Linguae Latinae 寫了一個提要，至於一四八六年他所寫的 De Contemptu Mundi 表現他這時對於僧院的空氣沒有後來他所表示的那樣壞。到一四九三年他從喀姆布萊 (Cambrai) 的主教的特許，可以脫離僧院生活，便進入巴黎大學。他在這裏所研究的大半是古代的經典，但是對於神學也幷未忽略。不過當時青年的學者對於中古的神學向來便是鄙視的。他們相信真正的神學是在中古以前，到聖哲羅姆 (St. Jerome) 便發達到了頂點。

在巴黎伊拉斯莫斯交了幾個英國的學者爲好友，其中有一個是曼特朱愛爵士（Lord Mountjoy），以金錢幫助他的人文主義運動，并於一四九九年帶他往英國。在英國他認識了謨耳(More)，窩藍(Warham)，科勒特(Colet)等。科勒特想請他在牛津大學教書，但伊拉斯莫斯總受不住機械的職務的束縛。一五〇〇年他又往巴黎學習希臘文學，因爲他以爲『不知希臘文學則不能徹底明瞭拉丁文學』。一五〇二年他到盧芳，這裏請他擔任修詞學教授，他又拒絕不承受。一五〇五年他又到巴黎，同年再到倫敦，一五〇六年回到大陸，與兩個學生和他們的教師往意大利遊歷。在意大利他沈迷在過去的文化裏，以致意大利北部的天然美景和佛羅稜薩城那些偉大的藝術，都不能激起他的興奮。

近一五〇七年之冬伊拉斯莫斯到大印刷家馬紐細阿斯(Aldus Manutius)的家裏，希臘文學之介紹到西歐這位印刷家實在要居大功。到一五〇八年之冬伊拉斯莫斯從威尼斯到帕雕亞大學。一五〇九年三月一日他到了羅馬。在這裏他似乎并不驚歎當時拉斐爾(Raphael)和米開蘭基羅(Michelangelo)的藝術，但是感覺到一般教會的領袖缺乏一種眞正基督教的精神，卻非常之詫異。

一五〇九年英國的亨利第八登位，便把伊拉斯莫斯請往英國去了。他在劍橋大學擔任神學教授，幷或許還教希臘文。他在英國所著的 De Ratione Studii 送給科勒特評閱。其他他在英國五年之中所著的書有拉丁作文，一集對聯，聖保羅學校的學生所背誦的一篇演說，增訂拉丁語法；最後一本略加修改至今還出版伊東拉丁文法 (Eton Latin Grammar)。伊拉斯莫斯一生之中最關於教育問題的，要算是在英國的時期中了。

一五一四年伊拉斯莫斯之所以離開英國，似乎是因爲他想出版哲羅姆的書信全集，以及他所著的希臘文聖經疏注。他覺得聖經的原版和準確的解釋，實在是再重要沒有了。接着三年中他的遊程，是以佛羅品 (Froben) 在巴塞爾 (Basle) 所辦的印刷所爲中心點。他所著的拉丁對話集，是想一般人研究拉丁文不僅覺得有味，而且使拉丁文成爲討論時代潮流問題的一種好工具。這本書是一五一六年在巴塞爾出版，到一五二三年又增訂得更爲完備。一般人認爲這本書是擣毀巴黎大學的宗教信仰，但是凡同情於宗教改革運動的學校，則採用爲課本。

伊拉斯莫斯雖然不想加入任何宗教的爭辯，無論是理論方面或行政方面的，但是論到自由意志的問題，他卻和馬丁路得爭辯起來了。他在盧芳努力了三年之後（一五一九年至一五二二年），從一五二二年至一五二九年又在巴塞爾從事於文學工作。在一五二八年他出版了一本『西塞祿主義者』，是諷刺那些祇知摹倣拉丁文的。在這本書裏他譏笑一個西塞祿主義者如果化了一整夜工夫寫了一句像西塞祿所寫的話，就覺得自己非常之幸運了。接着一五二九年出版了 De Pueris Instituendis，這是一本很好的論教育的書。

一五二九年伊拉斯莫斯離開巴塞爾到一個天主教的中心點夫賴堡（Freiburg），這大概一部分是因爲佛羅品於一五二七年死了，一部分是因爲巴塞爾宗教的鬬爭很厲害。他這次的移動沒有得到什麼好結果，於一五三五年便仍舊回到巴塞爾來。在這裏他繼續他的工作，努力著作，不過時常有病痛。一五三六年七月十二日他便死在這裏。

以伊拉斯莫斯的眼光看來，研究古昔的學問是達到社會改革眞實的途徑。他覺得人文主義并不是與基督教作對的；祇要看巴錫耳（Basil），奧古斯丁，哲羅姆等同情於古典學術，就可知了，不過他對於他們的稱讚是有相當限度的。他以爲拉丁文應當是一種活的語文，所以不應僅僅是摹倣的西塞祿主義的。他這種主張，恐怕容易有鼓勵異端的趨勢。

他以爲學習土語是不必的，拉丁文應當是學者日用的語言。拉丁文也可使人成爲一個世界的「國民」。他從來不是一個國家主義者，他也毫不遲疑的貶抑一國內土語的民歌，傳統，甚至於歷史等。嚴格講起來，一切教育的目標，就是要求得對於基督和他的光榮的學識，不過達到這個目的的途徑是深遠的（eruditio），不過這裏所謂深遠幷不是現今所謂深遠的意思，而是合乎實用的意思。最好的教育機關是家庭或是小規模的公立學校，而最好的教育工具便是古典的文學訓育的方法應當是仁慈的；教師應當記着他從前也曾經做過小孩子。

在他那本論教育的 De Pueris Statim ac Liberaliter Instituendis 裏，他以爲兒童的教育應當開始很早。「一個不識字的人不能算是一個人」。人之所以不同於低級動物者，就是因爲人的童年是不成熟的，有受訓練的能力，有不確定的本能。兒童是摹倣性很重的，所以每每很容易爲縱容或不好的榜樣所敗壞。即算是低級動物，也需要適當的訓練來補助。教育有三個要素：自然，訓導，練習；三者都是缺一不可的。人的天性包括有兩點，一是由理智導引的可能，一是各個人的興趣和才能是各不相信的。教育大概應當從七歲開始，不過這裏所謂教育是指吃力的研讀的意思。甚至對於一個兒童寧可犧牲他的身體的健康，而不可使他讀書的年齡過遲。教師對學生應當以慈愛的態度，而不應以恐嚇的態度，雖則當時的女童學校和僧院學校是很腐敗的。「鞭打出來的教育不是自由教育」。

「說明如何是理想的教師，比實際上找得這種教師要容易些」。雖則如此，政府當局還是應當竭力聘用適當的人才爲教師，因爲這是政府一種重要的職務，其重要實不亞於組織優良的軍隊。好的教師應當是富於同情心的。「如果教師也希望兒童們也和大人們一樣的行爲，就完全錯誤了」。他還引用普林尼（Pliny）的話：「你要記着你的學生還祇是一個少年，而你自己從前也曾經做過少年」。

教育始於語言，所謂語言當然是指拉丁語言的意思。一個好教師教語言的方法，他舉出了一個例子，是一個象和一條龍鬬爭的圖畫。一個拉丁文的「圖畫談話」一定是很有趣的。龍是一種古典的動物，所以伊拉斯莫斯相信其存在正如象一樣。他覺得這種材料是極有價值的。至於那些教師『把寶貴的時間浪費着去講奇怪的謎語，夢的故事，鬼怪，巫者，仙女，魔鬼，或是民間故事等毫無價值的材料，則是他們的一種恥辱，祇能哄那些嬰孩的』。但是這些材料何以比一個龍和象鬬爭的故事要低下些，則祇有一個像他這樣人文主義者纔能解釋出來。

伊拉斯莫斯對於教授誦讀的方法，是借用昆體良的，就是用象牙或餅乾做的單字，學生學好了便可以把字喫下去。『在英國我聽說有一個父親教兒子用弓箭射希臘或羅馬字，每射中一個字便給他一個櫻桃』。不過用棋戲，骰子，或助記憶的謎子等方法來學習，則所費的時間過多，太不值得。『助記憶的方法祇有一種是好的，這種方法有三個要點：明瞭，排列，重複』。聰明的教師也可以用競爭的方法。機械誦讀而不知意義的老方法應當取消。伊拉斯莫斯似乎有這樣的口氣：『我兒時是這種方法學習拉丁文的，我學好了，現在的兒童也應當這樣學得好』。

第三章　馬丁路得之教育思想

大概一四七六年時阿基柯拉(Rudolph Agricola)之到意大利，可說是德國文藝復興的一個信號。從一四五六年到一五〇六年德國已經設立了九個大學，不過其課程不是人文主義的。北方所缺乏的，并不是知識，著名的劉希林(John Reuchlin)到佛羅稜薩和羅馬時，以致使羅馬的一個希臘文教師半驚半氣的說：『希臘已經飛到阿爾卑斯山之北去了！』日耳曼也不缺乏堅持和果決之心。劉希林有一次曾經把一個金幣給一個猶太人，要他解釋一句艱深的希伯萊文。他是一個研究希伯萊的學者，有提議焚燬希伯萊著作的時候，他極力爭辯，正如胡騰(Ulrich von Hutten)所說的：劉希林和伊拉斯莫斯是『日耳曼的一對眼睛』。

日耳曼的文藝復興運動比意大利的要斬截而確定些。日耳曼的文藝復興不像意大利的，是有一定導引線的。如果君士坦丁堡不被克服，意大利一定還是有一種文藝復興，但是如果意大利沒有文藝復興，則日耳曼不知是否仍舊會產生文藝復興。北方的學者很能感覺得他們自己當時那種批評的精神。正如胡騰所說『學術發達，人的心智驚醒，在這種時代活着實在是非常快樂的』！

不過日耳曼也像意大利一樣，他們的大學總是附老的經院學派之下。教會和新派的僧侶不僅決意要保存過去的傳統，而且要毀滅希伯萊的著述，因爲這種著述漸漸引起了學界的注重。劉希林經過了許多逼迫之後，於一五二〇年爲教皇所定罪，人文主義已經是開始敵視教會的專制，到馬丁路得（Martin Luther）時，便完全造成一種分裂了。日耳曼大半的學者并不想與這些反叛的僧侶轉入同一漩渦。劉希林和伊拉斯莫斯是不加入他們的，但是得着了梅蘭克呑（Melanchton）和胡騰有力的擁護。現在的中心的問題，并不是人文主義或其他形式的教育，而是教會的行政以及教義的問題。

馬丁路得所受的教育，可以表明當時北方教育的情形。他因爲父母對他嚴厲，從家裏被迫出來，但是在學校裏也還是沒有好的遭遇，有一天上午曾經接連着被打過十五次。他以爲學校便是監獄，地獄，滌罪所，學生便是被犧牲的烈士。他聲言說：『我們完全沒有學着什麽東西』。他還問了一個很顯然的問題：「一個學生化二十年或二十年以上的功夫，學着一點粗陋的拉丁文，爲的就是要做一個牧師或是讀一篇獻祭的禱文，這便是他讀書唯一的目的麼？」

路得在曼斯斐爾特 (Mansfeld) 所入的那個拉丁學校，其課程是和平常學校一樣的簡單無味。文法教科書是用多那式 (Donatus) 的；在活體印刷術未發明之前，這種教科書是刻在木板上。西細阿哲那斯 (Cisio Janus) 是一本助記憶的詩體課本，幫助學生記憶教會節曆的，完全用機械的方法背誦。我們可以舉出這本詩的第一句可知這書的性質如何：Cisio Janus Epy Sibi Vindicat。這句詩的 Cisio 是代替 Feast of Circumcision，Janus 代替 January，Epy 代替 Epyphany。多那式的文法和這本詩集便是當時主要的課程。此外，路得所學的恐怕還有十誡，兒童信條，主禱文，及其他詩篇等。這種課程的性質，就可知所用的方法如何了。學生學習完全是用機械的記憶，如果有什麼字句的錯誤，便受鞭打。

路得少年時的環境，完全是一種極端嚴厲的壓迫。一方面，一般羣衆以及官廳之相信巫術和迷信使他也受到很深的印象。但是在另一方面，至少在外面的一切儀節上，他是要顯出很虔誠的。

他說：『在兒童的時候，他們禁止我一切的遊戲。凡做紙牌的，吹簫笛的，演戲的，都不許進教堂來。如果有任何學生玩什麼遊戲，或是跳舞，或是看什麼表演或戲劇，後來就要認罪』。

十四歲的時候，路得便進入馬德堡（Magdeburg）的一個學校，大概是共同生活兄弟會所辦的。在這裏他在別人家門口唱歌以討食物，這是當時貧窮學生一般的風氣。有一次他和幾個同學在一個農家門口聽見一個農夫粗暴的聲音便逃走，但其實那農夫是拿食物給他們的。第二年（一四九八年）他又是在同樣情形之下進入挨塞那哈（Eisenach）的一個學校。這裏有幾個慈善的朋友帶他在家裏住。十八歲的時候他進入耶爾福大學（University of Erfurt），這是一個正宗派經院學派的學校，同時也是德國最大的大學之一。在這裏他每日的工作是要進禮拜堂。『好的祈禱等於讀一倍的書』其餘一天的時間，便是分配在教室和圖書館裏。那時他們大學裏好像還不教希臘文，而路得對於拉丁文的興趣不是因其語文或文學上的價值（如人文主義者的主張），而是因其對於人事關係上的興趣。有一個短時期他對於法律也有興趣，但是到一五〇五年七月十七日他又入耶爾福的奧古斯丁僧院做一個僧徒。這是因爲他一種鹵莽未費思索的決定，後來他又後悔不肯的。

後來有一個巡查的牧師來看見路得的情形，便准許路得脫離僧院的束縛，讓他自由去讀書。

在僧院的時候，路得專心研究聖經和聖奧古斯丁，雖則他同時也還是研究中古的神學。在這裏他常常爲許多影像和試探所滋擾，懷疑和失望也圍困他的心靈。他這時已私心覺得教會的組織不是無錯誤的。

一五〇八年威丁堡大學(University of Wittenberg)請他擔任哲學教授。這個大學成立祇有幾年工夫，這裏的經費是由諭令和教皇的釐定而來的。我們對於這個大學現在還曉得一點歷史。一五〇七年瑟爾(Christopher : cheurl)被選派爲這個大學的校長。當年他出版了一本演講集，在序言上他說這裏的天氣是怎樣温和，人民是怎樣好，教授的薪水是八金哥爾登(gulden)一年，學生給與學位是不收費的，有許多權利是和老的大學一樣的，學校裏有學問的人才很多。學校的師生不准進旅館，或是攜帶武器。各科的教授關於教會法律的有七位，關於神學的有五位，政府法令的有三位，醫學有四位，文學有三位，哲學有九位，有一個是專教司各脫斯(Scotus)的，另一個是教阿奎那的。有時一個教授同教兩三項課程，但是上面的統計幷沒有重複計算課程中沒有歷史，希臘文，希伯萊文或自然哲學。

因爲某種緣故，路得在耶爾福大學演講了一些時，但不久又回到威丁堡大學，一五一二年在這裏得博士學位。在這時期（一五一一年至一五一二年）他因爲某項使命到羅馬，但是這次他所見的羅馬使他失望。他在檀香拾級上一直向上朝拜的時候，他似乎聽到一句話是他一向便聽見的。『正直者以忠信而活着』，這便是他後來宗教改革的警語。

路得受聖奧古斯丁和無名氏的日耳曼神學很深切的影響。他在威丁堡大學所教的神學便是這樣的。一五一五年他根源於劉希林的辯論寫了一本無名人的信札（Letters of Obscure Men），譏諷當時那些教會的名人，使全歐洲的人都大笑起來了。日耳曼的心靈被他所驚醒所刺激了，他們也準備着揭示教會那腐敗的九十五規條了。後來路得毅然焚燬教皇懲罰他的勑書的時候，他自立的教育便完全了。自此以後，他不是一個學習者，而是一個導師了。

路得的文字雖然似乎過於激烈，但是他一五二四年所寫的爲教會學校上各市長及長老書，以及一五三〇年所演講送兒童入學之義務，實在是包括了一種教育系統的大綱：

（一）教育原本是一種宗教職責。祇有好的拉丁學校纔可請牧師教師以及專門學者。拉丁學校之衰微實在是一件可悲的事。但宗教雖是教育主要的基礎，然而幷不是唯一的基礎。『卽算沒有靈魂，沒有天堂，沒有地獄，然而爲塵世的緣故，也還是必須設立學校。』

（二）人人的子女都應當受教育，卽算每日祇有兩點鐘也是好的。這種規定須由各縣縣長執行。此外，凡有天才的兒童應當選擇出來，由政府所請的教師教導。否則不僅宗教要受損失，卽國家的事業和國民性也要受損失。

（三）教師的職務祇比宣教師次一等。『如果我不是一個宣教師，則除了做教師之外，我不會去做任何別的事。我們不要管世人對於教師是怎樣的看法或是怎樣的獎勵，祇要看上帝是怎樣的看法就是了。』

（四）路得對於課程方面，同樣注重希伯萊文，希臘文，拉丁文，以及本土語文，不過最後一種應當多從談話方面學習，而不從書本上去學習。數學是合乎大學程度學習的。歷史，哲學，辯論學，修辭學，音樂等，對於心智都各有相當的影響。『如果一個教師不會唱歌，我是不大看得起他的』，路得的這句話說得頗令人好笑，與音樂並行的還有體操，因爲自古希臘以來，這兩項東西似乎是此呼彼應的。路得以爲擊劍，角力，決鬭等，都是有益於身體的美麗，健康，活潑的。

（五）至於教育的方法，路得以爲對於事物的知識和明瞭應當在字句之先，語文學方面活的語文很是重要，對於青年訓導的方法應當溫和。

第四章　喀爾文之教育思想

梅蘭克呑（Philip Melanchthon 1497–1560）是布利登（Bretten）一個製造武器的兒子，是劉希林的姪兒。他對於德國教育改革的貢獻，正如馬丁路得對於宗教改革的貢獻。他對於各種學科差不多都有相當的造就；在杜平根大學他擔任教授所教的有經典，演講，歷史；到一五一八年他便到威丁堡大學教希臘文。在這裏他吸引了各國來的許多學生，法國和英國請他都拒絕不去。他建設了許多改良的學校，甚至於大學；是一個努力提倡人文主義者；是一個許多教科書的著作者，特別是關於修辭學，文法，神學，哲學。由此他獲得了一個光榮的頭銜——日耳曼的導師。

雖則如此，但是梅蘭克呑對於歐美新教派的學校，還不及喀爾文（John Calvin 1509–69）所發生的影響之深切而永久。喀爾文在納永（Noyon），巴黎，奧爾良（Orleans），部耳日（Bourges）等處，對於文法和人文的學科受了很充分的教育，到一五三二年或一五三三年時他忽然歸依新教。從此以後，他主要的便是一個研究神學者。他那一本著名的基督教之組織，是當他還祇有二十六歲時所寫的。

喀爾文幷不是一個遁世者。他對於日內瓦市政府擬了一個很詳細的改革計劃，其中有很多是關於教育的。在一五三七年和一五三八年他還替小學校擬了一個課程表。每個小孩子在禮拜日中午都要聽教會問答的課。小孩子忽略了這一點的，他們的父母就要受國家的處罰。學校裏每日應有一點鐘是唱聖詩的。拉丁文法，本土語文，算術，公民訓練等，在課程裏也應有一個地位。高等學校和大學應當是訓練新教徒的一種學校。日內瓦是一種中心城市，所以便成爲歐洲改革運動的中心點。喀爾文氏的教育組織如此之完備，以致耶穌會 Ratio Studiorum 有一部分就是抄襲喀爾文的。

的確，喀爾文的教育實在傳播到日內瓦很遠以外去了。法蘭西，荷蘭，蘇格蘭，英格蘭，及其在美洲的殖民地等，有些方面都受了這種影響的益處。喀爾文與馬丁路得不同，他是重推論的。譬如他是第一個神學家說明出借金錢取利息是可以的，雖則這在摩西的法律上是不許可的。喀爾文說摩西這種法律完全是重人情的，所以其根源是人道的，其採行是地方性的。喀爾文自己有一種神學的體系是非常合理的，祇要別人認定他的前提是對的。因此，在美洲，法蘭西，蘇格蘭等處的喀爾文信徒，因爲讀過他的那本基督教的組織，所以是非常好辯的，也是好學的。美洲新英格蘭的清淨教徒最初的成績，是設立普通學校和哈佛大學。喀爾文的傳統思想是主張苦力工作的，對於賺錢也認爲并非是不法的行爲。此外，喀爾文的信徒雖然對於禮拜日的休息是遵守的，但對如教會其他的節期是不管的。但是在另一方面，他們雖然非常之勤儉，然而以爲慷慨解囊是一種不可少的德性。喀爾文對於申命紀（Deuteronomy）的評語有幾句話是可以千古不朽的：『我是主人，但是專制的；我是主人，但我也是兄弟；我是主人，但在天上我們大家有一個共同的主人：我們好像一個家庭一樣。』

喀爾文是愛眞理的；他相信理智和教育是達到眞理的途徑。因此，不僅日內瓦的教育思想瀰漫於歐洲大陸，即算英國在伊利薩伯皇后死之先的牛津大學和劍橋大學，也屈服在此種勢力之下。在一五七八年，喀爾文的宗教問答和基督教的組織，是牛津大學每個學生的必修科目。這種新的神學在歐洲的大學如海得爾堡(Heidelberg)，烏得勒支(Utrecht)。法國的胡根那學院(Huguenot Colleges)，以及新英格蘭清教徒所辦的大學等，都得到了勝利。蘇格蘭想與日內瓦抗爭，設立了一種強迫教育的制度，但是因爲經費不足未能成功。他們的確立定了一種宗教和民治教育的基礎，差不多使無論貧富都能受到教育。

喀爾文或淸教徒式的教育主要的特徵可說是：勤奮，準確，道德訓練，良知，教育是爲羣衆的而不是爲少數的，喜愛辯論等。

第五章　科學之復興運動

古希臘人所追求的，是一種百科全書式的教育，對於科學和哲學同樣的重視。他們有數學家，天文學家，物理學家，還有醫生。他們的文化有一種很嚴重的特性，就是文學的，玄想的，藝術的。到十五世紀文藝復興時代，一般人文主義者把他們的精力集中於研究拉丁文的經典，不過有時他們也有一點新的眼光引用於科學方面。從狹義上講起來，所謂人文主義者，不過就是摹倣西塞祿而已。像這種學者，有坡佐（Poggio），本波（Bembo），薩多雷托（Sadoleto）等。但是此外也還有人文主義的改革家，人文主義的科學家。譬如伊拉斯莫斯和謨耳（More）就是利用希臘和拉丁的學術，從事於社會革命，至於哥白尼(Copernicus)，伽利略（Galileo），法蘭西斯・培根等，則對於科學有一種新的進展，打倒從前亞理士多德演繹的邏輯，而用歸納的方法從事於查究。

如果宗教改革的運動也和文藝復興一並提起來，則有第四種人文主義者。馬丁・路得(Martin Luther）和梅蘭克吞，喀爾文，諾克斯（Knox）諸人一樣，是把文學屈服於宗教信仰；從另一觀點看來，耶穌會也是如此。宗教改革運動引起了很激烈的爭辯。這種爭辯更引起了對於古代語文的研究。不過宗教的爭論，對於科學沒有什麽大的幫助的。從科學的立場看來，這種爭論至多的貢獻也不過就是沒有束縛哥白尼的理論，以及阻止對於自然界查究的潮流。

那班大科學家如哥白尼，芬奇，伽利略等，其根本的動機，乃是爲增進人類的幸福，這是無疑的。再簡單言之，就是他們求知欲的發洩。這裏面包含人類想勝過環境的目標。至於道德方面是否也要進步，那就不能確定。因此，科學的人文主義者與社會的人文主義者，與文字的及宗教的人文主義者又不同。伽利略，伊拉斯莫斯，坡佐，梅蘭克吞都是代表各種不同的方面，不過都是與教育上人文主義的傳統思想有關連的。

一五四三年哥白尼在天體的革命一書中有一封信是向教皇道歉，因爲這書裏面的理論與正宗思想是相反的。他引證幾個古人的意見，說地球是移動的，然後再說明他這種革命的思想乃是古來一致的：

我假定了地球是轉動的理論之後，然後我又經過了許多年的研究之後，看別的行星的動作與地球的動作比較起來，并計算每個星的移動，則不僅牠們那種轉動的現象可以合理的說明出來，而且各星的連續性，牠們的大小，牠們的軌道，以及天空的各方面，都成爲一個系統的整個，以致如果那一小部分有什麼變動，則其他的天體以至於整個的宇宙，都會混亂起來。

但是一種理論能夠維持了一千餘年之久，是不容易打倒的。托勒密（Ptolemy）的理論是但丁所最認可的，也是中古時代的各科學家所同意的，差不多是公認爲一種神聖不可侵犯的道理。比薩（Pisa）著名的教授伽利略除了自己對於科學上的那些發見之外，也非常熱心的擁護哥白尼的理論，終於在一六一五年爲異端裁判所（Inquisition）所定罪。他們痛罵着哥白尼的理論『在哲學上是講不通的，』『與聖經是直接相衝突的。』伽利略被迫着要收回前言。一六三二年他出版的世界兩大理論之談話（就是托勒密和哥白尼的理論，）又引了別人對於他的攻擊。他採取談話的形式，還是不能遮掩對於托勒密的理論那種冷談的態度，於是異端裁判所又召他到羅馬，取消他的言論。當時在上的人對於這種科學研究的態度是非常認爲不妥當的，特別是那些受過亞理士多德理論訓練的形而上學者。

歸納的方法，是法蘭西斯・培根所完成的。這種方法是亞理士多德，羅哲爾・培根，伽利略及其他許多學者曾經採用過，而現在法蘭西斯・培根再在他所著的新奧爾伽農（Novum Organum，意思就是新邏輯或歸納的邏輯）中，充分的發揮出來。他脫離巳往那種無謂穿鑿演繹的辯論，而追求一種新的有用的眞理。正如馬可梨所說的：「他幷不是建築那條路也不是發見那條路的，也不是第一個測量計畫那條路的，而他是第一個引起一般人注意這個豐富的無窮的泉源，這泉源是許久爲一般人所忽視了的，而是祇有走這條路能達到的。他的貢獻，是使那條路從前祇有幾個鄉民販卒所走的，現在引起許多上等人來走了。」

論到他的論文集和那百科全書式的革新（Instauratio），我們不必多說。現在我們要講到他那對於大學研究改革的理想，這便是他所著的新大西島的題材。新大西島是太平洋中一個想像的島，假定這裏的居民都是受了很好教化的，是聖巴托羅繆(St. Bartholomew)所勸導的。這裏的官員是不腐化的，不肯受加倍的俸祿。這國的中心點是所羅門之宮(Solomen's House)，已經設立了一千九百年之久，「是世界上最高尙的處所，是這個國家的燈籠。」這個宮裏的主人把最寶貴的珠玉拿給客人觀看。然後再敍述這個宮殿實際的情形。依照邏輯的次序，從這個宮殿的目標，而論到牠的方法和工具，各部工作人員的職務和工作，最後述及所採用的禮節儀式。

所羅門之宮根本的目標是什麼呢？是追求因果關係的知識。在這裏研究物體運動的祕訣，「人類領域的擴大，以至於創造一切可能的事物。」所羅門之宮所預備的材料以爲歸納工作之用的，有掘發，鑛窖，高塔等。凡是隱士想在幽靜的地方過一生的，應當觀察那些有用的東西。這裏其他的寶藏則有急瀧，溪流，鹹水湖及淡水湖，機器，井，泉源，廣大的試驗室，衞生室，浴所，果木園，花園，公園，動物園，啤酒釀造所，糕餅廠，廚房，醫藥室或藥房，機械場，蒸汽爐，光學及鏞錠之試驗室，聲音試驗室，香料室，機器室，寶石，水晶，化石，數學室，錯覺試驗室等。

各部主持的人是這樣分配的：有十二個「光明的商人，」其職務是從別處搜集學識的材料，如書籍和試驗的標本；有三個『劫掠者，』從各書上搜輯試驗的材料；有三個『祕密人，』搜集各種機械方面的試驗，及正式科目以外之其他研究或技術；有三個編纂人，編輯上述的種種材料；有三個『施與人，』把同工者試驗的結果歸納為有益的結論；有三盞『燈』審查已做的工作，并由這些工作引到更高深的試驗；有三個『接芽者』去執行并報告這種指導的工作；最後，有三個『自然界的解釋者』把同工中的種種發見歸納為更偉大的成語格言或定理。

在這種複雜的規條之下，我們可以認清楚培根追求這種有系統的知識，以及由試驗和歸納以擴大，其中心點之所在。所羅門之宮是一個極大規模的科學學校，其基礎是研究，其主要的工作是試驗，其方法是歸納，其目標是要增大人類的能力。新的學生不斷的受訓練以補充前代的科學家。這大學也斷然的決定有些發明是可以發表的，有些則是要守祕密的；有些是政府都不應當曉得，有些則祇是不讓羣衆曉得。有一種知識是祕傳的，有一種知識是公開的。

現在我們講到禮節儀式。有許多儀式慶祝成功的發見，也有方法永遠紀念偉大的發明者。專有一個『展覽室陳列各項最優良最希罕的發明模型或樣品。』另有一個展覽室專陳列各偉大發明者或發見者的塑像，其中祇有哥倫布是具名的，其他如船隻火藥音樂等的發明者，則僅僅說明是某項發明者而不具名。各地方的發明者可以額外得到豐富的光榮的獎品。關於聖詩禮拜祈禱等，在這裏祇是敷衍而已。

這個研究的大學祇是爲公共的利益而設立的。有許多有益的發明，還有些關於「自然災害的預言。」如疾病，瘟疫，飢荒，地震，洪水，彗星的出發，氣象的變化等等，以及如何應付這些災害的方法，這大學都按時發出通告，在各城宣佈。

我們可以問：現代是否有這樣高尙的大規模的學術機關呢？固然，現代的大學有許多地方是與所羅門之宮相同的，但是我們曉得培根當時的那些大學與他的那種偉大理想是相差得幾樣遠。那時的那些大學還是繼承着古希臘那種辯證法。

馬可梨說：「如果柏拉圖能够多活幾年寫完那本 Critias，恐怕就可以有一本與新大西島的理想正相反的書了。我們可以想到如果在他的共和國裏設立了一個所羅門之宮，他會怎樣的憤怒！他會馬上發出命令，要把那些啤酒釀造所，香料製造所，藥品製造所等，趕快拆毁下來；也會很嚴厲的趕走各部主持的人員，如「光明的商人，」「劫掠者，」「燈，」「開闢者」等。』

第六章　耶穌會及其學校

易格內細阿（Ignatius）是一四九一年生於西班牙巴斯克省之羅耀拉堡壘（Castle of Loyola），是沿西班牙的風俗在一個貴族家庭裏所受的教育後來在軍隊裏做一個軍官。一五二一年他在判普羅那受了傷，當療治休養的時期他讀聖徒傳記受了很深的感動，於是退隱而過一種祈禱和默想的生活，結果他寫了一本『操練篇』（Book of Exercises），這可說是一本實行禁慾主義的手册。他想使回教徒變爲基督教徒，於是一五二三年便到猶太聖地去，但後來被迫離開耶路撒冷，於是專心想讀書，在判普羅那和一班小孩子同讀拉丁文，後來入西班牙的大學，最後入巴黎大學，在這裏他獲得博士學位。在巴黎的時候，因爲他那種強有力的人格，吸引了許多特出的充滿熱忱的同學。在一五三四年他這班朋友便發誓過一種貧困操節的生活，并往聖地去服務。但是因爲他們不能做到最後一條，便擬訂一種規程，成立一個新的教派，於一五四〇年得到教皇的准可。這個新的教派定名爲耶穌會（Society of Jesuits），入會的會員不是從前的或新派的僧侶，而是教會正式的牧師會吏之流。易格內細阿是他們的第一個將軍。他們自初便採用軍隊的名稱，如一團或一營之類，是因爲他們原來的目的是要與新教派（Protestants）鬭爭。但實際上他們最先那班熱心信徒不是新教派，而是回教徒。他們不久採用了一個簡單的名稱，叫做耶穌會徒（Jesuits），這最初是他們的敵人給他們的。最初他們的會員是派往天主教及異教的國家，後來因教皇之商請，或是在日耳曼方面因國王之敦請，乃派往各新教派國家。當然，不久新教派也成爲耶穌會的敵人，因爲他們完全是一種服務的性質。耶穌會徒那種熱忱和完全犧牲的精神，使他們成爲天主教反對新教派的主力軍。易格內細阿是一五五六年死的，一六二二年封爲聖徒，但是他這種精神和努力在後來的將軍之中還是能夠繼續保持下去。

雖則耶穌會主要的任務不是教育，但是他們對於青年的教育，從最初便是很注意的。一五四〇年教皇的准令上便說明了這會應有的目標：「在善良的生活和宗教的知識中促進靈魂的進步；公開宣講以傳播基督教的信仰精神的鍛鍊；慈善的工作；特別對於教會中的青年和無知的人應施以教育。』該會主要的目標，可由該會的標語表現出來：『一切都是爲上帝更大的光榮。』(Omnia ad Majorem Glorian)。但是這句標語的意思是很含糊的，新教派的信徒也可採用同樣的標語。在實行上，該會的目的是保護教會，對抗教會的敵人。因此，耶穌會的教育是保守的。學生應當吸收幷熟讀已往已認可的知識；但甚至也可鼓勵他們從事於獨創和思想，不過不能反抗正宗派的立場，或是對於已准可的道義加以批評，因爲歸根講起來，耶穌會最大的目的乃是要擴充教會的勢力，而不是做慈善事業。

耶穌會的憲章共分十章，其中第一章是最長的，大半也是關於教育的。該會信徒最後的誓言有一句是：『對於兒童的教育應特別注意。』耶穌會的學校雖然至今還有勢力，但是他們對於教育最大的貢獻在歐洲造就最好的人才，還是在十七世紀以及十八世紀早期的時候。在這個時期，他們所辦的教育比歐洲以前任何時期的教育都要有系統的計劃些。每個預備人會的信徒，準備的時期自幼共須十八年，其中有幾年完全是從事於教書的；在教書的這幾年中，他自己的學課完全停止，宗教的鍛鍊也減少時間。

耶穌會的學校是有特殊基金辦理的。除了後來有些君王侵佔他們的財產的時候，入學的學生是不收學費的。即在易格內細阿在生的時候，他們就已經在意大利，西班牙，葡萄牙，法蘭西，日耳曼等處，設立了一些學院。在一七七三年該會受壓迫之前不久，他們共有六百六十九個學院，學生人數共有二十萬，此外還有些其他的高等學校。在他們受壓制的時期（一七七三年至一八一四年）所受的損失，恐怕後來未能完全恢復，不過至今還有許多耶穌會的學院還是繼續辦理的，大半分佈在英國和美國。此外，在悉德尼（Sydney）還有兩個耶穌會的學院。

耶穌會的學校勢力最大時其最大的特點便是有系統。沒有任何部分是隨機遇而定的，或是個人隨時主張的，雖則後來漸漸有些部分因地方特殊的需要，而對於學校的組織有所更改（到如今則變更更大）行政是完全集中的；這種辦法有一種結果便是興起了一班中等學校，其課程比從前的學校是要統一多了，而方法也要準確些，標準要確定些。

耶穌會的教育計劃，是後來繼任的一個將軍名阿夸微發（Aquaviva）的所完成的。在他的指導之下，編輯了那部著名的 Ratio atque Institutio Studiorum Societatis Jesu，簡稱爲

Ratio Studiorum。這可算是西方教育史中第一次由許多專家共同長期考慮而擬訂出來一種近代化有系統的教育制度。他們這項工作，是有充分國際性的。法蘭西，西班牙，葡萄牙，奧地利亞，日耳曼，意大利等，都各選派一個教育家，共同考查教學的計劃，教育的著述，以及耶穌會教師教書的實際經驗。這個國際委員對於這種考查工作費了一年功夫之後，便擬出了一個報告書，這報告書又交與每省至少五個有經驗的人審查。結果於一五九一年出了第二本改訂的計劃書。這計劃書又在各學校裏加以實驗，規定以幾年為期；所以到一五九九年最後出版的 Ratio Studiorum，乃是克苦用科學方法研究出來的結果，實在可以作為後來教育計劃一種絕好的模範。對於這個國際委員會影響最大的一項文件，要算是斯圖謨(Johannes Sturm)在斯特拉斯堡(Strassburg)辦的學校裏所規定的課程。

國際委員會所擬訂的課程，分高級與低級，高級祗適用於較大學校的。在鎮市的學校裏，學生大概是十歲時入學，到十六歲畢業。這種學生或者是準備做牧師的，或者僅僅是讀書的學生。學校對於貴族的學生和貧賤的學生不可有何歧視或特殊優待。低級共分五班或六班，最低的三班名

Infima，Media，Suprema，有時再加一個第四班；最高的兩班名 Humanitas 和 Rhetorica。除最高的那一班 Rhetorica 之外，每班都是一年讀完，最高的那班則是兩年。

這種課程是人文主義的，其主要科目是宗教，希臘文，拉丁文。當時拉丁文還有實際的用處，高班的學生除假日之外，談話都須用拉丁語。其他的科目叫做副科，是偶然教的。

耶穌會教授的方法最重要之點是透徹。他們是最先從事訓練教師的。他們設立了師範學院，每個教師都有一種專門的手册作爲教科書的指南。

耶穌會對於經典教授的方法，有很大的改進。在已往對於這方面的重心是在教科書，而他們則把重心移到教師身上。他們教書典型的方式名爲 Prelectio，那意思在低班就是口授的講解，在高班就是講演。學生每日都要作練習題。教師修改習題時，做習題的學生和指定與他競爭的學生（名 aemulus）都必須在側；其他已背過文法的學生，則聽別的學生背誦。要學生記憶的除文法之外，還有拉丁會話，這是要幫助學生免得用別種語文談話。

耶穌會很曉得教授成功的祕訣，是要鼓勵。可惜他們所教的材料本身是缺少興趣的；但是除興趣之外，他們可以用別的督促方法，其中最方便的便是利用競爭的方法。學生與學生之中，一班內各組之中，一班與一班之中，有時甚至於一校與一校之中，都計劃了一種很複雜的競爭制度。當然這種競爭是太過分了的，但總算是達到了他們所欲達到的目的。

至於懲罰方面，他們是比較用溫柔的方法。耶穌會教師的第一個任務，是要得到學生的尊敬，第二是要得到學生的好感，這樣他左右學生的勢力便可以大些。因此對於提倡訓育方面，他們採用競爭的方法；這種競爭制度雖則有時造成一種暗防的情形，但至少可以減少學生過犯的趨勢，并減少嚴厲和時常的懲罰。學生的過犯是每星期公布一次的。有時一個犯過的學生必須在另一班上課，并做額外的功課，直到另一個犯過者代替他的位置。那時給獎的方法，比現在也要好些。每一班是分爲若干組，每組的學生程度大概不相上下，然後每組內最好的學生給以獎品。據說他們教授時用數百種方法，其主要目的是要引起學生的競爭。學校對於每個學生都加以考查，對於他的進步有特殊的記錄，以免他工作過度，或厭惡他的工作。

的確，耶穌會所辦的學校如此之優良，以致在宗教鬭爭最激烈時，也還是有許多新教派的送他們的子弟到耶穌會的學校來讀書。學校上課的時間，上午是兩個半鐘頭，下午也差不多，夏季每星期有一整天的假日，冬季每星期有半天的假日。培根，蘭克（Ranke），格老秀斯（Grotius）等，都是無成見稱贊耶穌會的學校的。福耳特耳（Voltaire）和拉馬克（Lamarck）都是這種學校出來的學生，就足以證明他們并不是壓迫個性的。還有許多其他比較和平而著名的學生，他們的先生一定更認爲可傲的，如詩人加爾德倫（Calderon），塔索（Tasso），哥爾多泥（Goldoni）；演說家波緒亞（Bossuet）；法律家坡退（Pothier）；科學家或歷史家伽利略，喀西尼（Cassini），累奧睦耳（Reaumur），蒲豐（Buffon），拉隆德（Lalande），笛卡兒（Descartes），穆剌托里（Muratori），杜孔日（Du Cange）等。

有些人以爲現代耶穌會的學校還是在從前那種制度之下，實在是錯誤了；在孟祿（Paul Monroe）所著的教育辭書中（第三卷第五三八頁）斯韋克拉司（Robert Swickerath）解釋得很清楚。在一八三二年出版的 Ratio Studiorum 修訂本中，雖則拉丁和希臘文還是同樣注重，但是更重視的是本土的語文，歷史，科學，數學。近代有些耶穌會的學院擴充爲大學，授文科以外的學位。一九〇六年該會召集全體代表大會時，把 Ratio Studiorum 中關於『耶穌會學校課程的材料和排列』完全取消了。

以他們自己所欲達到的目的看來，耶穌會的學校是非常成功的，即算最不能容他們的敵人也會承認如此。這種成功最大的原因，要算是他們的教師不是為個人的利益和名譽，而完全是為他們所謂『上帝更大的光榮。』

第七章　阿爾斯特之百科全書

阿爾斯特（Johann Heinrich Alsted）是一五八八年生於納薩（Nassau）之赫爾邦（Herborn）。他是一個新教派的神學家，做了許多關於神學哲學以及教育的書，幷且對於他的學生而後來成爲著名教育家的夸美紐斯（Comenius）有很深的影響。他的父親是一個牧師而兼教師，自幼便非常努力的教導他，直到他十四歲的時候，便把他送到本城的一個學校裏去。這學校是很著名的，裏面學生的人數達一百五十餘名之多。這學校的課程最重要的是宗教道理和古代的語文，但同時也注重算學，音樂，以及本土語文。他完成了拉丁的學識，幷對於哲學和神學有相當造就之後，便往外遊學，這是當時號稱爲學者不可少的一個條件。他到過馬爾堡，法蘭克福，海得爾堡，斯特拉斯堡，巴塞爾等處，聽名學者的演講，然後再回到他的家鄉赫爾邦，在一個高級中學當教師。他那種驚人的文學才能，一時在全日耳曼都聞名起來，便被請爲臨時哲學教授各處新教派的青年，都負笈到他的門下，其中有一個便是夸美紐斯，他後來之努力研究教育，便是阿爾斯特最初引起他的興趣。一六一五年阿爾斯特陞爲正式教授，一六一八年初召加入多德勒喜特宗教會議（Dordrechter Synod），在這裏正宗新教派的神學戰勝了阿民尼阿斯派（Arminianism）。

一六一九年阿爾斯特被任爲神學教授；這時三十年戰爭（Thirty Years War）蹂躪了拉薩，爲瘟疫和火災所瀰漫。阿爾斯特曉得在這種災害之下他的那個學校是難於維持下去的，於是於一六二九年應別人之敦請，在斯圖爾外森堡辦了一個新的學院。在這裏他產生了許多的著作，雖則到一六三八年十一月九日他不幸而早死了，但他總算是古今來著作豐富的學者之一。

阿爾斯特實在是有一種令人可敬的精神。他一方面趁着文藝復興之後得到了許多古代的學識，一方面他具有新教派那種極度的熱忱。很少的人能够趕得及他所吸收的古典學識，也很少的人能够趕得及他那種熱心研究教義或是對於宗教信仰的熱忱。阿爾斯特認爲教育是人類文化的一個支流，也是獲得神聖眞理的一個僕婢。一六三〇年他在赫爾邦出版的那兩卷世界百科全書（Universal Encyclopaedia），是他筆下最著名的著作，也是著述史中獨立完成罕有的一部偉著。這裏面關於教育的那篇文章，不僅爲一種教育理論，也可藉以看出當時日耳曼的教育情形。至少他關於教育的著作，是因爲眞正喜愛教育工作而寫的，不是一種草率敷衍的態度而寫的。他全部的著作不下一百二十餘卷，其中有幾卷總是在一千面以上的。

甚至於夸美紐斯也沒有像他這樣把十七世紀時日耳曼教育的情況詳細記載下來。數年之前，作者很幸運的得到了一本阿爾斯特的百科全書拉丁文原本，使冒昧把關於教育的那一部分翻譯出來，有些是全譯，有些是節譯。譯出後便出版爲『一個爲人所忽略的教育家——阿爾斯特』，印數不多。現在作者把關於阿爾斯特當時學校的情形最重要的部分抄錄於左，讀者便可知當時的本土學校和經典學校的情形爲何如：

『在初級學校或本土語學校裏，無論是城市的或鄉村的，爲男孩的或女孩的，教師都應當非常有耐心，謙卑而有智慧，教兒童以虔誠善行的要義，幷本土語文的寫讀。應當進這種學校的是女孩子；男孩子祇有預備將來做手藝的，纔進這種學校。凡父母家境好，預備兒子將來得好學問的，就不應把兒子送入這本土語學校，而應送入拉丁學校。這裏的原因，是因爲覺得把時間精力化費在本土語文的寫讀上，不如化費在拉丁文的寫讀上。但是有人這樣反對：（一）每每那些心智遲頓的學生，對於那些深奧的學科不易明瞭。而且如果他們在拉丁學校裏居留的時間太久，則恐怕對於本土的語文會不知如何寫讀了。（二）本土語文的寫讀也有許多利益。對於第一個反對理由的答覆，就是對於學生的心智應當有選擇，以免像一個寓言中所說的：有一個狠，把牠送往學校裏去，但是叫牠學習讀 a 字，牠總不肯，問牠是何原因，牠回答說不讀 a 字就免得要繼續讀 b 字。再叫牠讀 pa 和 ter，問牠 p 與 a 讀什麼音，牠回答是 pa，又問牠 te 和 r 讀什麼音，牠回答是 ter。但是問牠 pa 和 ter 合併起來讀什麼，牠又回答說 agnus。對於第二個反對的理由，以爲讀本土語是有許多利益，這當然也是不錯的，但是兒童在遊戲時可以很容易學得土語，這一部是在家裏，一部分是把拉丁語和土語連貫起來。對於這方面恐怕有人與我意見不同；不過我所提出的辦法，是想兒童能够得到最好的教育。

「在鄉間的本土語學校，各班的男女學生應當分開授課，在城市裏則男女各有分開的學校。在鄉村裏學生人數不多，經費也不充足，不能爲男女兒童分設學校，但是至少各班應當分室授課；

因爲如果混雜相處，恐怕就要狂妄頑皮。鄉村的教士如果才力够的話，就可把鄉村的學校交與他們辦理。像這樣鄉村的人民就不必另外擔任教師的薪水，因爲教堂的教士本來是有薪水的，此外可依照教堂的收入斟酌給他一點津貼。這是依照君士坦丁堡第六會議所通過的命令：鄉村教會的教士教書，不應從學生收取學費。

『照通常的情形，女孩是不必學習拉丁文的，因爲拉丁文不僅對於他們無用，而且有壞處，因爲化許多時間來學習對於他們無用的拉丁文是浪費時間，而且學了拉丁文容易引誘她們入於邪途。不過高尙的女子學了拉丁文算是一種成就。

『五歲的兒童（那意思就是五歲開始的時候）就應當送往本土語學校，因爲已過了四歲的兒童，腦筋便成熟了，發音也淸晰了，這便是本土語學校所需要的基本條件。

『本土語學校教授的方式，應當根據於下列的原則：（一）每個上課的學生應當用同樣的課本。（二）除了在學校所講解的書之外，學生在家不應讀別的書。（三）教師應當把書分爲若干課，這樣學生就可知何時可把全書讀完。（四）教師對於每一段文字應當用淸晰的聲音大聲讀出來。（五）某一學生背誦時，由另一學生來更正錯誤。（六）教師應當用小小的獎品，以引起新學生的注意力。（七）學生每日上課的時間是四個鐘頭，不可過多；在上午他們一方面要誦讀基督教的要義，一方面要誦讀聖經和格言（特別是那些有韻的），以訓練他們的記憶力。在下午便應當把上午所讀的學習抄寫，并把一天的工作記錄下來。（八）抄寫時，應當把在文法中已讀過的基本字先寫，因爲如果他們把讀過的寫對了，對於其他的便容易學習。大概而論，這種方法對於學習其他任何種文字，都是不可少的。」

在接着後面的那一章，阿爾斯特討論比較更嚴重的經典學校或拉丁學校。下列譯文，對於想研究當時教育的，可以讀讀：

「在中等和高級學校裏，教授的方法大概差不多，不過有許多特別的權利。現在我們要說到經典學校和公立學校教課的情形。

「經典學校（classic 1 schools）的主持人叫做「教育長」（pedagogarch）。到這裏來讀書的學生，是授以拉丁和希臘的知識，此外還有音樂，算術，以及略有一點邏輯。

「有些課程是各班都有的普通科目，有些是特殊科目。「各班都有普通的科目共有三項：（一）宗教的練習。（二）作文（至少應有每日的記事）。（三）心靈的休養。「特殊科目則是屬於各班的。「全校共分六班，最低的三班名爲「文法班，」最高的三班名爲「人文班，」這名稱是因這三班的課程近乎人文的學科。

「低級的文法班，除上述宗教的練習是普通各班都有的之外，還有兩項工作。一就是學習拉丁字母，這樣對於拉丁文的寫讀可以立定基礎；另一就是動字變形例（paradigms），這是學習關於名詞的隨用變形，動詞的類似體或有規則的變體，以及關於詩的專門名稱等。

「在文法班的第二年級，或稱爲中級，有關於字源和語法（syntax）的原則，還有忒稜斯（Terence）的課本。此外還有各種文法的變化，關於各種文法組織的形式。再就是關於希臘文學習寫讀以前的基礎，以及不規則動詞和名詞的變化。最後，還有音樂的初步。

「在文法班的最高一級，有關於把拉丁文法應用於散文的原則，關於作文的分析和初步的練習，并每日把土語譯成拉丁文，把拉丁文譯成土語。在這裏又加上希臘文法的原則。除音樂的練習之外，還有算學。

「在人文班的最低一級，有拉丁文的修詞學和詩歌。在分析方面根據於狄摩西尼的演講和荷馬的詩歌解釋希臘文法的應用；在綜合方面則練習希臘作文。算學和音樂在這一級以及接着以後的那兩年級，都要深些。

「在人文班的中級，所注重的是拉丁修詞和詩歌的練習。先生應把這種原則在西塞祿的書信中以及賀拉西比較容易的詩中，指示出來。還有就是狄摩西尼和荷馬所採用的修詞和詩的原則。

「在人文班的最高一級中，所教的有邏輯，西塞祿和狄摩西尼的演說，其他拉丁和希臘文詩體或散文體的演說，而特別是拉丁文的。

「的確，各班這樣的安排差不多各處都是如此的。」

我們不要以爲阿爾斯特對於學校的討論，都是很平淡的。他對於這個題目懂得非常之清楚。我們可以再摘錄一段以表現他言論的口才和自信心，以及當那種特殊心理和倫理態度的最高度。

「人的天性，好像一塊白版，上面沒有寫什麽，隨便你寫什麽。因此，你們辦學校的，就應當把虔誠和人道寫在上面！人的天性，又好像一條白線，可以任你着任何顏色。因此，你應當染以高尙光榮的色彩！人之初生出世，好像一塊石頭，可以任你雕成任何形態。因此，你們學校裏既然有了技術精良的雕刻家，就應當把他塑成進步的模型，好像上帝的形狀！你們應當抑制他那種鹵莽的大膽，賽克洛普斯的那種殘酷，伊壁鳩魯那種縱情的生活。你們是有用的智識的堆棧和市場，是教會的種植園，是國家的兵工廠，是家庭的育兒室，是虔誠的製造廠，是人道的主人翁，是高尙品格的泉源，是實用的根源，是人格和學問的筋骨，是恩賜的花園，一言以蔽之，是一切快樂的總滙。如果教會與這種虔誠之所聯合，則教會快樂！如果國家把這種公理之庭開放，則國家快樂！這無窮的利益，從學校裏不斷的流出來，好像阿坡羅金絲的捲髮一樣，則我們這時代也就充滿了快樂！」

本篇參考書目

(一)

Acton: Cambridge History, vol. i.—The Renaissance.

Ascham: Scholemaster (ed. Mayor).

Browning, O.: Educational Theories (Chap. 3).

Burckhardt: The Civilization of the Renaissance in Italy.

Campagnac and Forbes: Sadoleto on Education.

Castiglione: The Courtier (trans. Opdycke).

Elyot: The Boke named the Gouvenour (ed. Croft).

Jebb: Erasmus.

Jebb: Humanism in Education.

Kerr: Scottish Education, Schools and Universities.

Laurie: Development of Educational Opinion Since the Renaissance.

Leach: Educational Charters.

Lupton: Life of John Colet.

Lyte: History of the University of Oxford.

Montmorency: History of State Intervention in English Education.

Mulcaster: Positions (ed. Quick).

Mullinger: History of Cambridge University.

Pater: The Renaissance.

Pattison, M.: Essays.

Paulsen: German Education, Past and Present, Bk. II.

Quick: Educational Reformers (Chap. I. The Renaissance).

Sandys: Harvard Lectures on the Revival of Learning.

Seebohm: Oxford Reformers (Chap. I–VI).

Symonds: Renaissance in Italy. The Revival of Learning.

Watson: Beginnings of Teaching of Modern Subjects in England.

Watson: English Grammar Schools to 1660.

Watson: Juan Luis Vives and the Renaissance Education of Women.

Watson: Tudor School Boy Life.

Watson: Vives on Education.

Woodward: Desiderius Erasmus, concerning the Aim of Education.

Woodward: In "Cambridge History of English Literature"–English Universities, Schools and Scholarship in the Sixteenth Century.

Woodward: Studies in Education During the Renaissance.

Woodward: Vittorino da Feltre and other Humanist Educators.

(二)

Adams: Civilization During the Middle Ages (Chap. 15).

Allen: The Age of Erasmus.

Andrews: Institute of History (Chap. 8).

Barnard: German Teachers and Educators.

Barnard: "Peter Ramus" (In Amer. Journal of Education., vol. 30)

Barnard: "Renaissance in Italy" (from Bernard's Journal).

Beard: Hibbert Lectures.

Bevan: Hellenism and Christianity.

Blades: William Caxton.

Creighton: The Early Renaissance in England.

Drane: Christian Schools and Scholars. (Chap. II).

Draper, J.: History of the Intellectual Development of Europe (vol. ii, Chap. 6)

Drummond: Erasmus.

Ducoudray: History of Modern Civilization (Chaps. 9 and 10).

Duff: Early Printed Books.

Einstein: The Italian Renaissance in England.

Emerton: Mediaeval Europe (Chap. 13).

Field: Introduction to the Study of the Renaissance.

Grant: History of the University of Edinburgh.

Graves: Peter Ramus and the Educational Renaissance of the 15th Century.

Guizot: History of Civilization (vol. i, Chap. 11 and 12).

Hamlyn: Universities of Europe at Period of Reformation.

Hazlitt: Schools, School Books and School Maters.

Jannsen: History of the German People at the Close of the Middle Ages.

Keane: The Evolution of Geography.

La Croix: Arts in the Middle Ages and at the Period of the Renaissance.

Laurie: "The Renaissance and the School" (in School Review, vol. iii).

Leach: English Schools at the Reformation.

Loomes: Mediaeval Hellenism.

Mark: Educational Theories in England (Chap. 2).

Michelet: La Renaissance.

Monroe, P.: Thomas Platter and the Educational Renaissance of the Sixteenth Century.

Oliphant: Makers of Florence.

Oliphant: Makers of Venice.

Owen: Skeptics of the Italian Renaissance.

Painter: Great Pedagogical Essays—Ascham.

Palgrave: "The Oxford Movement in the Fifteenth Century" (in Nineteenth Century, vol. 28).

Pastor: History of the Popes.

Putnam: Books and Their Makers (vol. i, pp. 317–47).

Quick: Educational Reformers—Ascham.

Robbins: Teachers in Germany in the Sixteenth Century.

Robinson and Rolfe: Petrarch (Chaps. 1 and 2).

Rusk: Doctrines of Great Educators.

Russell: German Higher Schools (Chap. 2).

Scaife: "The Renaissance and the Reformation" (in the Evangelical Alliance for the United States—Document 30).

Sedgwick: Italy in the Thirteenth Century.

Seignobos: History of Mediaeval Civilization.

Stille: Studies in the Mediaeval History.(Chap. 13).

Stowe: English Grammar Schools in the Age of Queen Elizabeth.

Tanner: The Renaissance and the Reformation.

Thurber: "Vittorino da Feltre"(in School Review, vol. vii).

Walsh: The Thirteenth, Greatest of Centuries.

Whitcomb: Source Book of the Renaissance (vol. ii).

Williams: History of Modern Education.

第五篇　近代教育思潮

第一章　夸美紐斯之教育方法

一五九二年三月二十八日在摩拉維亞(Moravia)的尼夫尼玆(Nivnitz)降生了十七世紀中最偉大的教育理論家，就是夸美紐斯(John Arnos Comenius)。他是奥地利亞斯拉夫種，是摩拉維亞兄弟會的會員。他和他那班同種族同宗教的同胞一樣，一生未過過安靜的日子。孩童的時候，父母便死了，他的保護人把他送到一個鄉村學校，十六歲的時候纔送往一個拉丁學校。二十歲時，纔在赫爾邦阿爾斯特之下受教。他這樣遲纔學得拉丁文，就覺得當時傳統的教育方法是幾樣的不好。他這樣寫着：『我學習拉丁文化了十年功夫，而結果還是令人失望。』遊歷是當時學者不可少的一個條件，於是夸美紐斯到阿姆斯特丹和海得爾堡混了一些時。

在未做牧師之先，夸美紐斯在普勒老（Prerau）一個摩拉維亞的學校裏擔任過一些時的校長。做牧師的時候，他還是兼着主持學校的事。這時他已結婚，過了兩三年快樂的生活，但忽然三十年戰爭又發生了。他的財產和書籍都爲西班牙人所毀滅，他那暫時避難之所也不安全了。一六二二年他的妻子和孩兒都死了。此後他便在鄉間四處遊蕩，暗地做牧師的職務。但是在這種逆境之中，他還是能够用他的思想甚至對於教育從事著述，因爲他認定教育如拉箐曾（Gregory Nazianzen）所謂『藝術中之藝術』（the art of arts）。

最後他不得不逃走了。他在波蘭的勒斯拉（Lesna）找得了安全。在這裏他講演關於教育的題目，幷完成了他的偉著大教育論（Great Didactic）。一六三二年他陞爲那些分散的摩拉維亞教會的主教。

他傚傚着哈得里伯（Samuel Hartlib）從事於社會改革的計劃，便於一六四一年九月二十二日來到英國。英國的政府有正式的公函擬聘請他，如果不是正當此時愛爾蘭反叛，內戰危急的時候，恐怕他可以在英國建設一個好的科學院。最後在瑞典他有一個提倡學術的朋友名基爾

(Ludovic de Geer) 的，請他到那裏去，充滿了改革學術的計劃。這次的結果，便是基爾津貼他六年的費用，他在普魯士的厄爾丙從事於教育的著作。他本來是不想捨棄科學而從事於編輯教科書的，因而後來他也常常後悔。後來他又被請到匈牙利的德蘭斯斐尼亞 (Transylvania) 去做改良教育的工作。在這裏他指導實際的試驗，不過到一六五四年他覺得在匈牙利的工作已經完畢了，便於當年離開那裏，到勒斯拉。但是接着災害又圍困他，因為一六五六年這城慘遭焚毁，他的圖書館和文稿都喪失了。

最後，他的老友基爾的兒子，又請他到阿姆斯特丹。在這裏他的教育全集出版為四大卷，到一六七一年十一月十五日他便死在這裏，享年七十九歲。牟麥(Von Raumer)對於他的讚詞是很適當的：

「夸美紐斯是一個困於愁城然而偉大可敬的人物。當三十年戰爭時，他被迫着在外遊蕩，無歸宿之處，然而他并不失望。他總是堅持着，充滿着信心，不斷的努力為青年預備一種好的教育，好的將來。他停止牧師的工作，過一種流浪的生活，他反而變成一個聖徒了。的確，他以那種熱忱和愛心替一般信徒工作，實在是配稱爲一個聖徒。」

我們在此也可以注意，夸美紐斯受賜於前人的也不少。在阿爾斯特裏面，他的確找着了一個志同道合的同志。他的這位老師有他一樣的宗教熱忱，一樣廣大的眼光，一樣對於教育的努力。在教育方法方面，阿爾斯特沒有像拉克（Ratke）那些新奇的方法，雖則在原則上他要健全些。拉克的見解對於夸美紐斯有很深刻的印像。拉克以爲自己得到學習語文的祕訣，夸美紐斯想和他通信，但是未能成功。法蘭西斯・培根也有廣大的眼光。歸納的方法，對於夸美紐斯的影響比拉克更大。夸美紐斯雖然覺得也得了微末斯（Vives）和康帕內拉（Campanella）的益處，但是在培根裏他覺得是獲得了他所渴望的志願。他覺得在這裏找着了眞的智慧。夸美紐斯幷沒有發明什麼新的課程表，他不過是把古典學者最好的保留下來罷了。在這方面，他是受了意大利文藝復興的影響。但是在另一方面，他對於古書似乎祇喜歡大綱，而不喜歡原書的全本。他也不把人文的動機與宗教的動機並放在一處。此外，他是在感覺的世界裏去追求知識，至於人文主義者則或者是注重語文，或者至多是祇從語文中去求意義。因此，夸美紐斯幷不是一個人文主義者，雖則他這種反動別人未覺到，甚至他自己也不知道。

根本上夸美紐斯相信教育是可以改造社會的。他固然編過課本，但是他主要的興趣並不在此，而是要藉着課本重新改造社會的知識，並依照他所懂得的宗教提倡虔誠和道德。他主張兒童從嬰孩時期即應依照他們的能力並用溫和的方法，訓練以如神的性格。像這樣的教育，再加上各種學科的基本知識，天國便可以降臨在世上。他除了這種理想之外，還有一種理想，便是把歐洲各新教派的國家都統一起來。這樣，夸美紐斯的著作，充滿了一種如金光四射的熱忱，對於當時有很大的影響。

夸美紐斯也曉得自己是第一個偉大的『感覺實在論者』(Sense-realist)。微未斯和康帕內拉，再還有特別是培根，已經開闢了對於自然界的道路，於是夸美紐斯跟隨着前進。他棄絕了一千年來的那種教育傳統，就是以爲自然科學與經典比較起來，祇能偶然讀讀的。夸美紐斯這樣問：『我們也不是像古人一樣，住在自然的花園之中麼？那麼，我們何不像他們一樣也用眼睛耳朵鼻子呢？我們何不用我們的感覺當作教師，以探討自然所創造的作品呢？我們何不拋開這些死的書，打開自然的活書，在這裏面我們能用的思想比任何人所知道的都要多些；這種思想使我們能够得到快樂，也能得到益處。」不過夸美紐斯以爲世上的一切事物，至少在大綱上，都可教授與一切的學生，他這卻未免有點過於奢望了。他恐怕有這種錯誤觀念，以爲對於自然有透澈的知識，就是得到了一切智慧。

任何人無論受怎樣充分的教育，對於有些方面的知識總是有大缺欠的地方。夸美紐斯卻以爲不應當如此。他以爲如果每個科學家對於各科的學識都曉得一點，而每個科學家曉得別的科學家是在幹些什麽，則缺欠和錯誤便會沒有了。人人都無事不知，至少在大綱上。全知教育的要義，就是要有一種全能的廣大的方法，而且要有一個大學把這種方法詳細計劃出來。這種理想是培根在新大西城中已經想到過的，也是密爾頓，陸克，阿爾斯特，狄德羅等所贊同的。夸美紐斯不僅寫了一些關於全知主義的文章，而且想把這種方法在學校裏實用起來。譬如依他所描寫的幼稚園，一個不到六歲的兒童，就可以學習各種科學。譬如小兒學習形而上學，可以用『有些，』『沒有，』『是，』『不是，』『這樣，』『別樣，』『何處，』『何時，』『像，』『不像』等名詞。物理學的初步是認識水，地球，火，雨，雪，冰，石，鐵，樹，草，鳥，身體的各部等。關於光，黑暗，顏色等知識，是光學的初步。初步天文學是認識日，月，星辰，及其昇降等。像這樣，夸美紐斯便把一切科學的基礎在嬰孩時期奠定了。當然，等他年紀愈老的時候，就覺得他這種包括一切科學的計劃，不大使他滿意了。現在我們很顯然曉得了（雖則當時夸美紐斯不曉得，）現今不能再有一個像亞理士多德這樣的學者了，不能再有一個人的心智，能够包括人類一切的學識。我們現在的大學所給與學生的學識，不是個人的，而是社會的，不是一個完整的系統，而是一些相連關的體系。

夸美紐斯的大教育論，是當時空前最複雜而同時最健全的教育方法。但是可怪的，他這種教育方法在名目上乃是錯誤的。他的理論是根據於自然界的比喻，很容易舉出一些反面的比喻而推翻之的。但是很清楚的；他的方法名目上的基礎是自然的，然而實在的基礎乃是根於人生的經驗。先把方法研究，加以實驗，然後再歸納爲確定的自然定律。夸美紐斯說：『我們要教書，要學習，就必須先曉得自然活動的方式，幷使我們自己適應之。』他說這句話的時候，我們幷不能說他沒有誠意。如果他所說的是要適合人類的天性，則恐怕沒有人不與他同意了。

照大教育論所說的，教育的方法應當是迅速的，容易的，徹底的。我們現在不必詳細考查他那些比喩的方法，祇要看他主要的觀念。他以爲一切知識既然是由感覺而來，則應當先研究具體的物件，如果這不能辦到，則應當儘先用圖畫代表。其他的原則便是適當的時間；適當的學生；材料的準備；每一次祇教一樣東西；從內而向外，從普通的到特殊的，一步一步的前進，堅持不斷的前進；不要有矛盾；開始應赶早；心境的準備；從易而到難，慢慢的而不是累贅的，幷可隨時實用的；應注意眞實的利弊；不要遺漏重要的地方；堅實而深厚的基礎；準確而一貫的區別；各學科應有連續性和關聯性；心理的安排和不斷的練習。

當時中等學校主要的目標，便是教拉丁文；夸美紐斯在所著的語文學新方法中，應用他普通的方法，得到很好的結果。有思想的人都承認求拉丁文的進步，化許多時間和精力是太不值得了。夸美紐斯指出當時流行方法的三種弊病。第一，是抽象的教授；學生還不懂得需要是什麽，便叫他學習需要。第二，形式上的文法，年小的學生還不知道是什麽東西，自初便教起來。第三，有些不能通過的難關，也不顧到；譬如，讀了文法之後，便直接去讀惠吉爾的牧歌（Eclogues）。

要解除這些弊病，各學者曾提出一些改良的方法。有些如蒙旦(Montaigne)等，主張用會話的方法。阿斯坎(Ascham)主張用一種反覆翻譯的方法。但是梅蘭克吞還是主張要學文法。卡息利阿(Caselius)主張對於各作家多讀，并多有寫作的練習。拉的希(Ratich)主張先讀一個兒童易懂的作家，如忒稜斯(Terence)，到第三讀時再學文法，而且是零碎學的。劉冰勒斯(Lubinus)主張用圖畫，再用拉丁句語表白出來。在薩拉曼加(Salamanca)有一個愛爾蘭的耶穌會徒編了一本書，都是用拉丁字編成的整句，有西班牙譯文，無重複的句語。夸美紐斯覺得最後這種方法最好，便自己也編了一本同樣而加以改良的，名 Janua Linguae Latinae Reserata。這本書很受人歡迎，譯成了許多其他種文字。後來又編了一本 Vestibulum，是作為初篇的，又編了一本 Atrium，是作為續編的。這三本讀完最後又有一本 Palatium，或曰作者的宮庭。

比上述這些教科書更通行的是著名的世界圖釋(Orbis Pictus)。這本書是一些圖版，用拉丁文和德文解釋出來。夸美紐斯還寫了一些別的教科書，有一本拉丁文學校劇本，很枯燥無味，再還有一本拉丁希臘文的教科書。因為他所想編的太多了，而又要避免重複的字，所以有許多不妥的地方。但是這些教科書不僅可以顯明當時出版物的進步，而且甚至比現今有些古典學校所採用的教科書還要好些。

第二章　陸克之教育思想

以教育家而論，陸克(John Locke)可說是代表當時英國最好的教育思潮。他是一六三二年生於布里斯它(Bristol)附近，是一個著名陪審官的兒子，在韋斯敏斯德學校(Westminster School)受過經院學派的教育，後來入牛津大學。他捨棄經院學派，研究笛卡兒的哲學，并對於醫學科學很感興趣。在查理第二時他被驅逐出國之後，曾與友人有過很長的通信，討論教育的題目；他回到英國之後，把這些信札編印了出來。這些信所討論，都是根據他有過實際經驗的知識，就是在家庭教授之下英國那些高級兒童所受的教育。有一個時期，陸克自己做過著名政治家沙甫慈白利(Shaftsbury)的兒子的教師。

陸克雖然受過昆體良及其他以前學者的影響，但是他自己的心智是現代化的，見解是自由的，眼光是根於常識的。他在教育評論集中的第一句話是：「一個健全的心智在一個健全的身體裏，是快樂的人生一個簡短但是充分的描寫。』這是他依照古典的理論。他衡量教育的力量，比伊拉斯莫斯還要近一步，差不多和愛爾法修（Helvetius）一樣，以爲教育是萬能的。陸克說：『我相信小孩的心智是可以隨意轉向這方或那方的，正如水一樣。』論到身體方面，他說：『我們的身體，祇要從最初習慣於什麼，就能忍受什麼。』陸克的思想是很穩健而小心的，不肯總是堅守着某種抽象的理論，然而他是一個鍛煉論者，以爲教育根本上是一種鍛煉的過程。他覺得教育的方式比教育的內容還重要些。灌注知識的方法與他的完全相反，他的方法是要改造心智。不過陸克以爲教育主要的原則是要一步一步漸漸的改造心智。

陸克對於身體訓練的原理，是偏於禁欲方面的。他的攝生之道包括冷水浴，甚至冰水浴，游泳，露天生活，日曝，甚至不戴帽子，衣服不要太緊縛了，簡單的食物，一日祇食肉一次，不可用太多了香料或鹽，不可喫得太多，可略飲一點啤酒（但絕不可飲性強的酒）祇在喫飯之後略喫一點成熟的水果，早起早睡，充分的睡眠，但是漸漸要減至八小時，用各種堅硬的牀，喫藥愈少愈好，要靠有規則的習慣達到良好的消化和健康，而不可依賴藥品。他的主張有些方面似乎太過度了，譬如要穿薄的有孔的靴子，要習於不依時用餐，但有些方面他是不許走極端的，譬如不可操練後臥在潮溼的地上以致忽然受寒，或是把睡眠減到太少的時間。

『培植身體的力量，是要能夠忍受艱苦，培養心智也是如此。』訓練應當開始得很早，一般人最大的錯誤，便是對於開端忽略了。伊拉斯莫斯的見解也是如此。盧梭（Rousseau）有些地方本來是批評的，但是對於這一點卻更加以發揮，這是伊拉斯莫斯和古羅馬的諷刺家曾經表白過的。年青的人本來應當有欲望和嗜好，但是要養成約束牠們的能力。他們常常容易學着好虛榮，覺得自己美麗的衣服可傲，喜歡說謊或雙關語，以飲食爲人生主要的目標，以奢侈爲好德性。『德性和善良的原則，是凡理智所不贊成的，要有否認自己欲望的能力。』兒童不可任其喜歡怎樣便怎樣，而是要看大人覺得應當怎樣。陸克對於兒童的天性，沒有像盧梭和佛勒伯爾（Froebel）那樣的信託心。『最初應當以懼怕和威嚴的勢力籠罩他們的心思，然後等他們成熟的時期，再以愛護和友好以維繫其心。』但是我們看這種轉變是很難，而且從某方面看也是不必的。

陸克也和其他正派的教育思想家一樣，以爲對於兒童用重刑是不應當的。『嚴重的刑罰在教育上沒有什麽好處，甚至可說還有害處。而且我相信那些受懲罰最多的兒童，將來不能成爲好的成人。』威嚴的用處，祇是要得當時的服從，但是不可挫折兒童的精神，不振作的精神是不會使兒童有什麽進步的。鞭打祇能依照肉體的苦樂而使兒童約束其行爲，反造成其厭惡學習之心。『一種奴隸式的訓練祇能造成一種奴隸式的性格。』以肉感上的獎品而鼓勵學生，如蘋果甜棗金錢等，也是不適當的。

雖則有時賞罰不得其法，但賞罰還是不可少的。錯誤的賞罰祇能改變外表的行爲，而不能改變內心的性格。比較好的方法，是利用稱讚和恥辱。稱讚和冷淡應當用得適當，幷附帶用其他類似的態度。不好的僕役也可以造成不好的影響。固然，名譽幷不是達到德性眞實的原則，但是最近乎責務；而責務乃是眞實的原則。大概而論，稱讚應當在公衆的地方，責罵應當在私密的地方。

陸克對於兒童的遊戲，沒有看出有什麽大的教育價值。但是兒童的遊戲還是可以容忍其存在的。『無害的玩耍，兒戲的活動，都可完全任其自由，祇要不對於其他在場的人無禮。』有許多干涉是錯誤而不必的。所定的規則不應太多，實行這些規則應當根據於重複和訓練，不應着重於犯規而施以懲罰。對於兒童應當研究其個性。「將近長大的兒童，應當觀察他們的性情和嗜好，以多方的試驗看他們最容易轉向何方，并最適宜於什麼。」兒童的心智已經不是像水那樣可以隨意指揮了。

診治虛僞造作的方法是採用卡斯提略涅（Castiglione）的。坦白自然的天性比造作的天性要好些。造作的天性是因爲不良的教育而造成的錯誤，救濟的方法是要在指導之下加以糾正的訓練，直到成爲坦白自然的習慣。

學習禮貌，用模範比灌注思想要好些。跳舞愈早學愈好，因爲這不僅可以造成優美的姿勢，而且可以訓練正大的思想。這的確是如此情形，特別是當時那種莊重大方的跳舞。不過外表的形式有什麼缺欠還不甚重要，祇要內部的心意是好的。時間的訓練可以醫治許多小的錯處，祇要對於父母師長的尊敬，以及對於別人的禮貌和氣，很早就栽培在兒童的心裏。甚至有許多疏忽的地方，祇要不是由於驕傲或是壞的習氣，也還是可以容忍的。兒童是摹倣同伴的，正如石龍子隨着四周的物件而可以隨時改變顏色。因此，不好的僕役不可縱容兒童，以妨害其人格的發展。兒童應當常與父母在一處。但是這種情形恐怕使他們覺得太拘束，所以應當讓他們有充分的自由，祇要他們不做錯事。但是除了從父母手中給與他們的東西之外，不可隨意得別人的禮物。與兒童同在一處的人，對於他們的影響最大了。

『要養成德性比獲得知識要更難，如果一個青年失去了德性，就很難有救藥。』一個兒童在離開家庭之先，父母應當把道德的原理和實行以及好的教養，都要灌注在他心中。陸克覺得用家庭教師比入學校要好些。學校養成兒童強悍的行爲和自信心，而家庭教育則使兒童將來在社會人羣中與人容易相處些。陸克總沒有逃出這種觀念：以爲教育是人生的準備。他沒有看到教育本身也是人生的一部分，和其他的人生一樣値得去生活；所以教育不僅是一種手段，其本身也是一種目的。陸克和朱味那爾(Juvenal)等一樣，以爲做父母的本人應當尊敬兒子，在自己的行爲上做一個好榜樣。

陸克在教育評論集中，很注意兒童本人心智的趨向，不可使讀書成爲一種苦工，要引導兒童自己樂意來學習。因此，鞭打在教育中是沒有什麼地位的。常常責罵也是不好的。但是陸克似乎又有點矛盾的地方，以爲鞭打是診頑強的；如果是頑強，則不論打若干下也要勝過兒童。他承認鞭打是很不好的，但還是要使兒童的心向糾正過來。但是這種糾正是否有其他比較經濟的方法呢？他以爲鞭打可以改正意志上一種錯誤的態度，實在是錯了。他以爲鞭打的人不應當是父母，時間不應當是馬上隨着犯過之後，也是不大對的。

不過陸克還是欣然回到他的正題來。他以爲對付兒童最正當的辦法是和他們講道理。但不久盧梭對於陸克的理論又加以辯駁。對兒童講道理必須是很明顯的道理。鞭打是一般學校很流行的，但何以祇應用拉丁和希臘班，而不應用於其他科目。比較溫和的方法應當徹底加以試驗。如果鞭打了幾次不發生效力，則繼續不停的鞭打又有什麼用處呢？

陸克以爲兒童從最小的時候，父母就應當盡力設法請一個頂好的看護人或教師。父母對於這看護人或教師應當很尊敬的對待，不過教師如未得父母之允許時，不能用重罰。陸克和柏拉圖的意見不同，以爲兒童不僅祇可知道善良的東西。打發兒童出去的時候，給他一個指南針，讓他曉得世間種種的罪惡，但是自己不可犯罪。他的教師是應當曉得一切人情世故的。祇要兒童略能自立的時候，父親便應當把兒子當作成人看待，應當以交誼的談話代替威嚴的命令和責罵的論理。

年青的兒童是喜歡有權能的，無論是要自由行動，或是據有某種物件。一切自然的需要都讓他滿足，但不可縱容其妄想的需要，除非是遊戲的性質，因為遊戲對於兒童和工作食物一樣的不可少。遊戲可以讓兒童覺得過度了厭煩，但有益的工作不可使其過度而生厭，而必須保持其嗜好。不可聽兒童瑣碎的埋怨。慷慨的態度可以讓兒童彼此爭先，但自私心則不可任其發展。可以放縱兒童哭泣，不過哭的各種要分別清楚。各種問題要靠為父母的常識來解決。

不可忽然恐嚇兒童，因為這可以造成他們膽怯之心。他們所懼怕的東西應當漸漸的小心的使他們習慣。溫柔和愛的訓練兒童忍受相當的痛苦而不叫他們埋怨——這是拉栖第夢（Lacedaemon）的理論。如果發現殘酷的地方，就應當用相反的方法。由不良的天性而做的惡作劇，應當細心觀察，趕早糾正；不是由不良天性的，則可暫任其過去。好奇心是追求知識的欲望，應當加以鼓勵，兒童所問的問題，應當正經的給以答覆。不可欺騙兒童，如欺騙問路的路人一樣。兒童有些問題是奇怪而激發思想的。兒童對於當前阻當的東西，如果粗暴就不如加以思考推敲，這就是通常之所謂『好問。』胡亂的東拉西扯則是一個比較嚴重的問題，但是如果一個兒童別的方面都很長進，就祇是讀書雜亂不專，還是容易糾正的。最初先把這種錯誤解釋給他聽，如果不成功便暴露他的不長進使其覺得羞辱，再不行就不准他讀書而祇許他遊戲，直到後來他正當讀書的欲望能夠滿足了。如果他這種雜亂是普遍性的，就看他的嗜好中是那一項是比較最強的，而加以督促，直到他得到一種正確的眼光和欲望。手做的工作有時也可引到心智的發展。兒童是愛自由的，所以他們的功課應當任其自由。他們是不喜歡閒懶不動的，所以讓他們從事各種無用的活動，直到他們走到有用的活動的途徑上。讓兒童儘量的去玩地陀螺，直到他們玩厭了，等到讀書的時候，就是一種快樂。恐怕有人反對這種方法太間接了，太人造了——那個兒童不會看透這種手段呢？兒童一次祇准玩一樣東西；如果可能的話，這些玩物都要歸他們自己去製造。總結起來，要教兒童『節制欲望，要實用，勤快，有思想，有計劃，善於治家』等。

對於兒童第一次的說謊，應當以一種極奇怪的態度，覺得這是一件極可怕的事。第二次說謊就表示對他很不高興的樣子。如果預先計劃的說謊常常發生，就認爲是一種頑強，應當以鞭打對

罪。付。藉詞掩飾應當使其知恥，而不應粗蠻對待之。如能自己認罪，就可完全寬宥之，而且要鼓勵他認

一個上等人兒子的教育，教育要點包括四項：（一）德性，（二）智慧，（三）好教養，（四）學習。陸克不是提倡普及教育，或是計劃爲一般羣衆的教育制度，但是他大半的主張是可以普遍應用的。他熱心計劃爲工人的學校，那是他後期的工作。

（一）對於上帝正確的觀念，應當很早就灌注在兒童心裏，並採用一種簡單的早禱和晚禱。但是其他鬼神的思想，或是不可解的觀念，不應使他們曉得。不要把鬼怪妖精的故事講給他們聽。兒童的天性是不怕黑暗的，正如不怕白晝一樣。不過陸克自己也疑心兒童究竟是否有懼怕黑暗的本能。現在的辦法就是要養成眞理的認識和良好的天性。

（二）狡猾乃是虛僞的智慧，不可容忍。「使兒童常常對於事物有一種眞實的觀念，沒有得到眞實的觀念就不滿足。提高他的心智使其有偉大有價値的思想，遠避虛僞和狡猾（因爲狡猾裏有一大部是虛假，）這便是如何準備一個小孩子達到智慧的途徑。」

（三）好教養的要點，是『不要把自己看得卑下，也不要把別人看得卑下。』忸怩的怕羞，祇有多與同伴和在上的人往來就可診治。青年人不可粗暴，輕藐，不恭敬，詆誹，譏諷，矛盾，吹毛求疵，舖張詡耀。他們也不可干預別人，盛氣凌人，爭鬬，或是強辯。『同伴的沾染，不僅是表面的。』

（四）學習是一種次要的事件；拉丁和希臘文是不值得太化多了時間和痛苦來學習，甚至差不多可以用遊戲的方式學來。『我常常總以爲學習對於兒童可以變爲一種遊戲和娛樂。』陸克也和昆體良和伊拉斯莫斯一樣，描寫着如何從遊戲引導兒童來誦讀拼音。伊索寓言和狐狸雷拉是兒童很適當的讀本。讀本的內容應當合乎兒童的能力和觀念，所以雜亂選讀聖經爲材料從教育方面看是不適當的，雖則有些部分是有益的。

習字是繼續着閱讀的能力而來的。筆紙以及身體等的地位，都是要加以訓練的。用黑墨水在紅字上描寫是初習字的好辦法。然後接着在好紙上習字。

圖畫是接着習字之後。從邏輯上和歷史上講，或許有人以爲圖畫應當在習字之先。兒童應當學習透視和繪畫，直到他看到什麼物件（除人的面貌之外）就能够大體描繪出來。沒有繪畫才能的兒童，就不要以圖畫圍困他。速寫也是可以學習的，不過不是不可少的。

「剛勉強學好英文之後，就應當學習一種別的文學。」法文應當在拉丁文之先，要當一種活的文字教。拉丁也應當視爲一種活的文字。「我認爲一個有教化的人，拉丁文是不可少的。」但是對於那些將學習工商業的兒童，學了拉丁文將來不會利用而且會很快忘記的，就不應學拉丁文。陸克以爲當時初中學校教拉丁文的方法是不好的。「教兒童的拉丁文要好像教英文一樣，用談話的方法，而不應以許多規條束縛之。」如果用直接談話的方法，兒童就可以學得很快，就同時可以學一部分地理，天文，年紀，剖解學，歷史，甚至於幾何。陸克很佩服像這樣教養出來的一個青年，「能够在十三歲之前做出幾個歐幾里得的習題。」

除會話之外，陸克主張把淺近的拉丁文譯成英文，譬如把一篇伊索寓言翻譯出來，上面是一行拉丁文，下面是一行英文。學生把這讀許多遍，又可作爲習字的文章。這種方法在諾爾曼族佔領英國之先的盎格羅薩克森人阿爾夫立克（Aelfric）就已經採用過了。這是需要一點文法知識的。要兒童學習，頂好是直接告訴他，不要把自己耗費時間找出來如何是對的。這種方法或者用一種談話的方式。論到語文方面，陸克大部分是對的。責罵和修改使一個兒童對於功課灰心，「一個有本領的好教師，就是要能够捉住幷保持兒童的注意力。」讀拉丁文的學生也可以用譯文。機械的誦讀是學習語文必須的方法。學習英文又何嘗不是由機械的學習出來的呢？

「如果教一種語文的文法，是要等他對於這種文字已經能够說話之後。」拉丁論文和詩歌是實際無用的，而大概是無稽的材料。習讀長段的文章想記憶起來，是完全無用的。練習記憶要採用比較有益的方法，如熟讀成語格言之類。

地理應當最先祇限於地球上地文地理方面。對於這方面，盧梭有許多改良的地方。至於算學，「一個人不會曉得太多，也不會曉得太完全的。」這是心智習於第一種抽象的推論，也是日常有用的東西。

其次便論到高等教育研讀的材料。關於天文學方面的知識，應當包括本半地球上所觀察得的各星座，哥白尼的理論，以及各行星與太陽相隔的地位和距離。幾何學方面，歐幾里得的前六卷就够了；除這以外，就看自己的興趣如何，可以儘量前進研究。地理和年代學與歷史是關係很密切的。『課程中沒有比歷史再得益，再有味了。』關於倫理學，教抽象的觀察不如實際的行爲練習，直到後來學生能夠了解西塞祿的 de officiis 在這以後，就應當閱讀格老秀斯（Grotius）或溥分道富（Puffendorf）的民法，幷研究美國的憲法，歷史，法規等。

修詞學和邏輯應當採用最簡短的書，因爲說話和推論的才能，不是靠熟讀規條，而是要細心實習。

文章的風格，可以教學生講故事而訓練，『幷對於結構上最顯著的錯誤加以改正。』他們的故事能講得好，就可以寫下來。信札是很重要的，應當時常練習。西塞祿的通信，無論是爲事務或爲友誼，都是很好的模範。對於英文，比拉丁文希臘文或其他任何語文，都應當多加些研究的功夫。

自然哲學是包括精神和物質的。關於精神方面，應當研究聖經的歷史。關於物質方面，如波義耳（Boyle）論到觀察和試驗的那些書，比其他抽象理論的書要好些。像牛頓關於行星系統的書，實在是再好沒有關於自然哲學的書。

『一個人不曉得希臘文，就不能算是一個讀書人。』但是希臘文幷不是一個上流人所不可少的條件。此外，一個學生應當以適當的方法研讀任何科目，譬如讀歷史應當依時間的次序。自然的安排和心智的活動，是從一處依次前進到第二處。

跳舞的價值，是養成優美的姿勢；不過陸克把音樂放在最末的地位。擊劍和騎馬認爲是一個受好教養的人所不可少的，不過如果擊劍引起爭端就是不好的東西。

『我希望他學一種職業，一種手藝』——甚至於兩三種，但是要有一種極專的。園藝和細木工是很好的，可以養成一種可貴的技巧，幷可有充分的運動。娛樂幷不是懶惰；而是要變化工作。遊戲便證明『人是不能完全偷懶的。』此外，上流人都應當曉得商業的記賬。

遊歷也是包括在教育之內的。遊歷的時期，或者是請有私人教師帶領的時期，或是在成年的時候。不過當時的習慣不是這樣的。陸克指出來他對於教育的討論，是爲那些能用自己的腦筋的，而不是專靠固定習俗的。

大概而論，陸克是很注重訓練的。在古來各文化發達的時期，對於教育上都是有訓練的理論的。這種理論的中心點，是關於學生是如何學習的方法，而不管學習的內容是什麽；而且以爲無論學好了那一項東西，就養成了一種普遍的能力，可以應用於其他許多方面。這種理論雖然有些歐洲很古的學者就有了，但是直到十七世紀的時候，纔成爲教育的基礎。在這個時期，有好幾個原因造成教育上這種訓練的理論，特別是中等學校。

（一）人文主義者很注重古典的著作，不僅以爲在形式方面，而且以爲在實際價值方面。但不久實際價值的問題又起了一種新的變化。有許多古典著作翻譯爲本土文之後，則一個受教育的人對於原本的知識，不像從前文藝復興時代那樣認爲絕不可少的了。漸漸本土文的著作，可以與古典著作並駕齊驅，甚至有駕而上之之勢。法文漸漸代替了拉丁文成爲國際的語文。因此，人文主義者對於古典教育的主張便失去了根據的理由，而想追求另一種理由。追求的結果，便找着了一種『形式訓練』(formal discipline)的理論。他們說：拉丁和希臘文如果不是學識上所不可少的，但是是訓練心智最好的工具。

（二）經院學派留遺的勢力，還是繼續維持着經典的威權。學校的教師沒有研究過什麼別的科目，對於別的科目他們沒有適當的工具，沒有完備的方法，沒有有系統的課程。他們的理由，雖然在邏輯上不能成立，但實際上是很有勢力的。

（三）此外，教育上形式訓練的理論，與當時流行宗教和心理的理論是很相融洽的。宗教上以爲人是有一種天生便邪惡的理論，以及心理學上以爲人是有一種內在的才能，都認定訓練靑年的方法，比所得知識的內容是重要些。

（四）教育上訓練的理論，與當時社會的標準也是不衝突的。經典不僅是爲領袖人才一種心智的訓練，而且使社會上的上等人和一般羣衆有很淸晰的界線。陸克主張刻苦訓練的主張，也是從經典的威權而來，可說是把訓練的理論特別應用於教育的。在陸克的時代，對於守秩序的習氣和軍人的服從在社會上都是非常重視的。

（五）有許多經典學校的成功，特別是耶穌會所辦的，更使這種理論有一種實驗的根據。英屬印度的歷史上也證明學習拉丁文法的人對於戰爭和政府的工作也是很有效率的。

（六）有人以爲學習語文是兒童覺得很難的工作，但是像這樣就更好。訓練兒童的嗜好，愈早愈好。祇有讓兒童做難的工作，纔能養成他的能力。但是在近代有人答辯說，人生之中有許多機會可以訓練這種能力的，不必再製造一些無須乎的機會。而且一旦有了興趣之後，就會產生更多的工作出來了。

在理解力論中，陸克以感覺所得來的材料而組成的『複合觀念』(complex ideas)，『理智的知覺』(perception of intellect) 就佔很重要的地位。教育的過程，主要的就是要訓練理智的知覺。同樣，對於身體，感情，社會活動等，也都要有訓練。最大的目標，是要養成好的習慣，要犧牲慾望而發展理智。獲得知識究竟還是一種次要的事務，在相當的範圍之內自己會自然而然發展的。

第三章　盧梭的愛彌兒

『任何東西，凡是由造物者手中而來的，就都是好的；而到人手中便成爲墮落的東西了。』這便是十八世紀瑞士著名的教育改革家，愛彌兒（一七六二年）的著者盧梭（Jean Jacques Rousseau生於一七一二年卒於一七七八年）根本的理論。他以爲人類破壞了一切東西，照自己的妄想改變了一切東西。正如植物是培植出來的一樣，人是教育形成的。這種教育有的是根源於自然，有的是根源於人，有的是根源於物。自然是與我們獨立的，物有一部分是獨立，而關於人的那部分（就是教師）則是由人自己支配的。他說自然就是習慣。我們要曉得盧梭說自然的時候，大概就是指人的天生能力，雖則有時他也并不是一貫的這意思。從教育方面看，他說自然就是天生的習慣，也并沒有錯誤。

他說，我們不能同時培植一個人又培植一個國民。每每我們原始的性格與社會的制度是相反的。社會制度使人不自然，使人離開那種絕對的原始的人性。在實行方面，人的教育可以是公共的或私人的。公共的教育在柏拉圖的共和國裏是一種理想的形式，但實際上並不存在。如果沒有國家，還有什麽公民的訓練呢？我們不能認爲『那些可笑的大學』是公共教育。家庭或私人的教育，專是爲教育這個『人』本身的，所以必須研究自然的人。

要形成一個自然人，就是不要對於他有何改造。對於他的教育，必須是長期消極的，必須摒絕一切教導。『我所要教他的，便是自然的生活。』

『受教化的人自從初生下來一直到死，都是過奴隸的生活。在初生的時候，他便細綁在衣服裏，到死的時候便關閉在棺材裏；祗要他保存人的形體，便爲一切社會制度所桎梏。』盧梭的主張是要讓他自己怎樣便怎樣。從前以爲有了保姆可以使嬰兒的頭形好看些，實在是一種可笑的思想。自然是不需要珍護的。以盧梭的看法，根據已往的經驗，嬌生慣養的嬰兒比別的嬰孩死亡率還要高些。過粗野的生活是好的，卽算有些危險的地方。我們對於一個兒童發命令，或是順從其意，或是加以懲罰，於是在他心中灌注了許多邪惡的情緒。我們經過許多麻煩使兒童變壞之後，又埋怨他是一個壞孩子，這句話的確有幾分道理。

看護兒童最適當的人，算是他的父親，但父親總說是太忙。因此盧梭主張對於兒童要請一個私人的教師。這教師頂好是一個青年人，因爲小孩喜歡青年。如果另有一個小孩子，有充分的知識，那就是再好沒有的教師了。『小孩子有時奉承老年人，但總不會喜愛老年人。』

人在出世之先，教育便已開始了，以後是一種繼續不斷的過程。一個孩子應當祇有一個教師，共二十五年之久。這種教師是一種指導人的性質，而不是教書者的性質，不過這兩種工作實在是不能分開的。『這教師不應當給兒童的教訓，而應當讓他自己找出來。』愛彌兒是尊敬父母的，但服從的祇有他的教師。

盧梭以爲愛彌兒的身體是要健全的。如果一個人以爲祇要不死便够了，你便不能教他如何纔可以活着。『醫學最有用的那部分乃是衞生。』醫生卽算能醫治疾病，但是他減少了勇氣。他對於這方面的意見，大半是隨從柏拉圖的共和國，就是：城市是埋沒人類的墳墓。陸克主張在各種冷熱度的水裏沐浴，以鍛鍊身體，是他同意的。穿衣服是不好的。在教育中，經驗應當是在課本之先。從經驗比從書本所得的學識要多些。但是大家以爲這種由經驗而來的學識是當然的事，而沒有眞正認識淸楚。

大概而論，不應當讓小孩子養成固定的習慣。當他能分辨物件的時候，便選擇那些他應當要的東西。他很贊同陸克的主張：應當使兒童漸漸習於醜惡的東西，後來他纔不至於懼怕。像這樣，醜的面孔，炮火及其他可怕的東西，使失掉其恐嚇性了。如果兒童啼哭，便設法解除他啼哭的根源。盧梭也和陸克一樣，是不信任僕役的。兒童的暴燥和憤怒不是由外物所激起的，而是因爲別人的意志對他的壓迫使他暴發出來的。上等階級的兒童受壓迫的痛苦最厲害，而不如一般平民階級的兒童那樣放肆而有獨立性。『兒童第一次的哭泣乃是懇求，如果我們不當心的話，就漸漸會變成命令了。』不要讓一個小孩子埋怨人或是對人或東西發命令。如果一個小孩子要什麼東西，把東西送到他手裏還不如抱着他去拿那樣東西。

盧梭對道德方面的理論是很有趣的，雖則不一定是有道理的。『當霍布斯說一個小流氓是一個強悍的孩子，這實在是完全錯了。一切罪惡都是由於薄弱無能而來。萬能的人就不會做一件錯事。」對於這一點，裴因博士(Dr. Payne)在他所譯的愛彌兒中，開玩笑的加了這樣一句評語：『舉一個例子，譬如羅馬皇帝尼祿(Nero)和英皇查理第五！』但是這些暴虐的君王幷不能算是萬能，盧梭的意思很明顯的是指萬能的上帝，因爲他後面加了一句這樣的話：『萬能的上帝所有的一切性格之中，我們最無疑惑的，便是他那善良的性格。」

照盧梭的意思，祇有理智能够使我們分辨善惡。他說在沒有達到理智的年齡之先，我們的行爲是無道德上區別的；這的確不錯，但何時是達到理智的年齡呢？一個孩子在本人的經驗範圍之內，很早就能用理智想許多事情，至少在十二歲之前是如此，這是盧梭心中大概認爲達到理智的年齡。不過他把這原因在教育上的應用是很對的；他覺得兒童之所以破壞，幷不是因爲他心地不好，而是因爲他喜歡活動。在活動這方面，小孩的無能與老年的無能是根本不同的。既然小孩子一方面喜歡活動，一方面又無能，所以他希望別人對於他的工作能够幫助。不過他還是必須學習，把他的欲望限制在他的能力範圍之內，而後纔能得到滿足；幷不要儘量要求別人的幫助。但是一般爲父母和教師的幷沒有認淸這一點。實際上他們對於兒童每一個小小的欲望和要求很隨意就允許他。我們應當曉得他眞正主要的需要是什麽，對於他其他的哭泣就不要去理會。我們不要對他講話太多，以致使他愈弄愈不淸楚，而要講得很簡明淸楚。對於這方面鄉村兒童所受的訓練比城市的上等階級要好些。或許多鄉村人所講的話要粗陋強悍一點，但這至少要比城市人那些虛僞做作的話要好些。盧梭的主張是要限制兒童所用的字，以免他的字比他的思想還要多些。不過在實際上一個兒童所曉得字，是否足够表現他的一切思想，還是一個疑問。

以上是講論嬰孩的，現在要論到從五歲到十二歲的兒童。現在講話必須要代替哭泣了。直到他停止哭泣纔答應他，漸漸便不會哭了。他的隨身教師對於他小小的痛苦和傷害應當不要去理會。愛彌兒應當學着忍受痛苦；祇要教師有相當的看護，他就不會受什麽大的傷害。

盧梭非常之反對那種酸腐的教導。譬如教一個孩子走路是沒有什麽好處的，反而有壞處。讓他在戶外自由的玩耍。他的能力和知識增長的時候，便應當把他看作一種有道德行爲的動物。要合乎人性。不要犧牲了他的現在，這種現在是他將來所無法彌補的。這種思想與已往的理論大大的不相同，而盧梭對於這種思想特別着重的提了出來。

「讓小孩子完全依靠四週的物體環境，這樣他的教育便是合乎自然的。」如果要阻止他的行動，讓自然的障礙或懲罰去阻止，而不要用人的武斷的力量。我們對於小孩有許多是無須乎的服從，有許多是無須乎的約束，盧梭這一點的確是對的。雖則如此，恐怕我們對於小孩應當訓練其對於長上有一種默認的威權。當然，這些威權應當尊重自然的定律。因此，一個小孩想活動的時候，不要勉強他靜止，當他想靜止的時候，不要勉強他活動。不要縱容他哭泣或哀求，他講不聽的時候不要讓他任意。教師的拒絕不應當太多，但是一旦拒絕之後便不應收回。兒童掩飾在溫和語言之下的急迫心，比粗暴的語言還要壞些。

不可太嚴，也不可太縱容。人的天性是有許多小過錯的，對於大的幸福也是能看清楚的。沒有受過痛苦的人就不曉得什麼是溫柔，什麼是憐惜。

我們不能任意小孩要什麼，便給他什麼。有權威的習慣祇能造成失敗。因此我們對於這方面不要放縱小孩，這是很不宜於他們的，特別是因為他們常常是依賴別人的。但是在另一方面，要讓小孩子有自由，因為恐怕他們變為膽怯。愛彌兒的一切行動，不是因為服從，而是因為必需。不要叫他服從，或說是他的本分，直等到他達到理智的年齡。陸克以爲要和兒童論理，是錯誤的。讓小孩子照着環境的逼迫而行動。可以把環境如此的設計，以致可以得到我們想要得到的結果。

『自然的安排，是要叫小孩子在未成人之先，還是要像一個小孩子。』這恐怕是盧梭對於教育的改革最實際的一個主張。堅持要兒童服從一方面是一種武力的威脅，一方面可說是不誠懇，想迴避。『對待學生的態度，要依照他年齡的大小。』要他認淸楚需要的力量，而不是威權的力量。用一種有裁制的自由代替平常教育上所用的工具，如競爭，妬嫉，虛榮，渴想，懼怕等。

盧梭以爲道德是根據於經驗，幷沒有原始善惡的區別。因此他極不贊成懲罰或是要認罪，因爲一個小孩子是一個非道德的動物。鄉村的小孩雖則也受過一些束縛，但比城市的那些小紳士總要自由些；如果有機會放縱的時候，恐怕鄉村的小孩子還要可靠些。

教育上最有用最重要的一個原則，便是不要太早，而是要行之及時。『他們對於兒童的心靈，不要有任何工作，直到其心靈的各種能力長成之後。』他的道理是一個空虛的心靈是不能受訓練的。盧梭本來不想要這樣，不過他覺得心靈是應當任其自然成熟的，不應有何強迫。『因此，最初的教育，應當純粹是消極的。』這種理論，又引到一個極度的結論：『對於流行的方法，總是相反過來，那你就總不會錯了。』因此，家庭教師必需慢慢的指教。讓學生去訓練他的身體，機能，知覺能力等，但是不要動他的心靈，無論幾樣長久。教師可由於觀察，看出兒童的天才在何處，因而如何對待他。『太性急的醫生，會治死病人。』

教師必須是一個成人的模範，要得到兒童的尊敬和喜愛，不是由於給東西或金錢與兒童，而是由於打開自己的眞心。鄉村的環境沒有城市環境那樣多的罪惡的引誘，易於約束其行爲。教師長篇的訓誨兒童是不易明瞭的，反而容易使其心思紊亂。如果橫蠻的兒童胡鬧，可以任其受自然結果的痛苦。如果他打破了窗子，任其感受氣象上的痛苦；如果他再打破一次，便把他放在一個沒有窗子的房裏。但是如果普遍的一律都採用這種方法，恐怕就有些殘忍的地方；不過凡是無大害的地方，這種方法是最好的。錯誤沒有別的懲罰，就是要改變他的信仰。盧梭相信在這種制度之下，愛彌兒是不會說謊的，也不會依靠別人的意志或判斷。不過正如摩黎（Morley）所指出來的：這種獨立性祇是表面上的，但是盧梭對於這一點，自己也感覺到。

如果要教小孩子慷慨，就要教他把自己所愛的東西送與別人。陸克以爲應當教訓兒童凡是慷慨的將來必有好的報酬，盧梭覺得不對。『這使一個小孩子在表面上慷慨，但是在事實上貪婪。』

表面上的愚笨，有時也是一種心志堅強的象徵，年紀較青的伽圖（Cato）便是一個例子。因此，教師應當尊重兒童時代，不應粗率的判定兒童是好或是壞。『你看見兒童浪費時間，毫無成績，便要嘆息！的確！但是高興快樂是毫無成績麼？整天的跳，跑，遊戲，是毫無成績麼？』盧梭說若果如此，則希臘和羅馬人對於這方面便是浪費時間，但是他們並不因爲這緣故成績便壞。或許兒童容易學習，也就容易忘卻。他們所記憶的是字，而不是觀念。在十八世紀時期，這無疑的是拉丁學校的壞處。兒童既然祇記聲音形式和感覺，而不記觀念，則他們實際上並沒有什麼記憶。這或許是過甚之詞，小孩子有小孩子的那種記憶。嚴格講起來，他們實在是不能保持什麼感覺。雖則有時他們也能保持一些觀念，但總不能像大人那樣有抽象的記憶。像盧梭等以爲兒童的一切記憶都是屬乎感覺的，而沒有達到悟性，這實在是對於兒童的一種侮辱。此外，兒童的知識雖則是容易混亂的，但這一部分是因爲教師喜歡要面子，所以即算兒童對於這方面有一點小小的不對，便看得很嚴重；一部分是因爲兒童覺得自己的學識有限。

盧梭覺得兒童對於自己所曉得的東西，是能够相當的用推論。他也覺得每每我們沒有想到兒童的知識是有限的；他們沒有經驗上的基礎，而希望他們用推論。這種原則——就是有了感覺的經驗而後纔能有推論——是根本不可少的。這原則在盧梭當日比現在更是眞切。『這些不幸的兒童所學的東西都過早了，是他們心中從前完全所未認識的東西。』如果當時就有了現代這種幼稚，恐怕盧梭就要非常之稱贊了。照當時已有的情形，盧梭預料了福勒伯爾（Froebel）許多的理論。正如盧梭所說的：當日的教育，沒有什麼別的，就祇有字，字，都是字。

盧梭詆誹當日偏重於形式上的字，於是引到批評當日的各種語文學。照盧梭的意思，語文學在初級學校中是沒有地位的。他以爲兒童可以有五六方面用法不同的字彙，但是祇能有一種語文。他們所教的，多半是一種死的文字，古時遺留下來的，現今祇能摹倣他們說這種語言，幷沒有人反應他。況且『祇有形式上的記號而無事物觀念的代表，則毫無用處。』兒童還不能懂得歷史地理，便教這種功課。兒童的心智是任人搬弄的，但是不能誤用了在他心上印上一些君王的名字，歷史的日期，以及天文地理紋章學等專門名詞。愛彌兒所記憶的東西，應當是他所聽見所看見的東西。但是或者有人問：何以兒童所聽見的東西，不能包括上述的種種材料，如果這種材料能够講述得合乎他的興趣，能够促進他知識的進步。『愛彌兒不可特意用心思來學習什麼。』這種理論是對於十八世紀一般流行弊病的一種反動。『每個小孩子都應當讀拉封騰(La Fontaine)的寓言故事，但是沒有一個小孩子能够懂得。』兒童們從寓言中得到一種錯誤的道德觀念。在狐狸和鴉雀的故事中，他們鄙視鴉雀，而稱贊狐狸。

『讀本是孩童時期的一種痛苦，差不多這是我們給他惟一的工作。』在二十世紀這種情形是完全不確的，不過盧梭是指當時的課本而言。適合於小孩子的書非常之少。『在十二歲的時候，愛彌兒應當還不曉得一本書是什麼東西。』不過在十歲之前，他便應當曉得如何寫讀，因爲這是隨時實際有用的，幷且想能够對於這方面純熟。『現實的興趣，是最大的原動力，這是惟一的原動力可以得到最大效果的。』

愛彌兒要覺得自己是自由的，但是這種自由祇是表面上的，而不是實際的。『要使他覺得自己是主人翁，但實際上管理他的乃是你自己。』一切實權都在教師手中，但要使學生不知不覺。

照盧梭的意思，兒童的任情，幷不是由於天性，而是由於不好的訓練。教師對於兒童的開始應當注意。『我們最初的哲學教師是我們的脚，手，和眼睛。』兒童所穿的衣裳太多了。陸克以爲兒童不應暴露在極度的氣候和潮溼裏，盧梭以爲他是自己矛盾。兒童應當習於這種經驗，幷習於睡眠中驚醒，這樣他便能勝過最初難受的那種自然律。『大概而論，人生便是一種忍受，一旦變成習慣之後，便不會感到痛苦，但是安樂的生活則會造成許多不快的感覺。』愛彌兒應當習於危險，教師也應當共擔着。

盧梭對於兒童知覺的教育，是看得很重要的，因爲知覺對於後來的教育有很大的影響。他對於這方面根本的原則有一句話表白得很清楚：『訓練知覺不僅是利用知覺，而且也是學習判定知覺是否正確的。此外，也是學習如何的感覺，因爲我們的一切感觸，耳聞，目見，都是由訓練而來。』

兒童對於黑暗的懼怕，陸克及其他學者以爲是對兒童談鬼怪故事的緣故，但盧梭則以爲是自然的根源。但是這種根源幷不是無知的緣故，而是一種本能。因此，教兒童在黑暗中遊戲，或是把膽怯的兒童帶到黑暗的地方，并沒有什麼訓練的價值。不過很明顯的，可以訓練觸覺和聽覺。盧梭看出了用驚嚇是打破懼怕的方法是錯誤的。因此，應當保護愛彌兒受意外的傷害，不要碎玻璃傷害了他的小腳。

兒童應當訓練跳，爬，身體的平衡等。『我寧願訓練他可以敵對一個牡鹿，而不願他做一個歌劇的跳舞者。』有許多機會可以引起他對於衡量方面的興趣，譬如：『我要在這兩株樹之間做一個鞦韆，一根十二呎長的繩子是否够了呢？』再還有一篇很詳細的記述，描寫如何引導一個貴族的青年去賽跑，猜度距離，而使他不會是教師的指教，或是別人的意旨叫他如此做。凡此種種都是需要長久時間的，不過我們要教訓小孩子如何花費時間，就不會錯用時間。

盧梭所主張教圖畫的方法，有些方面與現今流行的方法是相同的。他說：『兒童是最善於摹做的，都喜歡畫圖。我希望我的學生能够培養這種藝術，并不是爲這種藝術的本身，而是爲要訓練兒童的視覺準確，手指活動。大概而論，一個兒童能够明瞭某種某種訓練是什麼，并沒有什麼重要，而是要他能獲得一種明確的感覺，正確的身體上的習慣，這都是由於訓練而來的。因此，我不要替他請一個圖畫教師，祇教他如何摹倣，祇教他從別的畫去描寫。他的教師就祇有自然界，他的模特兒就是日常的物體。」教師也要和學生一樣呆笨的從頭學起。但是盧梭是否想到一個聰明的學生也會被欺哄着相信他的先生是和他一樣的呆笨呢？或許沒有。他祇是要先生也降低到學生的那種程度，這在相當的限度之內也算是一種健全的原則。畫愈好則畫匠應當愈簡單，這樣愛彌兒便會養成一種追求簡單純潔之理想。

在愛彌兒中關於幾何的教學法在當時算是一種大改革，但是在今日則對於年青的學生認爲是很對的，雖則與那些高級的學生比較起來還是不够。一切圖解都應機械的畫出來，準確的衡量，安置，要學生自己來推想，而不要專學習別人已經做出來了的例證。

兒童并不是如一般人所想的，不合於成人的遊戲。照他們的年齡和力量，可以替他們預備球拍，球，以及網球場，他們也就一定能够打得好的網球。盧梭還指出來，兒童對於知識的早熟雖然不是眞切的，但對於身體方面健身的運動則認爲是應當的。因此身體方面的早熟沒有什麽壞處，不像心智方面的早熟。不過這種理論也還是有可疑的地方，因爲亞理士多德已經說過，在奥林比亞運動會中很少在青年時得勝者，到成年時也還是得勝。

兒童的談話不要有演說式，唱歌不要有戲劇音樂式。他應當用耳朵學習音，隨着大鍵琴唱歌，并且從最初就要學習自己編詞句。對於運動上的成績，如賽跑的優勝者，可以用果餅或其他物品作爲奬勵，但是對於高尙的行爲則不應用物質的奬品。他不可是一個饕餮好食者，除吃食物以外可以很容易引他到別的興趣。不過這種趨勢到成年時就會自然沒有了，那時一切食物都是能合口味，還有許多別的興趣也會能養成。

愛彌兒從五歲到十二歲的教育便是這樣的。他很自然的長大起來，正如每個小孩子都應當這樣長大起來。但是到這時期他正式工作，研讀，受教的時期到了——這是他一生中最重要的時期。

從這個第五歲至第十二歲的末端（那是他心智漸次成熟的時期，）他劃了一條很淸楚的界線，這未免太過分了。從十二歲至十五歲，是心智工作受訓練的時期。盧梭以爲對於這時兒童的心智先給以一種形式，然後給以內容。這種劃分實在是不合邏輯也是不合實際的。但是如果我們以爲盧梭這種過分的劃分是因爲想把他改革的主張特別使人注意的話，那我們對於他的理論就沒有大批評的地方。批評盧梭的人每每沒有看淸他那種大刀闊斧的主張，不是可以照字面上嚴格解釋的。有幾多有智慧的格言，能夠經過這種嚴格的查驗呢？

盧梭其餘的主張，可以很簡略的提出來。從十二歲到十五歲，愛彌兒有許多過剩的才能和能力，超過滿足他那種有限的欲望所需要的。他現在是要趕快補足幼年所損失的那些時間（這種時間的損失也是正當的。）他觀察并記錄太陽的升降以學習地理。他學習本地的地圖。他漸漸練習對於一項功課有延長的注意力。他在鄉村的博覽會中看玩魔術的把戲，而對於磁電學感覺興趣。他在某種設計的情況之內對於科學有許多發見。簡單的現象漸漸引到高深的原則。他在森林中迷失了道路，便覺得需要研究指南針的構造。他開始查究各項東西的用處，對於各種東扯西拉的解釋也并不覺得討厭。他的注意力還是限於他所見的事物。他祇讀一本書，就是魯濱孫漂流記。在這本書裏敍述各種自然的需要如何一項一項的得到滿足。他到手工廠裏去，并加入當時進行的工作。他除了需要之外，不知道別的定律。他對於人類還需要研究。在這時期他大部的工作是農作，鑄工，木工，依重要的次序而做。他養成查問，追究，預料等習慣。他得知了金錢簡單的用處，而不亂用。他在棹上談話而對於日常用品得到許多知識。他懂得了交易和經濟上互助依賴的原則。的確，他已經曉得了對於人類社會那些很普遍的原則，不過他還祇是一個旁觀者。他也學得了一種工藝，這不是一種學業的成績，而是一種如小木工之類。這樣，他的身和心都聯合得了訓練。他現在都是養成一些很好的習慣。他現在的知識都是物體上的，恐怕不能說有很大的成績，不過他的知識都是屬乎他自己個人的。

十五歲以後，便是愛彌兒受道德和宗教教育的時期。他現在必須使自己的理智完整，要研究人類。不可用一些無須乎的知識以應付他那種高漲的熱情，他所發的問題應當很簡單而眞實的答覆。他已經是有情感的了，雖則不是隨手習俗的。他已看出鄉間生活的簡單，城市生活的歧途。他曉得人的天性本來是好的，但因爲社會惡習弄壞了。在必要時，可以讓他去受騙子的欺騙，而得到教訓。用比喻教訓他，不要用責罵。要使他對於好的行爲有興趣，而不要專教他一些關於道德抽象的理論。他是要愛窮人的，對於下級人的爭吵能出身調解。他那種仁慈之心應當在行爲上表現出來。在這時他對於宗教一點也不曉得，對於這方面去教他也還是太早了。他應當先由自然的研究，然後去追尋自然的創造者。現在已經到了轉變的時期，不要他的無知來掩飾，而要以理智爲基礎。這時他對於個人應當有相當的認識，也需要一個伴侶，這伴侶是他所喜愛的。這個時期也是愛彌兒讀好書的時期。他這時最好的伴侶是莎菲，這是一個有熱情有快樂幷和他一樣無知的女孩子。莎菲不應當在巴黎受教養，而是要在一種尼庵裏過隱閉的生活，這與他那種還到自然的教育理論是不相合的，因此與他自己的根本原則是相矛盾的。的確，莎菲的這種教育，是近乎東方的那種幽禁主義，與替愛彌兒從各方設法保持的自由標準是完全相反的。

第四章　高等教育的革新理論

百科全書派和盧梭都是評判當時思潮的，不過他們各方的立場不同。盧梭說文化根本是一種惡劣的東西，但因爲是一種不可避免的惡劣，所以教育便有一種打消這種惡劣的功用，甚或是保護個人以免受社會的試探。但是在百科全書派方面，他們以爲當時的傳統的風氣，幷不是反乎自然，而是反乎理智。他們對於文化的本身是很相信的。狄德羅(Diderot)說：「我以爲道德的進步與衣服的進步是同一轍的，就是由野人的毛身進而爲絲綢的錦袍。」他們特別相信積極的教育是有價值的。「文學的光榮是其他一切光榮的基礎。」

百科全書派對於教育理論最有勢力最大的貢獻，便是一七七六年俄皇喀德隣(Catherine)請狄德羅建立一個俄國大學的計劃。狄德羅開始的宣言，認爲最重要的，在一般方面是文化，在特殊方面是文學。他覺得以前的學者已經看出當時的弊病，但不知如何用教育來補救。最壞的是他們忽略了科學，以及科學的自由發展。此外，他們太注重教會的目標方面了（不過祇指法國學者方面而言。）

「著名的洛郎（Rollin）沒有別的目標，就祇製造牧師，僧侶，詩人或演講家。這便是他的目標！……但是，巴黎大學的主腦呀，我告訴你，教育的目的是要造成對於君王熱心的忠心的臣屬；對於國家是有用的國民；對於社會是受教化的，可敬的可愛的一分子；對於家庭是賢父賢夫；對於學術界是有好判斷力的人；對於宗教是崇高的光明的和平的牧師。」

何謂一個大學呢？狄德羅的答覆是這樣：

「一個大學是一個教育機關，對於全國任何階級的青年都是開放着的。這裏的教師，是由國家給薪，要使學生知道各種學科的常識。這學校應當對於任何階級都開放的，因爲茅舍和其他平民的居屋與大廈比較起來，約爲萬與一之比，而天才和有好德性的人，則爲千與一之比；而這種人多半出於茅舍而不出於大廈。」

狄德羅覺得課程的安排，應當以學生的能力和社會的實用爲根據。最先的課程，是要對於人人都需要的合乎羣衆的，無論施教育的那種社會是什麽社會。然後有些讀完的時候，便開始那些需要較少的。狄德羅在當時還大膽的以爲希臘和臘丁文祇是供給少數的需要，所以應當放在大學教育的末了。照狄德羅看來，大學教育乃是繼續初級的課程。不過他說這并不致使人淺薄，而會日漸使人深究。

狄德羅認定了幾項初步的基礎。在家中或私立學校的時候，兒童便應當學好寫讀和拼音，以及算術的初步。收納學生應當以了解能力爲限制，而不應以年齡爲限制。

狄德羅把理想的大學分爲四部：文學，醫學，法學，神學。文學部應當是最普遍的。文學部又再分三科：

「第一科應當分爲八班，内容包括數學，自然科學，邏輯學，修辭學。第二科分爲兩班，内容包括形而上學初步，倫理學，自然宗教和默示宗教，歷史，地理，經濟學初步。第三科祇有一班，内容是繪圖和建築原理。」

除這三科以外，狄德羅本還想加其他學科，但因爲習俗和傳統的關係，恐不能成立。對於大學他都有這種主張，可見他的見解算是進步的了。

「大學裏的習俗，是不教音樂，跳舞，擊劍，騎馬，游泳等的。實在這種操練把呆笨的人變爲活潑的人；如果我們眼中不以這爲重要，不排入教育中，則可見我們這種僧侶教育之缺欠了。」

狄德羅的大學課程，不僅是在時髦的擊劍等，而有其革命性：

「我實在是太馴從習俗了，太屈服於已往的道路了。我應當把農學院和商學院也包括在大學裏面，因爲這是社會上兩項最重要的事業，這兩項事業可以供給社會的麵包，酒肴，營養品，給與每項工業的必需品，供給各種消耗，人與人之間之交通，此社會與彼社會之間的交換。」

上述狄德羅的種種教育計劃，經過哲斐孫(Jefferson)，瑟發雷(Chevalier)，揆內(Quesnay)等的努力，使法國這種教育思想搬連到美國來，而造成現代美國大學教育理論的左列各種趨勢：

（一）對於人類的信仰，其根源可追源於盧梭。

（二）對於文化的信仰，這是與盧梭的見解相反的。

（三）對於教育可以轉移道德能力的信仰。

（四）對於科學的特別注重，而同時對於文學并未疏忽。

（五）要使心智完全得到自由，不受外界的約束。

（六）對於教育的干涉，積極不信任。

（七）擬訂一種國家的教育政策。

（八）課程的擴充。

（九）對於天才教育的平民主義，不論天才的出身。

（十）許多並行的科目，可以使學生有自由選擇研讀的機會。

狄德羅提倡要改革的大學，而現在大學的組織是怎樣的呢？大概巴黎大學的神學和醫學那一部分，可追源於查理曼（Charlemagne）時代，日期大概是紀後八百年。到這大學來讀書的學生，到十二世紀時，分爲許多國籍。其中的四國：法蘭西，英格蘭，畢伽的（Picardy），諾曼底（Normandy），到十四世紀時聯合而組織文學院。各學院中最初組織的是一二五九年的神學，此外尚有醫學院和法學院，漸漸侵佔了文學院的勢力，但是文學院還是四票，而他們祇有三票，所以校長的位置還是在他們的勢力之下。從十三世紀至十八世紀之間，逐漸增加了許多學院，使學生多有容收的機會，而大學的地位趨於穩固了。

特別是在早期的時候，巴黎大學是在教會職員的管理之下。在各院大學教授會成立的時候，則教會職員僅僅有立足的地位。其後因爲乞食行僧的努力，使他們在大學有很大的勢力。再後來耶穌會徒經過了長期奮鬬之後在索爾奔（Sorbonne）設立了許多學院，但後來又爲亨利第四所驅逐。在十七世紀和十八世紀的時候，大學沒有受什麽劇烈的大變動，直到一七九二年便潰散了。

很明顯的，法國的革命不僅造成社會政治宗教方面的大變動，對於教育方面也是如此。在這些方面十八世紀都有許多思想方面的進步，特別是在那些百科全書派的著作，不過理論上的變動，對於呆笨的具體組織沒有什麽大影響。等到法國革命的時候（或曰巴黎革命）他們便不用老的材料，而想另造一個新的世界。他們第一步工作，是把已往的建設都打倒。但是一七九二年把巴黎大學打倒，於一八〇八年代以法蘭西大學的時候，實際上還是和從前差不多，這也是意料之內的事。在新共和政府之下時，他曾於一七九五年和一八〇二年兩次想實行一種完全新的教育計劃，但結果與老的教育制度分離實際上是行不通的。

在早期革命的時期，純粹的理論算是最有勢力了。一切老的都是壞的，一切新的都是好的。這種新思想的結果，一方面是暫時有許多不能通行的地方，一方面是引起許多建設的思想。一七九五年的大會以及一八〇二年國民大會所主張的理想教育制度，實在也是很重要的，因其包括百科全書派最好的思想，使空氣中充滿了教育的熱忱，就是後來美國一般愛國者實行出來的。

上述這些改革的努力，都可代表百科全書派的特性，就是注重高等教育甚於初等教育。其他的特點便是世俗化，課程的擴充，注重科學，從小學以至大學一種分班漸次分化的趨勢，幷帶着集中研究的趨勢。

照一七九五年的計劃，有三種學校：每縣有小學校，每州有一個中央學校，其他如天文，幾何和數學，博物學，醫學，獸醫，經濟學，古物，政治學，圖畫，雕刻，建築，音樂等，均各有專門學校。小學教國民道德的原理，以及認為決不可少的算術和寫讀。中央學校分為三班，第一班的學生是十二歲以上的，第二班是十四歲以上的，第三班是十六歲以上的。第一班的課程包括圖畫博物學，古今語文學，第二班有自然哲學數學實用化學，第三班有藝術，文法概要，歷史，法律。在這些課程之中，最有趣的一點，恐怕是在小學之中教公民道德。這我們就可以看出在法國革命的思潮中，解放和愛國的動機是很發達的（從壞的方面看，也可說是世俗和政治的動機。）

一七九五年的計劃實行未有好的效果，一八〇二年國民大會便另通過了一種新的計劃。這計劃是由佛克羅（Fourcroy），羅得勒（Roederer）勒那（Regnard）三人擬訂的。這計劃重要的特點，便是高等學校（Lyceums）代替了中央學校。學校共分四種，便是小學校，中等學校，高等學校，專科學校。初級學校是在縣政府管理之下的，除貧窮的學生免費之外，其餘都是要收費的，而免費的學生不得超過全數學生的五分之一。中等學校是在州長管理之下。私立學校如果未得政府的許可，也不能設立。

中等學校的課程有拉丁文，法文，地理常識，歷史，數學，高等學校的課程有希臘文，拉丁文，修詞學，邏輯，倫理學，數學，物理。凡是設有法庭的縣市，都至少有一個高等學校，每一個高等學校至少有時，纔有比較穩固的基礎。至於高等教育，除上面已經述及的法國教育趨勢之外，還可略述十九世帝國大學制度的弱點，便是對於初等教育比較的不得力，直到一八三四年基佐(M. Guizot)切教育實施的總機關。

稱之外，都沒有什麼變更。『大學』這個名稱，并不是用於某大學或某幾個大學，而是代表法國一一八〇八年實行的，一直到後來波旁(Bourbons) 諸王以及路易腓力(Louis Philippe)，除名大學是全國教育制度的大本營，是十九世紀各時期法國提倡教育一切努力的原動力。這法律是一八〇六年根據於拿破崙所訂的法律，設立了一個帝國大學(Imperial University)。這

們對於初等教育，則不甚注重。高等學校雖是政府經費維持的，但小學則仍舊是依賴人民。政官還指派三個督學，每年視察各高等學校。每個高等學校附屬有一個或幾個專門學校。當時他校裏有住宿的，也有走讀的。每個高等學校由三個委員管理，他們是由首席執政官指派的。首席執嘉獎的政府官員的兒子們，其餘則是由中等學校考選出來的，不過以每州人口的比例為限制。學八個教授。在全國高等和中等學校裏，由政府維持的學生共有六千四百名，其中二千四百名是可

紀初期帝國大學的組織，便可知大略了。

法國公共教育部的部長，便是帝國大學的校長，教育的權柄便集中於這校長以及六個委員。大學的職務分爲兩部，就是專門部和行政部，每部各有一個總裁。專門部下面分四科，行政部分三科。

此外，還有一個總督學會幫助上述公共教育委員會工作。他們有很大的權柄，對於各學區甚至於初等學校內部的組織都有支配之權。總督學共有十二人，他們彼此又分工。重要的地方劃分叫做學區，每學區由一個學長負責，是由大學主要的職員選派出來的，每任五年，可以繼任。每一個學長有兩個督學協助工作，督學的職務和總督學差不多，不過範圍小些。這學長和兩個督學便管理本學區內各州的一切教育事務。

根據於一八〇八年拿破崙所訂的法律，也設立師範學校訓練小學的教師，但至一八三〇年爲止，一共祇設了三個師範學校。

此外，還有私立的學院而施大學教育的；也還有市政府所設的大學，雖則市政府祇能開設小學。每學區內至少應有一個國立大學，經費完全由政府擔任。在一八三〇年間，一共有三百個市立大學，五十個國立大學。全國的學區共有二十六個，每區的地域至少包括兩州以上。

美國的教育改革家如哲斐孫等之所以佩服幷摹倣法國的教育，多半是由於法國對於教育改革所思想和宣傳的，而不一定是各學校所實施的。法國的學校雖然有些成績，但他們的理論越超了實施，這也是難免的。因此，一七九二年康多塞（Condorcet）對國民大會所提出的報告書比帝國大學實際的歷史，還要足以代表法國教育的趨勢些。

康多塞最先提出教育的目標，這目標與法國革命的思想，以及美國的獨立宣言是相符合的。

『使人類各個人有供給自己需要的工具，圖謀自己的幸福，認清幷利用自己的權利，明瞭幷實行自己的義務。

『使各人有學習專業的機會，應付社會上必需的事務，盡量發展其天賦的才能，由此使全體國民能够得到機會的平等，幷實現法律所認可的政治上的平等。

『國民教育的第一種目標便應當是如此，而政府也應當從這方面去執行。』

『指導教育，使各藝臻於完美的地步，以增加國民大多數的幸福，以及習各藝者的安樂；使多數人能辦理社會所必需的事務，使光明的進步能够成爲幫助我們滿足需要的大原動力，我們不幸時的救藥，是個人援助和公衆發達的一種工具。

『簡言之，對於每一代人類應當發展其德智體三方面的能力，由是使一般人類漸臻於完美，這便是任何社會組織應當向着努力的目標。

『這便是教育的第二個目標。這乃是社會公共的福利，也可說是全人類的公共福利，責成政府向着這方面去努力的。』

康多塞對於一般的教育之外，另特別提出『公共教育機關的分配和組織。』關於教育範圍意見的歧分，不應阻止教育機關設立和組織基本不可少的條件。這些條件是根據於左列各原則：

（一）教育應當是普遍的，要沒有一個無知的人埋怨社會的不公平，沒有發展他的天性。

（二）各級的課程應當漸漸包括人類知識的整個系統。

（三）任何公共的權力，不應阻止新眞理的發展，或是與政府政策或暫時風氣相反的理論。

學校的分級是如左：

（一）小學

（二）中等學校

（三）學社

（四）學院

（五）國立科學文學院

康多塞所提出的課程，特別注重科學，代替從前經典的課程。

小學的教材，是一切國民所應知道的東西，公民學也在內，這樣他們便可以做市政府的官員或是陪審官。中等學校的教育，是準備中等職務的需要。中學的時期是三年，小學是四年。學社是爲準備公共的職務或是完成專門的學藝。學社裏有幾項課程是選讀的。『在學社裏，應當分爲許多科目，這樣學生可以依照自己的才能和進步的程度，同時讀兩三種科目。』學院則包括一切文學和科學的各科。最後，國立科學文學院便是一種總裁的機關，是各種專家的共和國。

在康多塞的這個關於近代教育改革的報告裏，可說是民治的人文的科學的開明的自由的教育之宣言。

第五章　裴斯塔洛齊的知覺教育

對於教育想求改革的，不僅是盧梭一人而已。譬如狄德羅和百科全書派，是主張一種全知的開明教育。如果說最初英國的教育改革是由於培根，霍布斯，陸克，則在瑞士是由於盧梭，法國是由於狄德羅，而在德國則是由勒新（Lessing）和赫得（Herder）以繼承幷推進其教育哲學和文學的傳統。盧梭是非常之相信人類原始的天性，特別是人的感覺。他的思想雖則有許多不一貫的地方，但他的信徒確實不少。不過他們無論怎樣急於想求進步但對於他那種過分的武斷的意見，還是不得不加以修正。德國的勒新和赫得，所得的經驗便是如此。勒新所著的人類的教育，見解便比較的要寬放些。他覺得社會的經驗，從整個以及從大處看來，實在是對於人類一種神聖的訓練。啓明時代的德國把自然和理智應用於人生的許多方面，特別是哲學，藝術，文學。這種運動也漸漸透入學校裏去了。

佛蘭克（Francke）所創導的虔敬運動（Pietist Movement），雖然性質上是路得主義的，但在教育方面是注重科學教育的。虔敬教徒很反對那些「小教皇」們，因爲他們壟斷了德國新教派的勢力。虔敬教徒以爲眞正的宗教，最重要的地方乃是在「心」佛蘭克在哈勒（Halle）設立了一個學院，這便成爲虔敬教徒勢力的中心點。在虔敬教徒的學校裏，大半的時間是花在宗教上。佛蘭克在哈勒所設的有一個學校是第一個實業學校（realschule），這是爲科學教育，而不是爲經典教育的。當然，這種實業學校與現代的實業學校大不相同，不過總算是首創的。

很明顯的，虔敬運動與盧梭自然主義教育所影響於歐洲的思想，是兩不相關的。愛彌兒中理想的教師，直接的繼承者乃是汎愛主義者（Philanthropists）。這些人道主義者用了許多熱情技巧，以及稍許手段，攙雜在他們那自然教育和自然教授方法裏。巴西多汎愛學校（Philanthropinum of Basedow）是一七七四年在德騷（Dessau）設立的。這學校雖然到一七九三年便停閉了，但是因爲牠那許多新奇的特性，吸引了許多人的注意。他們的目標是實用，而學習的方法是用實際的物體，不是用語文。自然宗教代替了宗教問答。戶外的作業減少了許多訓育的問題。他們對於訓育雖則不是像盧梭那樣完全取消，但總是設法愈溫柔愈好。他們用很複雜記分的方法，使兒童們得着許多特殊權利。

至於平民教育的價值和方法，引起大衆的注意，還是等到裴斯塔洛齊(Heinrich Pestalozzi)的時候。裴斯塔洛齊是一七四六年生於沮利克（Zurich）。很早年青的時候，裴斯塔洛齊在瑞士便有政治改革的思想，甚至可說是革命的思想。他是赫爾味第克會（Helvetic Society）很活動的一個會員，這會是根據於盧梭的民約論(Social Contract)而欲努力追求國民的自由。他幼時的環境是貧困的，犧牲的，充滿理想的。他先想入教會做事，後來又學法律，不過他最初謀生的一個試驗乃是農業。在這方面他失敗了，雖則他當時除農業之外還從事紡織羊毛的工作。然後他把在諾易和夫（Neuhof）的農場改為一個工業學校，這時的情形可說他自己是一個叫化子，而帶着一班叫化子，雖則當時別人也有一點津貼。這次的試驗最後崩潰了。裴斯塔洛齊的才能并不在組織和辦事，而是在乎他的眼光和熱忱。然後他覺得文字工作也可謀生，便於一七八一年寫了他那部著名的雷溫拉和革特魯德（Leonard and Gertrude）。在這本書裏，他把盧梭的許多思想都改進了，糾正了，而使之適合於家庭生活的實情。不過我們還不能說裴斯塔洛齊已經是創立了一種教育制度。後來他受着哲學家裴希特(Fichte)個人鼓勵的影響，他便寫了一本哲學書，名自然對於人類發展的研究（Enquiries into the Course of Nature in the Development of the Human Race），但是沒有發生什麼影響。

一七九八年他被請到斯坦茲(Stanz)去管理一個孤兒院。這城是爲法國軍隊所蹂躪的，裴斯塔洛齊在很困難的情形中盡他的職務。在這裏他漸漸發覺了人的能力是根據於自己的衝動依照某種定律而發展的。後來這孤兒院改爲一個傷兵醫院，他便往部格多夫(Burgdorf)去教書。在這裏他的思想具體化了，他把他的教授法形成一種心理有系統的法則。

裴斯塔洛齊得着熱心的人的幫助，於一八〇〇年便自己設立了一學校。次年他出版革特魯德如何教她的兒童。這是他一部最有價值，最有趣，最有條理的教育著作，出版後便馬上非常風行。有一個短時期，他的學校得到少許政府的津貼。他想根據訓練知覺的能力，研究出一種初步教授觀察和數字的方法。他這種注重知覺的理想，完全拋棄了坎柏(Campe)，撒耳士曼(Salzmann)

及其他汎愛主義者那種問答式蘇格拉底式的方法。

一八〇四年因爲政治的變動不利於裴斯塔洛齊，使他不得不捨棄部格多夫的那個學校。他和斐楞保（Fellenberg 一個手工藝學校的校長）工作了一些時之後，便在伊佛東（Yverdun）又自己開設了學校。在這裏他和那班有才能的同事們試驗一種初等教育制度，這種制度如此之新奇，如此之引人，如此之充滿了思想，以致震驚了全世界，各國許多的學者都不遠千里而來看這種奇蹟。

但是伊佛東的學校雖然表面上很好，而內部他們還是有許多意見不相合的地方，以致終於使其崩潰了。到一八二五年這學校便停辦了。裴斯塔洛齊的老年直到一八二七他死的那年，總是受着攻訐和爭訟的痛苦。但是他的工作已經是完成了。他不僅是爲社會改進而生，而且指示了一條新的途徑，使別人可以遵循。赫爾巴特（Herbart）和佛勒伯爾都領教過，也非常欽佩他的努力。赫爾巴特創立了一種更改進的小學教育方法，福勒伯爾則創立了一種幼稚園的教育方法。他們設法要實現裴斯塔洛齊的理想，如何訓練幼童的心智使其能自立，如何改良人的天性，如何訓練爲一個成人。『內部的能力未發展的，不能稱爲一個人。』

裴斯塔洛齊的教育制度總是沒有完成的。他不能把他的制度很有條理的說明出來，而他的信徒之所以分裂，也大半是因爲他這種缺點。但是他的理論雖則模糊，也還是有其好處。他的信徒們不得不自己來解釋他的理論。他們雖然批評他們的領袖，但還是不得不承認他那種開導的能力。至於像佛勒伯爾或赫爾巴特那樣嚴格的理論，裴斯塔洛齊是沒有的。各人都可自己自由來解釋。因爲這種特殊情形，所以這位瑞士教育的改革家的物體教授法和數字教授法，在歐美傳揚得很普遍。

裴斯塔洛齊和赫得的見解一樣，以爲語文是自然產生的，而不是習俗的產物，所以他對於名詞很重視。如此，他便提倡一種新的重視字語的主義，甚至要犧牲利用知覺的原則。學生應熟讀名詞，準備將來與物件連繫起來，正像在記憶裏織好網子，以準備捉住將來的經驗。對於兒童要訓練他們拼讀無意義的名詞，以發展他們這方面的能力。由此，發展能力的原則，錯用在訓練名詞上，以致與訓練知覺的原則不一貫了。

照裴斯塔洛齊的理論，一個人內在的能力需要發展的，可分爲三種，就是知識的實用的或工藝的，道德的。最後一種包括宗教在內。發展的方式是由內向外的，不過也必須由於利用內在的能力。物體必須分開的淸晰的認識淸楚，直到沒有一點模糊。定義的形成，應當是由於觀察，比較，以及把重要的從偶然的之中抽出來。由知覺所得來的，是因着字語而繫住了。裴斯塔洛齊發覺兒童各時期的發展是不同的，所以他組織許多班次，使各兒童能同時同讀一種學科，可以依照各人不同的能力而前進。『一切教育的詳情，應當根據於兒童的本性。』

教育的各階段應當是漸進的，甚至是不知不覺的，使小孩的發展好像是植物的生長一樣。這種連續性應當是不斷的。一八〇三年出版的母親的書，祇有一部分是裴斯塔洛齊所寫的。這本書的目的，是對做母親的講解應如何教兒童的語文，而後不失連續性，並利用知覺連繫起來。這本書的習題，開始的一課是關於身體的各部，有系統的名稱，分類，以及描寫。不幸有許多錯誤的地方也存留在裏面了。裴斯塔洛齊實用他的理論沒有像佛勒伯爾那樣前後一貫，赫爾巴特那樣的合乎邏輯，但是如果沒有他那種熱心的鼓舞，恐怕他們兩人也不能成就什麽。

裴斯塔洛齊也隨着盧梭的傳統，以為任何教導，必須得着兒童的合作。『讓兒童自由用他的鉛筆或粉筆，教師祇協助他或有時鼓勵他，但是不可勉強他所不好的東西。他自己最後會覺得準確的需要的。到那個時候，有規則的訓練便可以開始了。』祇有兒童覺得需要幫助的時候，纔去幫助他。任何機械的訓練，必須有心智上的刺激。干預可以破壞自然的發展。這種原則特別是應當應用於實際能力的發展，如體操，音樂，手藝。

心智教育根本的原則是根據於知覺實用教育的原則是訓練內在的能力，至於道德教育的原則，就是要『使我們心智和實際能力，服從在上一層道德和宗教的需要。』裴斯塔洛齊把人這樣區分出來：自然人是受制於本能的衝動，社會人是受制於法律，道德人是受制於原則。小兒之依賴母親，就是要引導他將來依賴上帝的一個過程。學校應當是繼續着兒童的家庭生活，而不要代替家庭。兒童的愛心和仁慈心應當養成他純潔的感覺和堅強的意志，而不要激發他的懼怕心或愛人稱贊之心。教師應當培養兒童責務之心，使他們認識工作是不可避免的，或是罪惡的。道德上的理論是兒童所不能知的，但是『應當使兒童有一種內心的感覺什麼是應分的，幷感覺一種道德的能力。」

裴斯塔洛齊的教育理論雖則有許多不一貫不完全的地方，而且每每爲人所誤用或機械的採用，但實際上對於瑞士，德國及其他國家的小學教育，都是有很深切影響的。他創出了許多新的目標，新的方法，新的技術。他使教師曉得兒童的教育不僅是理論上的，也是實際的——建築在知覺的基礎上。

第六章　赫爾巴特的教育理論

赫爾巴特(Johann Heinrich Herbart)生於一七七六年鄂爾敦堡(Oldenburg)，是一個極著名的哲學家，心理學家和教育理論家。幼年的時候，他是一個早慧和多才的做學生的時候，他是一個非常好學，長於評論和創造的學生。早年他就反對斐希特(Fichte)的唯心哲學。照斐希特的理論，心是一切東西構成的基礎，但是赫爾巴特還是贊成康德的話，一切實在的東西並不是一種心理的構造。康德認爲有些東西是眞實的，永久的，雖然是不可知的，但是決不能認爲是任何心理的構造。赫爾巴特因爲擁護這種實在論，所以被推崇爲近代哲學實在論的創始人。更進一層，他以爲心靈也是屬於一些實在的東西之內的。以他看來，心靈雖然沒有任何材力，但是也像其他的實在一樣，能够保存自己；這種保存自己的活動，就使其有一種現象，就是叫做觀念(idea)，或是呈象(presentation)。這種觀念是沒有『究竟實在』的，所以從赫爾巴特看來，我們所曉得的心智，是屬於現象世界的，至於我們所不知的心靈，則認爲是永久的存在。

形而上的心靈之自求保存，是有一種壘積的結果。每個新的呈象或觀念，總是受着以前的呈象或觀象的影響，而這些呈象或觀念，總是堅持爲一種心理的現象。因此，心智雖然祇是一種現象，而不是永久的實在，但是非常活動的，這種活動可以很精確的（差不多可以用數學和物理的公式）來研究或預料的。以赫爾巴特看來，心智是沒有自由的。如果是實在有一種自由或是超然的有一種自由，則何能訓導或受教育呢？赫爾巴特說：『不可有一點超然的自由，鑽入教師的領域裏』。一個好的教師應當先研究學生的心智，然後採用必需的呈象或觀念，與以前的觀念組合爲適當的意結，這樣，便可以依照教師的計劃，漸漸建成兒童的心智。

赫爾巴特以爲人的意志不是自由的理論，對於道德和教育方面都發生了很重大的影響。如果一個人是終究沒有自由的，則他對於自己的行動不能負責。赫爾巴特對於這個難題的答覆是：人類雖然在理論上不是自由的，但在實際的行爲上，應當認定他們是有自由意志的。善良的人格乃是對於觀念有一種平衡和調協，道德是世界一種美的表現。好的人格是由於好的行爲，而好的行爲又是由於有平衡的觀念。這種理論使教師佔着很重要的地位，使教育有無窮的能力。祇要我們充分曉得學生的心智，能夠充分約束他的環境，用最好的方法訓導，則教師可以依照自己的計劃，把學生的心智和人格無論造成怎樣的形式。

但是現今很少的心理學家或教育家，對於赫爾巴特的理論是完全同意的。很明顯的，這個偉大的德國哲學家，沒有想到遺傳的差異。他祇想到了一種表面的非實在的自由。他以爲心智是完全爲一種純粹機械的力量所左右，正如現代行爲派心理學家的理論一樣。教師不能隨自己的意思去支配學生的心智。人的心智不僅是有可塑性的，而且是有很大的彈性的。雖然一個教師時時跟隨在一個學生的旁邊，但是總不能使學生的一切行爲都好，或一切行爲都壞，這是赫爾巴特的理論以爲教師可以辦到的。

赫爾巴特的心理學和教育理論，雖然有這些缺點。但後來的學者還是得着了不少的幫助。有些方面心智的活動是機械的，有很少或完全無自由的；在這些方面，赫爾巴特的理論便很有效果了。祇要某些觀念變爲客觀的，變爲獨立存在的，便可以儘量採用赫爾巴特的分析和綜合的方法。

在這種情形之下，這些觀念便可以很準確的形成意結。在統覺（apperception）或聯想（association）方面，赫爾巴特指示了好的意結如何可以成立起來，固定起來，以爲教育上的應用。在這方面，他比以前任何思想家都要供獻大些。

赫爾巴特也和他同時代的佛勒伯爾一樣，曾經受教於裴斯塔洛齊，並且很受他的影響。他對於裴斯塔洛齊的那兩本書——革特魯德如何教她的兒童和知覺淺說——有許多建設的批評。一八〇九年他被聘往哥尼斯堡（Konigsberg）爲哲學教授，這個位置從前本來是天才的康德擔任的。在哥尼斯堡他設立了一個師範學院，訓練出不少的教師。但是到一八三三年，他接受了格丁根大學（University of Gottingen）教授的位置，在這裏直到一八四一年他死的時候。

赫爾巴特對於盧梭自然主義的教育，和陸克習俗的教育，都不滿意。他覺得應當把這兩種理論聯合起來。在學校的兒童應當研讀他們自己所景仰的理想人物。在這方面，與德養算是最好的教材。學生應當養成許多方面的興趣。但是如果每個學生的心智都是多方面的平衡的，則個性的發展怎樣呢？赫爾巴特的答覆是以爲個人的思想可以養成個人的特性。要養成個人的思想，則必須有一種科學化的教授方法。這種方法的要點是：清晰，聯想，系統，方法。我們都曉得，赫爾巴特的這種教育理論，後來發展爲教授法的五個步驟：清理學生已往的觀念，給以新觀念，把新觀念和老觀念在兒童心中聯合起來，構成一種有系統的形式，作爲新的應用。這種教授的方法，如果所教的課祇是灌注兒童一種新事實，是一種很適當的辦法。不過大半的情形，則五項步驟祇能應用於一項東西，而不能以整個的一課爲單位。

我們曉得赫爾巴特的方法，主要的乃是重於教導。把眞實的正當的觀念灌注在兒童心裏，則會產生正當的行爲。以教育的方法而論，教導比經驗是要快些，比與人交結要有系統些。所注重的是心裏的內容，而不是形式上的訓練。不過教導的方法，要造成一種嚴肅的，清醒的，堅決的判斷力。思想的路線是根本重要的。思想的路線發展興趣，興趣裁制慾望，慾望產生行爲，行爲養成人格。因此，人格是生於思想的路線，而思想的路線則是爲教導所導引的。我們要曉得赫爾巴特的教育方法。並不是要取消一切直接形式上的訓練。不過他所注重的地方，是藉着知識養成人格的間接方法。在這方面以及許多別的方面，他的方法與佛勒伯爾是相反的。

依照赫爾巴特的心理學，心理活動的單元是觀念。現代的學者認淸了本能，衝動，以及天性等，比觀念更根本些，所以對於赫爾巴特那種把一切感覺，興趣，慾望，意志，都完全建築在理智上的理論，勢必是要反對的。這些方面的心理生活，當然不是僅僅許多觀念綜合的結果而已，但現代心理學有許多新的發展，如解心術（Psychoanalysis），催眠術，癲狂心理等，似乎又仍舊回到赫爾巴特的理論。凡是以爲固定的觀念是重要的，則赫爾巴特的心理學是一種很有價値的理論，可以解釋許多不易明瞭的心理現象，因爲觀念雖然不是一種完全獨立的實在，但常常是具有這種性質，而實際上也可說是依照某種定律而活動的力量。

第七章　佛勒伯爾與幼稚園教育

佛勒伯爾（Friedrich Froebel）。是一七八二年生於條麟吉亞（Thuringia）的奧伯維斯巴哈（Oberweissbach）。他是幼稚園教育的創立者，他確定了近代所謂勞作教育許多重要的理論。他嬰兒時母親就死了，由父親教導，後來是他的叔父。他父親和叔父兩人都是牧師。稍大時佛勒伯爾從一個造林師學徒弟，後來學會計，然後又學建築。但是他一生事業眞正的開始，凡是在法蘭克福（Frankfurt）一個裴斯塔洛齊派的學校裏當教師的時候，他利用機會聽大學的講演，並親眼觀察裴斯塔洛齊試驗的工作。一八一三年他加入爲爭自由的戰爭，但是沒有赶得急上前線去。不久戰爭結束了，他便在革理新（Grieshiem）創立一個普世德國教育學院，一八一七年移往基爾哈（Keilhau）。這學院似乎名稱很大，野心也很大，但實在內部是經過許多掙扎纔維持下去的，他得着蘭革沙（Langethal），密登多夫（Middendorf），和他第一個妻子的幫助，一直維持他的學校，直等到他的著作宣揚了他的理論，然後漸漸纔有許多模仿他的學校設立起來。

佛勒伯爾最重要的著作，是一八二六年出版的人的教育，和一八二七年出版的給買寧根公爵的自傳信札。一八三七年在布蘭根堡(Blackenburg)所設立的學校，可說是第一個幼稚園，雖則這個名稱直到一八四〇年他纔很高興的採用起來。他這一生努力於教育的事業，也和裴斯塔洛齊一樣，經過了許多勝利和失望之後，便於一八五二年死了。

下面幾種主要理論的分析，是他所供獻於教育哲學的。他的理論雖則不甚清楚，前後一貫，但他的眼光和思想是很高的。有許多熱心研究佛勒伯爾的，對於自然，自動，統一，發展，自由，連續性，遊戲，象徵主義，浪漫主義，唯心論，人道等模糊的名辭，比他所想表現的確定觀念，還要熟悉些。

自然是一個很含糊的名辭，可以作許多意思解釋，不過其主要的意義，可說是內部的天性和外部的物體。我們是否應當以人的天性作爲嚮導呢？或許從三方面看，人性是可以作爲教師的嚮導的：（一）我們的本能，是教師工作的材料，因此他的方法必須受材料的限制，正如藝術家用某一種或別一種材料一樣。因此，如果某人的本能在某一方面比別人要強些，則教師的方法要受其影響。（二）恐怕我們的天性對於善惡有一種良知，若果如此，則天性在這方面可以作爲我們的嚮導。（三）恐怕我們的本能經過已往社會演化長期的鍛鍊和薰陶，能够存留下來，必有相當的價值，因此對於人類必定是有幫助的。若果如此，則我們尊敬跟隨我們的天性，實在是有根據的。

古代的斯多噶派有這樣一句成語：『跟隨自然。』一個聰明人應當訓練自己對於那些非屬於意志的東西，不要屈服於情感。祇有那些屬於意志的東西，纔可以左右我們的心智。由此，斯多噶派所謂自然，便是理智。不過中古時代基督教的思想，是不相信人的天性的，以爲人性是腐敗的無價值的。然而我們看許多聖徒的生活，對於外界的自然界是很表同情的，他們對於動物同情。不過自然主義的發達，直到十八世紀盧梭的時候，纔達到最高峯。盧梭把人性作爲教育的嚮導。自然主義也以爲植物，礦物，動物等，可以作爲人的嚮導或教訓。在過去的時期這種觀念造成了許多動物的預言故事，他們把好多動物當作人物一樣，而不看爲禽獸。不過在十八世紀時的自然主義，是要細心徹底的看透自然，想尋求一種眞正的嚮導，以了解人類和上帝。『讓自然作你的教師罷，』佛勒伯爾說。他以爲自然是『上帝的表現和啓示，是上帝的影像和作品。』他覺得上帝的精神是存在自然中，並使自然發展。他還以爲我們應當以一種統一的眼光（就是自然中的精神，）來觀察自然界各種複雜的現象。他以爲兒童應當是屬於戶外的。自然不僅是教師與兒童之中的一種連繫，而且使他們能够明瞭萬物的創造者。因此，我們應當引導兒童到自然界裏，好像引導他們到上帝的家裏一樣。十八世紀是注重調和，十九世紀是注重奮鬭和演進，不過這種奮鬭和演進，最後還是要得到調和的。

佛勒伯爾以爲心智原來是創造的，活動的。我們生來便有一種自然的天性想活動。我們生下時便有許多有發展可能性的能力，不過沒有實現出來；這種能力不是由經驗而來，而是由於天賦的。我們的心並不像一張白紙，任人無論寫什麼。我們的心不是空虛的，被動的，而是對於經驗有貢獻，不是受賜於經驗。這種理論對於教育有兩種結果：（一）任何教師，雖則他能支配兒童整個的環境，並不能隨自己的意思造成兒童的心智怎樣便怎樣；兒童的心智並不是可型性的，而是有彈性的。（二）兒童的心靈既然是超然的，與經驗獨立的，則我們應當尊敬兒童的心智，任其有充分的自由。

與佛勒伯爾同時的赫爾巴特對於兒童心智的性質和教育理論，則見解完全不同。他是一個很顯明的實在論者，正如佛勒伯爾是一個唯心論者。赫爾巴特以爲世上的東西並不是外表怎樣便是怎樣，眞實的特性和外表的特性是不相同的。我們所曉得的世界，不過是一些外表，但這並不是實在，因爲牠們是常常變換的，裏面沒有永久性。『實在』我們並不曉得，也不能曉得。實在並沒有部分，數目，或是特性，不過我們與實在接觸的時候，便會發生一種結果。兒童的心靈便是這樣的一種實在，當牠與別的實在接觸時，便產生了一種呈象或觀念。如果第二次有一個新的呈象或觀念與心智接觸時，則會與老的觀念結合起來，至少會互相反應。依照這種見解，我們的觀念不過是經驗的產物，而並不是自由的；我們的心智對於經驗並不能有所主動。心完全是經驗的產物。因此，一個教師如果曉得一個學生心裏已經有了什麼觀念，而他能够完全支配學生將要接受的一切新觀念，則他完全可以照自己的意思模型學生的心智。由此看來，佛勒伯爾的教育，是一種發展的過程；赫爾巴特的教育，是一種教導的過程。

佛勒伯爾對於意志的見解和赫爾巴特也不相同。佛勒伯爾以爲意志在經驗之先便是創造的，自動的，而赫爾巴特則以爲意志僅對於所接觸的許多觀念一種分配的工具而已。從習慣方面看，赫爾巴特的見解大概是不錯的，但心智不僅是習慣而已。心智的反應，並非純粹是機械的；牠有時忽然的或自然的表現着某種能力和趨向，所以不能說僅僅是許多觀念機械組合的而已。簡言之，心智在初生時並非完全沒有一點材力或範疇的，而是有一種創造力活動力，向外追求工作的材料。以通常心智的活動而論（就是觀念的聯想，）赫爾巴特的理論大概是對的。相同的觀念可以互相幫助，而心智之從一步進一步，乃是因爲有一種共同的元素。但有時心智的活動並不是由於聯想（就是共同的元素，）而是由於對於刺激的反應。這種現象用佛勒伯爾的理論來解釋，就要清楚些，因爲他以爲心智是可以自己活動的。

赫爾巴特的教育，是要繼續不斷的把觀念灌注在兒童心中，儘量的連繫起來，使其成爲心智結構的一部分。因此，赫爾巴特主要的教育方法是教導。但是從佛勒伯爾的觀點看來，以爲心智既然是自己活動的，向外追求材料以實現自己，因此需要很少的直接教導。所需要的，就是要替兒童預備適當的環境和適當的材料，使其心智可以自由發展。赫爾巴特的心智是沒有自由的，根據於這種原則，他也不得不否認意志的自由。但是如果沒有意志的自由，則一個人對於自己的行動是不能負責的。赫爾巴特對於這個問題的答覆，以為我們自己會感覺得自己是自由的，社會也會把我們當作有自由意志的人看待，不過實際上不是自由的。這種理論與佛勒伯爾的思想比較起來，實在是難於令人滿意些。照佛勒伯爾的看法，心智乃是超然的。他覺得心智是眞正有一種選擇的能力，不隨外面的刺激而轉移，所以他覺得自由的理論是對些。他覺得自由是一種應當尊敬的神聖的能力，不是可以隨意阻止或毀滅的。從道德方面看，自由不僅是沒有約束的意思。法律和規則是我們自己制訂的，是我們樂於服從的，所以自由是一種快樂。學校和家庭裏的法則，應當是兒童的本意所能尊重的，所以他的心智還是能夠自由發展。佛勒伯爾的理論如此之明顯提倡自由，以致有許多年普魯士的政府逼迫了幼稚園。

赫爾巴特是依賴外界的影響來模型兒童的心智，佛勒伯爾則是根據於內心的衝動。因此，赫爾巴特主要的教育工具是經驗，接觸，教導，而佛勒伯爾增加了一點更重要的——便是發展。

佛勒伯爾所謂統一（unity），並不是無差別的意思。實在講起來，離開了差別，統一便沒有意思了。統一的意思，是各差別之中有一種共同性。從這方面看，統一可說是各物體的統一性。佛勒伯爾是一個唯心論者，所以他相信唯一究竟的實在便是靈；所謂自然界和人和上帝有統一性，便是這個意思。除了物體的共同性之外，統一可作另一種解釋，就是根源的統一。從演進方面看，這種解釋是對的。除以上兩種意思之外，統一也是目的統一的意思。佛勒伯爾假定並相信有三種統一：（一）物體的統一，因爲一切東西都是有靈的；（二）根源的統一，因爲一切東西都是根源於神聖的心靈；（三）目的的統一，因爲一切東西的目的都是要追求一種神聖安排的完美。但是在另一方面，佛勒伯爾並沒有假定一切東西是完全無差別的。他以爲任何東西都是各自分開爲一部分的，但是一切都聯合起來爲一整個。他以爲宇宙乃是一個大機體。機體和湊合是相反的——身體是一種機體，一堆石頭便是一種湊合。在一個機體裏，每一部分都供獻於整個的生命，而整個則護衛各部分的幸福。各部分都有他必需的作用，也可說是機能，但是一個機能主要的特性是在乎牠能夠自己生長，而湊合祇是從外面增添而已。機能是有一定的法則，由內部而發展。佛勒伯爾以爲不僅有生之物，即算其他自然界，都是屬於整個的機能；那些無生的自然界，對於人和上帝都是有不可脫離的關係的。由此看來，生命不是一種機械的構造，而是依照某些法則的發展，這些法則對於自然界和人類大體都是差不多的。因此，教育並不僅僅是一種增加觀念的過程而已，好像把石頭堆在一堆石頭上一樣；也不是灌滿心智而已。教育乃是要設法想出一些方法和工具，幫助心智依照牠自己的法則而發展。

論到機體的發展，我們曉得那些身體最簡單的（就是部屬最少的，）就大概沒有什麼統一性。譬如一個阿米巴是沒有什麼部屬的，不能分裂起來，也就沒有什麼統一性。一個生物的組織愈複雜，則統一性愈密切。而各部分的差別也就愈大。佛勒伯爾懂得這種定理，因此他以爲個性是應當鼓勵的，因爲個性可以促成統一性。論到課程方面，佛勒伯爾有一種連續性的原則。所謂連續性，包含共同和差別兩種意義。如果幾種觀念要有連續性，則牠們必須有些方面是共同的，有些方面是差異的；正如一條鏈子每個圈有一部分是連在上面的，另有一部分不是連在上面的。事實上我們的心智從一種觀念達到另一種觀念，是藉着這兩觀念之中的共同點。譬如有一種觀念包含A、B、C、三部，接着的那觀念包含A、D、E、三部，因着A部的共同，便能在心中連繫起來。連續性乃是觀念聯想的根本原則。

從某方面看，遊戲乃是工作的反動，是滿足快樂的慾望。但是從另一方面看，遊戲乃是兒童發展的最高度，這種思想我們不得不歸功於佛勒伯爾。他說：「遊戲乃是內部的生命，因着內部的需要和衝動而自動的表現。」「遊戲是兒童時期最純潔最屬於心靈的活動，同時也是整個人生的特性。」的確，遊戲是達到了心靈的自由，完整，創造的最高度。正如柏拉圖所說的：「兒童的遊戲可以影響他們對於法律的服從。」也有人說過：「祇有人在遊戲的時候，纔是他本性的表現。」遊戲和工作可說是同一創作活動的表現。在這兩者之中的便是運動。嬰兒的遊戲主要的特性是遊戲的本身便是目的。他所得到的滿足，正是在遊戲的過程中。較大的兒童的運動，也有這種特性，不過除了當時的快樂之外，他們還另有一種目標，通常大概是要得到比賽的勝利。工作的特性，主要的是要得到一種結果，而不是爲工作的本身。不過最高尙的工作，是工作者忘卻了他是追求另外一種目標，而祇感覺得工作本身的快樂。因此，教師的問題，是要在工作之中能够保存遊戲的精神。幼稚園就是以遊戲的精神來指導工作，實際上這種遊戲的精神在成人中就是叫做所謂專業的精神

(professional spirit)。從心理方面看，而不從社會方面看，一個專業者與一個職工不同的地方，就是前者從工作的本身得到快樂，後者是從報酬或工作以外的其他結果而得到快樂。由此看來，所謂專業者就是那些像小孩子一樣以遊戲精神而工作的人，無論他的工作是勞心或是勞力。

教師對於自由的遊戲（就是除遊戲以外無其他目的的，）可以有三種作用：第一，教師可以激發鼓勵兒童遊戲，以實現他們的衝動；第二，教師可以鼓勵兒童遊戲中那些好的有用的成分；第三，教師應當打破兒童遊戲中那些有害的不正當的成分。關於遊戲中那些應當鼓勵的德性，是公正，節制，忍耐，自制，眞實，忠心，替別人作想，決心，堅持，合作。

遊戲是根源於本能，不過這種本能大略可分爲三種形式。有些遊戲不過是浮面力氣的表現，好像小馬喜歡跳躍或是小羊喜歡雀跳一樣。有些遊戲則含有一種戲劇的意味，其特性是一種裝扮的精神。當然這種遊戲與模仿的本能是有密切關係的。最後，第三種遊戲是對於將來生活一種自然的準備，如玩娃娃或是居家，以及其他對於成人生活的模仿。這種模仿或戲劇遊戲的本能，有些低等動物也是有的。譬如兩隻狗假裝着鬬爭。小貓玩球也可說是第三種遊戲。以上諸點，可說是解釋遊戲的根源，不過兒童之所以繼續不斷的想玩耍，還是因爲他們在遊戲中所感到的那種快樂的經驗。大概而論，佛勒伯爾對於裴斯塔洛齊的理論的解釋是對的：『在兒童整個的領域中，道德力量的根源是在於遊戲。』

象徵主義是根源於觀念聯想的過程，有些不易抓住的觀念，則我們用一個比較容易明瞭的物件或觀念連繫起來。差不多大家都曉得，心智對於那些用知覺可以感到的物體（特別是那些可見的可摸的東西）比抽象的觀念容易了解些。因此，所謂象徵主義的意思，就是把抽象的觀念掛在具體的物件上，正如掛在一個鉤子上一樣。因此宗教也是充滿了象徵的。甚至在哲學裏有些名詞，也是從物質的世界裏而來的。譬如所謂精神（spirit），原來是呼吸的意思。年輕的兒童對於抽象的觀念特別不易明瞭，所以需要一種象徵的教育。用象徵的方法，並不必把物體實際擺在兒童的眼前，因爲祇要提到名詞便可引起他的影像，因而激動他心中的聯想。不過大概而論，如果我們能把所象徵的實際物體擺在他眼前，則比僅僅的影像要有力量些。我們的心智所依賴於象徵的，實在是非常之大。一切語文都是象徵的。一個字無非就是一種記號，使我們說出時能聽見，寫出時能看見，並能代表一種觀念。

字和所代表的觀念的關聯，或是習俗的，或是自然的。那意思就是說，有些字是大家同意代表某某意思，另有些字則是因爲字與意思之中有一種自然的相像，如『哼』(hum)『布茲』(buzz)，『巴布爾』(babble)『默默』(murmur)等。這種區別對於語言學家是很熟悉的，但同時也可應用於其他方面的象徵。

佛勒伯爾有些象徵是武斷的，完全是他個人的聯想，不一定是別人同意的。譬如他以爲水晶是象徵一個人整個的一生。像這種武斷的象徵是沒有什麽道理的，除了創作者個人之外，別人是不會同意的。

佛勒伯爾所想出的有些象徵，別人一定是不同意的。牠們太偏於個人了，太主觀了，太浪漫了。在教育中最有價値的象徵，不是那些根源於個人心理武斷的聯想，而是根源於大家的同意，或是習俗，或是象徵與所代表的觀念之中，有一種自然的合理的關聯。不過幸而佛勒伯爾的那些象徵，並非完全或大部分是個人的或武斷的。

佛勒伯爾用娃娃代表家庭生活的觀念，把做母親的各種動作代表各種職業。他也幷沒有忽略平常習俗的象徵，如文字等，不過他總是想在層層的習俗之下找一種自然根據的象徵。因此，象徵可分爲：（一）個人的或主觀的；（二）習俗（就是大家同意以爲應當如此的）（三）自然的。佛勒伯爾想追求自然的象徵，這乃是最高尚的詩歌藝術主要的特性，也就是浪漫主義者的特點。有時他那種自然的象徵是美麗的有用的，譬如他美麗花園中的百合花。自然的象徵常常用在那些好的寓言故事裏。這種象徵幷不是主觀的，乃是客觀的。這種象徵幷不是勉強灌注在一個東西裏的，乃是由那東西引出來的。如果教師也像佛勒伯爾一樣相信自然界是一種可以眼見的精神，則對於客觀的或自然的象徵便更要看得重要些。唯心的哲學覺得自然界的物體有一種精神的意義，因爲物體的本身是屬於精神的。因此，威茲威士（Wordsworth）認爲自然根本乃是象徵的，騰尼孫（Tennyson）也以爲如果一個人能完全懂牆隙裏的那朵花，『就可以懂得上帝和人是什麼。』不過無論我們是那一種看法，我們總可以相信象徵乃是兒童心智一種自然的活動，他們可以把一根棍子當作馬騎，把一堆沙子當作堡壘看。在教育裏，我們應當使我們的象徵適合於兒童的心智。對於兒童，要用兒童的象徵；對於成人，要用成人的象徵。我們要把兒童的想像力集中於將來，要把大人的活動用簡單具體的形式代表出來，這樣兒童在不知不覺中便成爲社會進化的一種工具。

不僅在文學裏，就是在其他藝術裏，如圖畫和雕刻，我們也可分別古典的和浪漫的出來。即算在哲學裏，宗教裏，及他種人類根本的興趣裏，這種區分也還是可以存在的。古典的是代表那些日常熟習的，不過其形式是要非常完美的，永久的，幷有普遍性的。一首古典的詩，或是一個古典的塑像，是要各部分協調，以及牠所表現的那種均勻，有度，以及安閒的神韻。古典的是偏於形式的；如果要模仿牠，除非模仿得非常成功，結果便容易平凡陳腐。但是在另一方面，浪漫的則是代表個人的慾望，在新奇的形式和環境中去追求美。古典的是偏於嚴整和簡單，浪漫的則是偏於新奇怪誕。浪漫的是表現個性的。這祇爲某一類的人所好，而且祇是在某種興致的時候；而古典的則是適合於人人的，適合於任何時代的。浪漫的是一種個性的表揚，而且每每是對於古典的傳統反抗的。如果在某時期保守派佔勢力，模仿的風氣盛行，則接着後面的一個時期一定是一種浪漫的反動。此外，古典運動的特性是思想的清楚，浪漫運動的特點則是情緒的熱烈。

佛勒伯爾的時代，正是德國浪漫運動復興的時代。名學者如提克(Tieck)，希勒格(Schlegel)，克勞西（Krause），謝林（Schelling），士來厄馬赫（Schleiermacher），以及青年時的哥德(Goethe)和席勒爾(Schiller)，都擺脫了從前傳統思想和保守藝術的桎梏，打開新的途徑，反抗社會以伸張個人的權利。他們表白個人的思想和情緒。他們用大膽的文字和象徵。他們所過的生活也是充滿了狂放和熱情。佛勒伯爾對於這些作者的作品都是很熟悉的，所以有許多方面他都是受着浪漫派的影響。他之不容易很清楚的表現自己的思想，他對於自己的信仰，他很痛快的擺脫過去教育的傳統，他對於自然的愛好，他肯定人的天性原本是善良的，他主張兒童應當自由發展，特別是注重遊戲，他對於愛的重視，他盡量的利用象徵，他把個人的精神和自然界的精神融合起來，他那種忍不住的耐心，他那種決心追求他一生的事業——凡此種種都是很顯著的浪漫派的特性在佛勒伯爾的人格裏表現出來了。但是在另一方面，佛勒伯爾的眼光，沒有純粹浪漫派者那樣激烈的反抗。他能夠認清古典派也是有許多好處的。他不像浪漫派的大師盧梭，他重視秩序，調和，統一，有規則的習慣，社會組織的價值，同時他也重視自由。因此，近代的幼稚園，一方面是有浪漫主義的那種新鮮，獨創，熱愛，自我的表現，自然不拘，愛好自然界，以及情感的豐富，一方面是有古典主義的那種平和，自制，節制，調和，秩序，普遍性，尊敬社會組織（如家庭教會政府等）中有價值的部分。

當然，由個人反抗環境的思想而產生出來的觀念，最後達到完美形式的時候，可產生一種新的古典，這也是可能的事。因此，幼稚園的問題是要達到一種古典的完美，而同時不要破壞個人的浪漫。

佛勒伯爾是一個唯心論者，可以從兩方面看：第一，從形而上方面看，因爲他相信「實在」根本上是合理的，自然乃是可見的精神，離開心物質是不能存在的；第二，從倫理方面看，因爲他相信一切東西都是向着神聖所指定的目標進行。他覺得一切生命和一切存在的過程，都是由所向的目標而決定。正如種子是爲樹而存在的，所以現在是爲偉大的將來而存在的。他從目的方面解釋兒童的生命，而不從根源方面解釋。在他的眼中看來，兒童的重要，不是因爲人類過去的歷史，而是因爲在人的天性中有一種神聖的光輝；我們要把這種光輝發揮出來，一直要整個人類的天性變化過來，擡高起來。幼稚園是有目的的特性的。教師對於學生所希望的，不是看他本身和他的根源怎樣，而是要看他將來變化得怎樣。

佛勒伯爾也和一般唯心論者一樣的樂觀，以爲自然界和人是一種絕對心靈的表現（就是神聖的心靈）。來布尼茲（Leibniz）以爲現在的世界，是一切可能世界中最好的世界。但是佛勒伯爾的樂觀，沒有來布尼茲那樣看得容易。他和其他大教育家夸美紐斯（Comenius），裴斯塔洛齊一樣，相信人性的發展幷不是一種碰機會的結果，而是要好好導引的。不過佛勒伯爾覺得人類本身的努力以及與神聖的意旨合作，是很重要的。他覺得人類不達到一種完美的地步，世界不會停止的。

佛勒伯爾覺得人格的養成，是要有賴於一切東西與上帝合而爲一的實現。人格的發展，是要把我們天性中最好的拿出來，這樣便使我們得到最好的收穫。這種發展的實現，是要與別人接觸。在那些重要的社會組織裏，如家庭，學校，教會，職業，政府等，我們就有訓練的機會。佛勒伯爾所設計的許多遊戲，就是要藉着這些社會組織來發展人格。

佛勒伯爾的人生觀是仁慈的，不過他的愛人類與裴斯塔洛齊的根源不同。裴斯塔洛齊是我們一般人所想像的那種慈善家——一個充滿熱烈仁愛的人，準備犧牲自己的一切以爲他一生的事業，就是要改進人類。但是他不把自己很清楚的表白出來，不能把他的道理講得清楚。而佛勒伯爾的仁愛主義，則是一種有條理的，有系統的，有思想的態度，是一種想透了的自信的結果。因此，他幷不馬上投入教書的工作，他慢慢的選擇他的事業，直到他能確實決定那一種生活能够使他對於人類有最大的貢獻。他要兒童自己幫助自己。他認定人類根本是發育的，創造的，而不是安樂而受惠者。他想告訴別人如何能得到行動和表現的能力，這是在他自己的兒童時代未能十分得到的。他不僅是慈善家，還是愛國者，也可說是愛世界者。在當時似乎有一種過早的思想，就是覺得戰爭和國家成見的時代，已經是不會再有了。因此，佛勒伯爾常常總是提到人和人類，而很少提到國家或省分。他對於人類責務的觀念是很高的，與康德和斐希特的見解差不多。對的人便是對的，沒有什麽例外可以准許的。人的責務是要追求人生內部的意義，幷遵照此種意義去實行。

第八章　什麼是最有價值的學識

斯賓塞(Herbert Spencer)是生於一八二〇年，卒於一九〇三年。他自己雖然對於教書沒有什麼經驗，但他是出身於一個很多教師的家庭裏。他除了那些著名的哲學著作之外，還有四篇著名的教育文章，對於英國古典傳統的公立學校，大膽的攻擊。斯賓塞對於科學的熱心，固然有時使他趨於極端，但是他對於教育思想的影響之廣大有益，卻是無容懷疑的。正如勒斯力・史梯芬(Leslie Stephen)在詹姆士・史梯芬爵士傳記中，指出英國一般上流人物在那種傳統人文主義的學校裏所受的教育，是如何的墮落到一種迂腐不堪的地步。「以當時的潮流看來，我們的先生巴爾斯東可算是一個好學者，對於拉丁詩文是頗有名的，但實際上是一個迂腐的紳士。他有一次對我的哥哥說：「史梯芬，如果你不吃苦一點，怎能寫出好的長短句呢？如果寫不好長短句，怎能做一個高雅的人呢？如果不是一個高雅的人，在世上有什麼用處呢？」」

上面這一節，在斯賓塞教育論文第一版的篇首，曾經摘錄下來了的。這些論文最初是在雜誌上發表時，對於意大利復興時代遺留下來人文主義的教育，墮落得可憐的情形，很痛快的揭穿。斯賓塞的見解對於社會思想有那樣大的影響，是因爲他那種偉大的氣魄。像他這樣偉大心境的人，對於巴爾斯東這類的迂腐之流，實在是忍受不住。在『什麽是最有價值的學識』一文中，斯賓塞對於當時學校的課程，提出了一個很確切顯著的問題。

斯賓塞的理由，是以爲當時人把學識當作了一種裝飾品，好像野蠻民族所佩戴的珠子一樣，而不是一種實際的工具可以應用於人生問題的。『如果我們說一個兒童所學的拉丁和希臘文，對於他後來一生所做的事業，十有九是沒有什麽實際用處的，恐怕別人就要說這種話太鄙俗了。』一般人總是覺得應當迎合輿論的。一個男孩總應當受一種『紳士的教育』，一個女孩就應當有種種『才能』，如跳舞，風度，彈琴，唱歌，繪畫等，此外，要懂得法文和德文，也是女子時髦的風氣。一般人祇尊重別人的意見，而不管學識眞正的價值。

當然，這些理由，也可以反駁的。拉丁和希臘文之所以在課程上佔很重要的地方，原來是因爲牠們有用的緣故，因爲一切有價值的文學都是希臘和拉丁文。上述那些女子的才能，卽算從實用方面講，也并不是可以輕視的。不過斯賓塞也明白：對於課程的各科的比較價值，卽算提出這個問題來，也會令人覺得新奇的。然而這個問題是不能不提出來的。一個人求學問的時間是有限的，那麼，如何對於時間纔利用得最好呢？要解決這問題，便不能不有一種標準了。斯賓塞所提出的標準，就是要看那學科對於人生的關係怎樣，對於人生的幸福和快樂有何幫助，簡言之，就是牠的用處究竟到如何程度。「教育所應完成的職務，就是要準備我們有完美的生活。要判定一種教育課程是否有價值，唯一合理的標準，就是要看對於這方面能够做到什麼程度。」

從這方面去追求，斯賓塞把人類主要的活動分類出來。他寫着：『人類的活動可以很自然的分爲下列各類：

（一）那些直接求自存的活動；

（二）那些追求生活的需要，間接而求生存的；

（三）那些爲養育訓練子孫的活動；

（四）那些為保持社會和政治適當關係的活動；

（五）那些在休閒時期為滿足興趣和情感的活動。」

照斯賓塞的看法，上述的各種活動是依照他們重要的次序而排列的，所以在人生中，生理的需要比心理的標準重要些，心理的標準比文學和藝術的價值又重要些。大概而論，他以為重要的目標是為個人的好處，而不是為社會的好處。求生存，工作的效率，父母的職責，公民的職責，個人興趣的修養，這便是個人活動由重而輕的次序。各項都是要注重的，不過不同的程度的注重。最重要的，是對於求生存有密切關係的科學知識，這是根本有價值的；其次便是那些外表有價值的學識，如拉丁和希臘文，最不重要的是歷史上那些名字日期以及種種死的無意義的事實，這祇有一種習俗上的價值。

如果求生存是最重要的，那麼，對於衛生的知識就應當懂得清楚，並實用出來；對於身體的構造應當明瞭，不可反乎自然，好像那些女孩們本喜歡操練身體的，而那些笨的女教師卻不叫她們活動。此外，不可破壞生理上的那些法則，以致造成疾病或死亡。個人對於自然的警告，如疲倦過飽等感覺，應當有充分的科學知識。「我們以爲健全的身體和飽滿的精神對於人生的快樂既然比其他任何東西都重要些，所以對於這方面的教導比其他任何課程也都重要。因此，我們以爲生理的課程，使人對於身體大概的情形明瞭，以及與日常行動的關係，實在是合理教育最重要的一部分。」斯賓塞覺得那些把一個拉丁字的重音讀錯了，便覺得非常羞愧，但是如果他們不曉得歐斯達邱司管(Eustachian tubes)是在體內的什麽地方，或是脊髓有什麽功用，則毫不覺得羞愧。

教育上的這種缺點，雖則漸漸糾正了，但是任何文化中都不可少的工業，在中等學校的課程中還是非常之忽略，在小學裏則還沒有地位。斯賓塞對於課程上的這種欠缺，是第一個引起一般人注意的。不過他所提出要注重的，還祇有數學，機械學，物理學，化學，天文學，地質學，生物學，社會科學等。從現代的觀點看來，斯賓塞的分析比較最進步的那一部分，還是他間接提出以爲學校的課程不僅要有這些科學的形式，也還要注重把牠們實際應用出來。至於斯賓塞是否也曾完全預料到最新的理論，如恩德爾(Oundle)的散得孫(Sanderson)所主張的，應當把化學應用到許多廣大的工業方面，如漂白，染料，印花布，鎔煉，煉糖，煤氣，肥皂等，則不得而知。但是他一定預料到了在現代的情形之下，相當的科學知識，一定是人人所不可少的；再則各學校必不可忽略生理和心理的原則，這是學生將來預備做父母的基礎。學校應當有系統的教導生活的法則。

斯賓塞對於自然界的欣賞，文學，藝術等，雖則不想抹殺其價值，但是不得不加以限制，而把牠們放在不甚重要的地位。建築，雕刻，圖畫，音樂，詩歌等，幷不是進化生活中第一重要的條件，而是文化發達後的一種花卉。當時的教育是『爲着花卉而忽視了枝幹。』雖則現代的語文可以使人有一種鋪張炫耀，雖則經典可以使文才茂盛，與致高雅，但這都祇是一些優閒的成就，祇能屬於優閒教育的一部分。美感的生活祇能附屬於經濟的生活。而且卽算是爲美術的教育，也應當帶着一種科學的色彩。這幷不是說科學可以造成藝術家，不過『祇有藝術的天才與科學相結合，便可產生最好的結果。』此外，科學的本身幷不是無詩意的。『我們看見有世人祇潛心於那些瑣碎的事，而對於那些偉大的觀象卻漠不關心，實在是可憐的事！他們不曉得偉大的宇宙的構造，而非常熱心討論瑪麗皇后那種種陰謀；深思的去批論一首希臘詩，而毫不注意上帝親手所寫的各地層演化的偉大史詩！』

「什麽是最有價值的學識？」斯賓塞對於這問題答案便是科學。科學不僅是人生中最有價值的東西的基礎，而且可以訓練記憶力——不是用一種機械的方法，而是一種隨時附帶的結果。牠可以發展判斷的能力，鍛鍊個人的理智；培養誠心和堅持的能力，鼓勵眞實的宗教和德性。斯賓塞和赫胥黎兩人共同努力奮鬭，替科學在教育中戰勝了一個地位。如果他因爲熱心主張，言詞太過分了，或是太歸罪於人文主義的傳統，或是沒有認淸科學不過是人生的目的而不是根源，然而現代的世界應當欽佩他替科學爭辯的得力，責備從前對於科學太壓制了，而牠那些驕傲的姊妹們卻把那些陳腐的東西在世人眼中誇張着。

第九章　阿那托力·佛蘭西對於兒童教育的理論

阿那托力·佛蘭西(Anatole France)是一個人文主義者，學者，文學家。在好友記一書中，對於他自己的童年在一種想像的境界中描寫他自己。這個好友便是他自己，托名為那齊耳(Pierre Noziere)，他的早年是在一種很好的環境裏，對於他天才的發展是很相宜的。他的母親雖然對於各種學術上批評上的各種問題是冷淡的，然而是一個興趣高上情感熱烈的女子，她有她自己的那幾種思想，對於歐洲以外的國家都稱之為島國。他的母親雖然思想窄狹，然而他父親是一個學問廣博的人，所以能把這種窄狹糾正過來。他父親是一個醫生，因為對於人類學潛心研究，以致差不多把他的兒子完全交給他妻子去看管了。在喫飯和其他談話的時候，這位有學問的醫生便教導他年輕的兒子，準備着一種有思想的生活。佛蘭西的父母的弱點，並不甚過分，而且反而使他近乎人性些。他父親不容易捉摸女性的美，而他母親則不知如何是明瞭那些抽象的問題。父親指導他的頭腦，母親指導他的心懷。

好友記的作者提及他早期童年時的許多回憶，不過這些回憶都是零碎的。他最早的回憶，是他將近睡覺時，常常懼怕許多鬼魅的影子。要經過一番嬉戲，哭泣，撫抱，或是和他追趕把他在桌下抓着好像捉老鼠一樣，纔能叫他去睡覺。起初是許多怪物的影子，直到嬰兒那種沈重的瞌睡纔勝過這種幻影，然而直到中年他成爲一個作家時這種幻像還是在他的文章裏顯露出來。兒童的夢都是很古怪的。我們總還記得在七歲之前常常有那些複雜的夢中飛行的冒險，以及逃避對過屋頂上的狗熊等。佛蘭西也和我們兒時一樣，是一個充滿了想像的兒童。

兒童除了幻像之外，也還有他的判斷力。有一個男子常常去看隔壁的一個白衣女郎，佛蘭西很不喜歡他。他恨那男子說是要送他回家到母親那裏去。有一次叫他出去，在隔壁房裏等候。他開始還安靜過去，但不久他便在門隙裏窺着聽着。最後他便把那門推開來，使那女郎不致受那男子的侮辱。卽算這一類別人所喜歡的冒險，結果他還是沒有受什麽損害。

在日中他母親在桌上工作的時候，他便在她脚前玩着娃娃，缺了一隻腿的羊（雖則從前是四隻腿的）。這些玩具代表他的戲劇中各種各類的人物。如果牠們之中有什麽有趣的事，他便叫母親也來欣賞，但是他母親對於這類的事幷不感覺興趣。這便是她最大的缺點。不過他母親總是叫他做『小傻子』，這使他略得安慰一點。有一次她把他抱在手中，指着牆上花紙的一朵花說：『我給你這朵玫瑰花』。他便在花旁畫一個叉，作爲記號。照佛蘭西想來，沒有其他禮物比這更使他快樂的了。任何種教育，都應當有一種聖潔地是爲愛和同情心的。

大半的小孩，在他們相信爲萬能的父母卵翼之下，感覺得一種安全和護衛。但在另一方面，因爲他們聽見許多談論或故事，對於生人便不信任。佛蘭西對於堡壘裏的王子被殺害的故事，有很深刻的印象。有一次他和母親去看一個常與他們家裏往來的老友。聽說這老友是住在一個堡壘裏，然而實際不過是一所普通房子，而佛蘭西便害怕極了。他覺得他恐怕會被人所殺害了，他帶着了那隻小犬，覺得略有一點安慰，因爲如果有殺人犯來的時候，那小犬便會狂吠，正如愛德華第四的那隻警犬一樣。佛蘭西的心思從一件事跳到別件事，好像雀子從一個枝椏跳到別個枝椏一樣。最後他鼓起勇氣來扯着主人的袖子說：『羅賓先生，你曉得，如果我母親當時在倫敦塔的話，愛德華的孩子們便不會被他們那惡暴的叔叔在枕頭下窒死呢』？佛蘭西似乎覺得羅賓先生沒有完全懂得他的意思；不過後來他母親和他單獨在一處的時候，便說他是一個怪物，然後撫抱着他。

佛蘭西另有一次童年時的冒險也是兒童常有的事。他很羨慕那個洗衣婦的兒子亞豐斯，因爲羨慕他可以自由在街上遊蕩，可以在溪河旁販賣東西，也不必向別人問安，因爲別人安不安與他並無關。亞豐斯可以自由玩弄他所捉的麻雀，街上的野狗，甚至於過路的馬，直到馬夫把他趕走。有一天他到亞豐斯家裏的天井裏玩耍，大家搬着石頭。但不久他的保姆便把他帶走了，把他的身子洗乾淨，然後母親對他說亞豐斯所受的教養不好，不過這不是他自己的錯處，而是因爲他遭遇的不幸。由是佛蘭西對於亞豐斯的態度，馬上由羨慕改而爲憐惜和懼怕，正如小小的亞伯爾憐惜該隱一樣。但是他能夠怎樣幫助亞豐斯麼？如果送他一朵花或是和他接一個吻，是不適當的，於是他想到他那匹馬的鬃毛或是馬尾，但這種禮物實在是太重了。最後他對於這個問題的解決，是用繩子從窗下放一束葡萄給亞豐斯。亞豐斯趕快抓着葡萄和繩子，做了一個怪臉，便拔著腿飛跑了。佛蘭西的父母對於他這種行爲雖然幷不反對，但是說應當把自己的東西給別人，不應拿別人的給別人。

佛蘭西兒童時所受的教訓，是從許多不同的根源，而有些根源不是可以裁制的。有一次有一個年青貌美的女郎把他抱起來查看他眼睛的顏色，而佛蘭西便第一次感覺得美的那種甜蜜的痛苦。她所展開的那兩隻手膀，好像一個無窮的夢的世界。

佛蘭西的母親常常讀使徒行傳給他聽。他那活潑的年青的心情便常常想到他們那種犧牲的精神，特別是他們那種嚴肅的生活。某次他爬入廚房的汙水桶裏，想效法聖西門，但是他父母不許他在這裏像西門在柱頭上停留那樣久。他把他自己那一點點所有的東西都分散與窮人，但是他父親說他是傻子，把他的窗子關了。佛蘭西對於他父親的這種不公平覺得非常之憤怒，不過他以爲他父親不是像他一樣是一個聖者，將來也就不能得着幸福的光榮，於是他纔覺得安慰一點。

正如聖哲羅姆（St. Jerome）和聖安禿尼退隱在獅虎和埃及人之中一樣，佛蘭西也想做一個隱士。經過了細心的考慮之後，他選定了『植物園』爲他唯一合乎經濟條件的『荒地』。母親問他這種古怪的決定是何原因。他回答說：『我想要做一個名人，在我的名片上印着「隱士及聖者」，正如父親的名片上印着「醫學院桂冠獎及人類學會幹事」一樣」。那時他母親梳着頭，嚇得把梳子掉在地上了，說他是有神經病。「七歲便想做名人」！但是他父親幷不怎樣着慌，預料着他到二十歲這種做名人的夢便會打破了的。

關於出世的思想，佛蘭西自己承認他常常有這種誘惑，但是每每自然的環境仍舊把他帶回塵世來，叫他過着日常機械的平凡的生活。

對於心智方面的事，是一個叫布先生(Monsieur Le Beau)的引起他的興趣。佛蘭西年紀很小的時候，布先生已經很老，不過因爲環境的緣故，使他們能够互相了解。佛蘭西十二歲的時候，這個年老的收藏家，目錄家，以及學者，便死了。從那時起，這個年青的孩子便想以布先生爲榜樣，做一個著作家，自己做校對的工作，這種志願他後來是達到了的。

佛蘭西的外祖母死的時候，使他得到了許多新的經驗。他到殯館裏去的時候（從前他去過幾次的），覺得雖然不知死亡是什麼一回事，不過這次的事總使他覺得是一件很嚴重的事。他四周的一切，似乎都以這件事爲中心點。這時他第一次稱揚樹的美麗，空氣的溫和，天空的光輝。他看見那小花園和避暑的房子都未變更，覺得很奇怪。雀鳥還是叫着。在殯館裏他看見了并擁抱了死人。他母親在他旁邊哭泣着。然後有一個老僕人帶他到一個玩具店裏叫他隨意選擇，他便選定了一個拋石機。那天下午他便用豆子打那些樹葉子。這時他已忘卻外祖母了。但是後來這種悲哀的思想還是回來了。

這一切都是他的教育。凡此種種，都是造成他早期教育的材料。一個人後來的生活，都是有賴於早期，雖則一個人的性格，有些因爲很快的變化，而與從前不同了。一個人早年的愛和信仰的經驗，仁慈的習慣，想像力的飛騰，興趣的訓練，以及精神上欲望的警醒，凡此種種對於一個人的教育，比學習的方法實在重要得多。幼年的佛蘭西，勢必造成成年時的佛蘭西。

佛蘭西出世時很重要的一件事，便是同時在隔壁房裏生了一隻小狗，名叫普克。他的父親不得不承認：在他和小狗之中，那小狗的智力要比他長進得快些。卽算過了六七年之後，那小狗直覺的能力以及對於自然界的知識，比他要高超些。人類本來是以智力爲一種特殊權利的；但這種事實對於人類實在是一種笑話。

佛蘭西的父親是一個好深思默想的人，在理論上他是一個樂觀者，但是在性格上是一個嚴肅而沈鬱的。佛蘭西卻恰與此相反，他在理論上是一個悲觀者，而在性格上卻充滿了快樂。他父親是和一般浪漫主義者一樣，一切都是很模糊而不決的；而佛蘭西卻喜歡確定的合理化，以及古典派那種有規則的美麗。漸漸在他們兩人談話中有些不合的地方，不過在父子的關係上，他們還是很融洽的。至於佛蘭西的母親，則情感重於理智，過分的慈祥，不願意讓她的兒子長大了，情願他總是需要她的，以為他不在她身邊便會發生危險。佛蘭西忍受了許多責罵，但漸漸他養成了一些縱容的行為；如果我們說一個人要對於自己仁慈纔能對於別人仁慈，那他這種變化就是一件可恭維的事。這種道理是很合乎他的。

佛蘭西還不能講話的時候，便有一個比他大七歲的女孩子名叫亞爾凡心，和他很好，常抱着他，使他覺得很高興。他也和其他的家畜一樣，喜歡別人的稱讚，不像野獸是不高興別人稱讚的。但是人的天性總有些不好的。他覺得惡劣的亞爾凡心把一根針刺入他的腿裏。他愈掙扎，愈反抗，愈哭泣，則別人愈說他是一個不自然的孩子。他那種唧唧的囈語，并不能使別人明白。像這樣的事又發生了好幾次。最後，他原諒亞爾凡心了。她是否使他對於世界的知識增進了些呢？

佛蘭西的母親給他一點糖果，這糖的外表，氣味和味道，都使他感覺一種快感。過了幾天，他聞着了同樣的味道，便問母親還要這種糖果。他母親說沒有了，而他還是堅持着要，說母親是哄他的。事實上是因爲他後來所聞着的氣味，並不是由糖果而來。他看他母親那種憤怒的眼色，曉得他自己是錯誤了。這樣，在心智方面他又糾正了一種錯誤。

小孩子是喜歡別人稱讚的。但是漸漸他們發覺這種稱讚幷不是源源不絕的，卽算是天才也還是不免受到許多不公平的。佛蘭西在紙上畫兵士的時候，發覺了一件令他很驚奇的事。他發覺用兩根平行的線代表兵士的手臂或腿子，比一根單線要顯得眞切些。他覺得他對於藝術是造成了一種改革，不問這種改革別人老早就知道了的。他對於這種勝利非常之高興，把他的新畫給母親看，但是他母親幷看不出有什麼改革的地方。他把他母親當時所看的書奪開，但是她不准他那惡濁的手拿她的書。他母親還是看不出有什麼出奇的地方。她說他是一個精神質的孩子，叫他快去睡覺。他自己以爲是對於藝術有一種很大的改革，是表現人類精神一種新的驚人的工具，而他母親所給他的獎勵，就是叫他快快去睡覺。

兒童的時候，佛蘭西對於動物的尊敬之心，差不多好像宗教的虔誠。無論這是否人類初生對於神一種最初的認識，但他總覺得動物的智慧一定是遠勝於人類。他的那隻鸚鵡如果允許他的話，他也可對牠有同樣的尊敬，但是那鸚鵡用嘴和爪不許他挨近。佛蘭西如此之決心，以致他偷了一塊極大的糖給鸚鵡。但是鸚鵡抓着了他的手指，弄得出血，使他覺得非常之疼痛。自此以後，他和那鸚鵡就祇有惡感了。他總是去激弄那鸚鵡，但牠有一次跳在他頭上，抓去了一束頭髮，於是得了很痛快的報復。佛蘭西聽說鸚鵡吃了洋蔯荽便會毒死，於是他暗地弄了一束洋蔯荽，拿去威嚇鸚鵡，但然後他那種仁慈心又寬宥了鸚鵡，覺得牠的懲罰不應當是死刑。此後，他們的惡感消除了，成爲好友。

他有一次到了一家大店，然後便回家一人作開店的遊戲。他很高興的買東西，包東西，送貨，做主顧，做店員，輪流不息。但是他有一種困難，便去請教他母親。『媽媽，在店裏是買的人還是賣的人拿出錢來呢？』他母親說他是一個無出息的孩子，說他不曉得錢的價值。我們曉得成名的佛蘭西告訴我們他從來就不曉得錢的價値；或者我們可以換一句話說，他對於錢的價值懂得太清楚了，他知道錢是社會一切罪惡的根源。他和威廉・莫理斯(William Morris)同意，他希望將來做工的人所作的偉大創作幷不是爲錢的緣故，而是爲喜歡工作本身的緣故。

五歲的時候，佛蘭西對於錢財便沒有什麽信仰心。他祇要一面鼓。他幷不是想做一個擊鼓手，而是想將來做一個將軍。他不是一個禁欲主義者，所以把這種欲望告訴能够幫助他滿足這種欲望的人。但是沒有人肯給他一面鼓。他母親不肯，因爲她丈夫是一個不喜歡吵鬧的人；他姨母不肯，因爲她是一個非常吝嗇的人，而且從前不久她給了他一隻羅亞船，他應當玩那隻小船。但是那船裏有些東西使他覺大小太不相稱了，因爲裏面有些蝴蝶比象還要大些；有些走獸祇剩三隻脚了，而羅亞的拐杖也折斷了。在無辦法之中，於是佛蘭西自己用牛油碟子和調羹作鼓打，但大人馬上又把他的碟子搶走了。但是最後，出乎他意料之外的快樂，母親給了他一面鼓，叫保姆赶快把他帶出去。佛蘭西很高興的拿着鼓向前開步走，帶領着一大隊想像的軍隊，很自信的覺得他一定能戰勝那氣餒的敵軍。不過他覺得這面鼓的響聲還不够洪大，然而這可以用他的想像力來補充的。但是等他凱旋歸來時，他的父母都不見了。他們要過一星期纔回來，這星期中叫保姆看管他。他沒有看出這種計謀，非常之埋怨自己。在憤怒之中，他賭氣把鼓打碎了。後來他想追求世人的歡心和名譽，但他回想到兒童時因爲想得一面鼓便受到很大的犧牲，於是他打消這種欲望了。

因爲他自小無兄弟姊妹，總是獨自一人玩耍，他便臥在牀上想像着做戲，以補救其孤寂。希臘的悲劇是根源於希臘詩人忒斯匹斯（Thespis）的戰車，這是佛蘭西後來所講的。但他兒童時的戲劇，其根源就要卑微多了。他戲劇裏的演員便是他的五個手指。大拇指是代表一個強悍的無知的，殘酷的角色，正如莎比士亞戲劇中的卡力班（Caliban）。食指比較弱些，但是很敏捷而勇敢的。起火的時候，牠會很快的把孩子從房子裏救出來，歸還他的母親。中指是一種高大的美麗的雄壯的英雄；無名指是美麗的姑娘，代表一切女角。小指是一個男孩子，但如果在必需時，也可做一個女孩子，如紅騎士中。

悲劇和喜劇都是用這五個手指代表，不過他沒有像拉馬丁（Lamartine）那樣可怕的丑角。他的喜劇是很簡單的，沒有什麼諷刺。到六歲的時候，他便想出一些改良的地方。他覺得各角色應當有眼睛，有鼻子，有口，要穿衣服，并要有舞臺和背景。但是這次有聲有色的改良，反而使他失敗了。他的腦力枯竭不足以應付。他於是覺得戲劇眞正所需要的，還是偉大的行爲和可敬的人格。

我們現在對於佛蘭西兒時那些不重要的回憶不必再詳細查看，且看他追尋一個飛走的鸚鵡的冒險。他聽見保姆說米匀伯爵夫人(Countess Michaud)的鸚鵡失走了。他赶快跑到窗前，看見下面有一堆人做着手勢，往天空指着。不久他祖父也到窗前來了。『鸚鵡在那裏呢？』他祖父問着。『在那裏』，佛蘭西指着天上回答。但是他祖父還是看不見那隻鸚鵡。但實在佛蘭西自己不曉得鸚鵡是在那裏，完全是聽見看見別人的。他很高興的唸着 papegai（鸚鵡）這個字，就是他祖父所說的飛走了的這個雀子。這是鸚鵡的古字，在刺伯雷的故事裏可以找着。佛蘭西是第一次聽見這個名詞，不過沒有感到刺伯雷用這個字時的那種幽默。他母親問鸚鵡是否快樂的，他祖父回答鸚鵡生來便是快樂的，因爲輕快與鸚鵡這個字是押韻的，而且牠的羽毛又是那樣的美麗。

當時佛蘭西發見了那隻失去的鸚鵡是在屋檐上，便很快樂的喊起來。那時他家裏的人都已走了，叫他一人在房裏做功課。但是主持他思想的那有力的魔鬼，總是不許他讀書，總是驅使他做各種驚人玩意。這次魔鬼驅使他站在窗前，看那隻鸚鵡。他看得將要厭倦時，忽然有一個人走進房來，帶着一些繩子和齒輪機。這個人叫做德巴（Debas），什麼事都會幹，就是不會幹他自己的本行。佛蘭西曉得他是一個開畜棚的。他的專業是替別人捉拿飛走的鳥，他覺得這次要替伯爵夫人捉鸚鵡，是他義不容辭的重要職務。那隻逃走的鳥不久就不見了，下面那些看的人猜想着牠會飛到什麼地方去。牠會飛到巴西的樹林裏那個花園裏去麼？牠會從一個懸崖飛到另一個懸崖，還是會落在塞茵河裏淹死了呢？牠終久會飛回到伯爵夫人那裏去麼？德巴是相信最後一種假定，便趕急跑到伯爵夫人的家裏，而佛蘭西也在後面跟隨着他。

他們到了伯爵夫人家裏的時候，便趕快爬樓，直到無樓梯可爬了，最後有一個梯子引到一個屋頂活板門。德巴把身子伸出一半來，喊那個鸚鵡的名字，但是沒有什麼結果；他便學着那鸚鵡的叫聲，或許這能够引動牠些。中間停歇的時候，便對佛蘭西談論一些國民義務以及爲人的道德等，如在人面前應如何放鼻涕纔爲合禮以至於如何敬拜上帝等。不過當時佛蘭西祇能看見他的背和腿子。

經過了好幾個鐘頭，黃昏到了，此時他們看見鸚鵡回來了。德巴拿着一點食物，去逗引鸚鵡，同時幷發出一種引誘牠的聲音。鸚鵡的答覆是很簡單但是很有效力牠展着翅膀拍兩下便飛走了。「走了！」德巴的驚嘆也像拿破崙一樣的簡單。佛蘭西也呆着不知如何是好。然後德巴把佛蘭西背在背上，很勇敢的在巴黎街上跑着，很熱烈的而無目的的向前追着。在這種過程中，佛蘭西的回憶完全模糊不淸了；好像天空中懸着各種各樣的物體，好像米開蘭基羅所畫的那張末日。

他們的追逐是毫無用的。他們在途中所遇着的人勸他們把鹽放在雀子的尾巴上，或是抓自己的頭。在失望之中，他們最後回到伯爵夫人的家裏，看見鸚鵡已經是安然站在棲木上。這隻無良心的鳥轉着圓的眼珠，張着嘴，狠狠的叫了幾聲。坐在伯爵夫人桌旁一個年老的僕人這樣說：「如果你們不去追牠，恐怕牠還要回來得早些呢！」他們在那裏沒有停留幾久，下樓時德巴所說的唯一怨言，便是伯爵夫人何以沒有給他一點點心吃。

到夜間佛蘭西回家的時候，家中的人都非常之憤怒。他竭力告訴母親，他幷沒有遇着什麽危險。他一方面想安慰母親對他的擔憂，一方面又想誇張自己的能力和勇敢。他說他爬過經過空中的梯子，翻過高牆，抓着尖屋頂，以及在屋檐上跑着等等。漸漸他母親的懼怕平息下來了，最後反而笑他，因為他所講的那些冒險實在是太不近情了。最後他談到空中那些各種各樣的物體（這倒是講的實話），母親便罵他，叫他赶快睡覺去。

佛蘭西在家中這種非正式的教育是有一個限度的。現在是要把他送到學校裏去了。對於這一點，他父母的意見各不相同。照父親的意思，這孩子應當對於社會生活學習。當時他父親正拿着一個原人的牙齒在大拇指和食指中滾着，把對於佛蘭西入學的問題暫時丟開了，而談論原始人類對於現代人類的貢獻。雖則我們的這些祖先僅知饑餓和懼怕，但我們的科學和愛情是受賜於他們的。『世界是科學和愛造成的。』這時他父親沈入抽象的境界裏，對於兒子的教育早就忘了。而他母親卻說：『當然，不過我愈想愈覺像佛蘭西這樣年紀的孩子的教育，應當是歸女人來負責的。』

佛蘭西第一天在學校裏大半的時間是望着那女教師。她好像很憂愁的樣子。坐在他鄰近的，是一個律師的兒子。那孩子罵他是一個蠢蟲，因為他不曉得一個律師的職業比一個醫生的職業要好些。這班小孩子都是非常吵鬧的，彼此互相丟東西，直到先生走進來好像一個夢中驚醒的一樣，然後把一個幷未吵鬧的孩子懲罰了一番。有六星期之久，佛蘭西在石板上練習着寫一句無意義的話。不過教師講了一個短短的浪漫故事。他覺得非常之感動，他那幼稚的頭腦相信以爲是眞的。於是他對先生說，這故事的女主角琪安所遭遇的不幸，是她痛苦的根源。先生說這不過是一種故事。佛蘭西還是不懂得什麼意思，然後母親纔告訴他故事乃是假的意思。此時，他父母就決意要替他換學校。因爲覺得什麼琪安，茅舍，鈴鐺等，對於他不是一種適當的教育材料。他父親有他自己的教育理論，照他的意思，小孩子應當研讀動物的習慣，因爲小孩子有許多欲望和智力是與動物相同的。他的母親則主張應當有一種崇拜英雄的課程，學習偉人的那些高尙行爲。

結果是佛蘭西和他的小伙伴封坦雷（Fontanet）送入一個大的初級中學裏，入預備科最低的第八級。這兩個小孩子的想像力是很豐富的，志願也很偉大。他們的志願雖大，但他們做事的能力卻赶不上。他們最初是用包巧格力糖的紙來做甲冑。然後創設一個博物院。再過一些時他們決定寫一部法國史，從最早的時期起，記載非常之詳盡，共有五十卷。但他們開始寫神話的推托巴克王便寫不下去。後來佛蘭西說：「每每我想要寫一部偉大的著作，或是從事某項偉大的事業，總是爲一種推托巴克王所阻止住了，這推托巴克王便是命運，機會，需要」

在學校的時候，佛蘭西對於本班的那個教師非常尊敬懼怕。但是每當學期末尾行散學禮時，那教師坐在臺上一個很偏僻的地方，好像祇想躲在那旗子的後面不要別人看見，於是把他對於那教師的理想打破了。他覺得像他這樣一個對於文采詩詞和心思這樣超越的人，卻居於這樣被壓迫的地位。佛蘭西所受的其他的教育，是從他的同班得來的。他那部很大的老版書，每日攜到學校來時，使同學的都譏笑攻擊他。這本的唯一缺點，便是平常不大看見的。每次封坦雷看見這書時，便要坐在上面，而佛蘭西每次有機會時，便拿着封坦雷的帽子在地上踐踏。這兩件東西都是弄不壞的。但是一方的攻擊，總引起對方的報復，好像阿特賴第（Atrides）所犯的罪一樣。

佛蘭西對於講解國語的文法雖然很恨惡，但是對於經典卻非常之重視。他有一個天性膽怯的教師，從前曾經做過僧侶的，喜歡對於古昔默想，特別是古代的戰爭。甚至當他講授之中停着責備學生時，他的聲調還是很和藹的。佛蘭西還記着他講的有一課：

在種種威嚇之下竊笑的確是一種快樂。但佛蘭西總算是一個小的人道主義者，而且他是

們在我塑像的足前放着花圈。」

是笑，我是不能再縱容的。我要去告訴訓育長）而且我要看見天開着，迎接英雄，祖國的女郎是最蠢的。佛蘭西，星期四散學後不許你回家）我的榜樣，應當在你們之中存活着。（你們祇全而犧牲自己，這是應分的，也是必須的。你們應當妒忌我的榜樣，不應哭泣。（無緣無故的笑是把你的文章遞給封坦雷抄寫，那我就要寫信告訴你父親了）。一個國民應當為公衆的安保衛永城的聰敏的卡匹托來那(Capitolinus)，便是有這樣的決斷。（佛蘭西，如果你繼還關等候着我。我要犧牲我的性命，而後同胞可以得安全。（封坦雷，我要罰你寫六面文法出來）。）如果你們大家不靜默些，我就不讓你們散學回家）。我是為我的國家而努力的，這一個難

「馬斯將近要犧牲他的性命，踢着他的馬往前進的時候，最後一次回頭來對着士兵說：

狄西阿·馬斯(Decius Mus)臨死之言

非常之愛好文學的。他對於經典是不放鬆的。『你可以譏笑我是貴族或官僚，但是我總以爲如果一個人能有六七年的文學修養，就可使一個人的心靈充滿着高尚，力量，和美麗，這不是由別的方法可以得來的』。他這位經典的教師，再加以對於李維（Livy）的詩的研讀，引起了佛蘭西許多嚴肅的理想。每次他讀着羅馬的軍隊如何偸着在夜間克服了康流細阿的時候，便默想到這殘餘的軍隊在月光下寂靜的前進的情形，於是他心中湧着一陣敬佩和同情之心。

佛蘭西是一個走讀生，比那些寄宿生有許多好的地方。他不像那些寄宿生與社會和家庭生活完全隔絕了。照佛蘭西的見解，要使一個兒童懂得社會的組織，沒有比一條熱鬧的市街再好了，在這裏有店鋪，有做手藝的，有老板，有露天的攤子。此外，如果父母是有頭腦的善良的，什麼學校比家庭還要好呢？如果除了這些教導之外，再加上用古來法國人文主義者的方法研究古時的經典，那教育的效果便再好沒有了。佛蘭西在他那幼稚的心靈裏，也嘗到經典的那種浪漫的力量和偉大的想像。他讀了那些枯乾的簡單的伊索寓言之後，再讀那偉大光榮的奧德塞，令他的情緒膨脹起來了。他對於伊士奇（Aeschylus）的詩雖然懂不大淸楚，但他對於悲劇詩的愛好，是由於讀索福客儷（Sophocles）和幼里披底（Euripides）而來的。他因爲研讀課外的書，受過許多懲罰。他這種軌外的行動，後來一生都是如此的。這是否每個天才的人，因爲要維護人類的精神，而犧牲的呢？

我們不必再去詳細查究佛蘭西兒時的傳記了。此外這傳記中有幾章是寫的小姑娘蘇三（Suzanne）。小小的蘇三會對着天上的星談話，會殺死魔鬼，會玩黑娃娃，直到她入學的年齡到了。還有一章是討論對於兒童應當送什麼書作爲禮物，因爲小孩子是沒有錢的，所有的東西都是大人送給他的。

我們是否應當把特爲兒童而寫的書送給兒童呢？大概講起來，經驗告訴我們兒童對於這類的書是極不喜歡的。他們所需要的乃是關於宇宙的顯示，無論是眞實方面以及神祕方面。但是一般兒童讀物的著作不從這方面去努力，而限制在一種窄狹的知識範圍之內，但那種幼稚的外表使兒童覺得討厭了。這種著作家想努力使自己也和小孩子一樣，但他們在心靈和精神上幷不像小孩子；他們祇有小孩子的外表，而沒有小孩子的天眞。固然，他們應當懂得兒童了解的能力，但是不可把自己弄成一個蠢樣子，或是一種瑣碎的笨的表白。對於兒童最好的書，是那些超越天才創造出來的偉大的，有力的，以及有意義的作品；這種作品的各部分是有條理的，而整個的全部是充滿着光輝的。兒童對於一段翻譯得好的奧德賽，或是魔俠傳的節錄，是覺得非常之有趣的。對於兒童最偉大的一部作品乃是魯濱孫飄流記，但這部書原來是爲倫敦那些莊嚴的商人和皇家海軍的水手而寫的。在這部書裏，作者盡力貢獻了他的藝術，他的經驗，要滿足一個小學生的心智，沒有比這更適當的了。

在這些作品中，都必須有戲劇和表演的角色的。世上任何最好的智慧，如果是以抽象表白出來，則反而浪費了青年寶貴的時間。有些書可說任何年齡的人去讀都是不相宜的。佛蘭西祇能看一兩本這樣的書，再多看便會破壞他的文學欣賞力了。

但是很不幸的，佛蘭西以爲普通科學是一種鄙俗的東西。他以爲那些把科學書給兒童的，是怕他們的心智爲詩文所腐化了。他們以爲佩洛(Perrault)的那些寓言故事，祇是爲那些藝術家和收藏家而印的兒童書目的那些書，把科學掩藏在螃蟹，蜘蛛，鷺鷥，白蘚等裏面。這些東西都是使兒童喪氣的。有了這些東西，則美的形式，高尚的思想，藝術，欣賞，人文主義等理想，就都會沒有了。所剩下的祇有什麼化學作用或生理作用等了。佛蘭西看見了一本題名『工業奇蹟的ABC』，便嘆氣着說：『十年之後，我們人人都會成為電業家了！』

因此，無論怎樣淺陋的書，祇要能激起兒童一種詩興，或是引動一種高尚的情緒，或是鼓動心靈的熱情，就比若干卷充滿了機械知識的書要好多了。兒童所需要的，是美的散文或詩體故事，使他們能夠發笑或流淚的故事。他們需要迷惑，需要夢想。我們并不要欺騙小孩子，教他們以為世界祇是充滿了一些可愛的鬼魅而已；不過像味倫（Jules Verne）所著的那些科學小說，很容易欺騙小孩子，以為人是可以經過空中到月球上去。這種天文學是缺乏真實性和美感。社會懼怕想像力實在是錯誤的，無想像則無偉大性。

本章的用意，祇是要說明佛蘭西的教育理論，而不是要批評他的理論。讀者可以根據於自己的經驗，自由去評定。有些特為兒童所寫的書，的確是有教育上價值的，如巴蘭太因（Ballantyne），京斯敦（Kingston），培因斯（Talbot Baines），里德（Reed）等的書，以及瑞士家庭飄流記。即算是味倫也可說是對於後代的發明有一種偉大的預知的眼光。不過佛蘭西主要的立場還是很堅固的。兒童最好的讀物還是奧德賽，魔俠記，魯濱孫飄流記，佩洛的寓言故事等。這些故事都是以一種純潔的高尚的美的古典形式，代表一種簡單的有力的充滿想像的動作。

第十章　英美教育之差異

美國人的教化與他們的祖先英國人不同，他們的教化是合乎一種新建國家的需要和理想，是比較近乎社會平等的主義，這乃是意中之事。這種差別或許是看不見的，但是我們對於這種差別不可漠然置之，雖然人民的增加和時間的延長可以使之消滅一部分。現在的美國，固然不是像從前那樣人口太少，或是無社會階級的差別，不過他們的問題與英國是不相同的，而這種國家的特性，可以在美國的大學和中小學裏看出來。

要規定一個國家的特性，是很不容易的。不過我們可以說，每一種對於教化的理論，都有其缺點。大概而論，英國一般對於教化的見解，乃是傳統下來的。不過在英國有些極保守的地方，也還是有別種見解。英國最有勢力的一種見解，是以爲追求知識應當以知識的本身爲目的，而不是知識以外其他實用的目的。因此，由這條路線而對於心智的培養，是極受人尊敬的。所謂自由教育的理想，本來是老生常談；亞理士多德的政治論的最後一節，便是對於自由教育一種有系統的理論。自由教育的學科，是優閒的人自由選擇而研究的。當然，這種教育不是顧慮到實用方面的。有一個劍橋大學的學究這樣說：『願上帝祝福與高等數學，就是對於任何人都沒有什麼用處，也是不要緊的』。在英國大概大家都默認：實用的科目，比那些專爲其本身而研讀的科目，如文學，哲學等，不能夠發展心智些。因此，他們對於經典和高等數學，認爲佔很重要的地位；顯示給一般最有才智的青年，以爲這是一切學術最後最高的目標。

英國自由教育的理論，也是假定有很多優閒的人。他們似乎也和亞理士多德同意：優閒比做工要好些。不過優閒幷不是懶惰的意思，而是把時間來自由研究那些最有價値的東西。一個優閒的英國人，是保持一種很高的教化的。像那種混時間的牧師和地主紳士們，是很少的。再反過來，有無數貧困的學者，收入祇夠生活的，然而他們能夠專心努力追求知識，如文學，哲學，歷史，古物學，藝術等，而他們並不希望或渴求錢財名譽。他們追求學識，並不是因其有用，而是因其是高尙的，解放的。在這種環境之下，則能引導青年對於興趣和見解方面，有一種較高的標準和成就，而這是那些以功利爲傳統的所能辦到的。

但是這種優點同時也有其缺點。在美國的情形則完全與此相反。在這裏是以實用的傳統爲衡量教育的標準，不過所謂實用是一種廣義的科學化的解釋。那些有錢夠生活的人，並不捨棄合乎他能力的工業或商業工作；而且以國人的眼光看來，他也不應當捨棄。有時年青人對於這種經濟生產的傳統也反抗，不過每每是遇着家庭的反對，或親友的批評。大概而論，美國人對於那些爲知識而求知識的，認爲是怕做苦工的一種藉口。他們是相信實際的工作，而不相信心智的培養。在美國如果一個有錢的青年人專心努力於詩歌，哲學，或圖畫等，是並不能得着什麼人尊敬的。他們相信無論男子或女子可以用這種種藝術來謀生，但不可爲其本身而努力。因此所謂精神的教化，乃是一種手段。這種教化不是在一種優閒的空氣裏追求的，而是要用競爭的精神來努力的。這種理論我們可以說好可以說壞，而從外表看來，似乎對於社會的改進是有直接的供獻，也可說包含一種深沈的實際的哲理。

至於英國人的見解是怎樣呢？照柏拉圖的分析，文化的進步是根源於兩種心理的原素：一就是純粹的理智，一就是欲望。英國對於教化的理論，是提高前者，而抑制後者。我們對於理智的訓練，不要根源於使個人或社會物質上富足的材料，如衣，食，住，奢侈等。因此在英國如果有兩個人，其他方面都是一樣，祇是一個人是經典學者，一個人是工程師，則在知識界裏對於那學者則尊敬些。在公共的中等學校和大學裏，那些心智最超卓的人，都是努力於那些爲其本身價值的學識；在一種純潔的無功利色彩的環境中，儘量發展他們天賦的材料。

英國的傳統是把教化和實用分開。至於美國所主張的心智的培養，是要能幫助滿足社會的慾望。教化與經濟生活是有直接關聯的，而不是相反的，工作是高於優閒，卽算是利用得適當的優閒。學者的理想不是要默想或批評，而是要忙碌，要活動。美國全國的心理，不是注意別人的思想怎樣，而是注意別人做了什麼具體的工作。在美國各中小學裏各種實際的活動很快的代替了課程的考問；而在各大學裏，實用主義的哲學赶走了唯心主義。

但有時英國和美國關於教化的理論；是并行不悖的。祇要教育是根據於一種純潔的動機而來，英國學者是幷不反對實用於日常生活的，甚至於工業或商業的。甚至有時他們還說：「一個經典學者可以做一個很好的商人，祇要你能勸動他去做生意」。同樣，一個美國的學者無論怎樣急於想把他的學識，但還是樂於來做努力研究的準備工作，在這種準備時期，目標是很遠的模糊的。因此英國和美國對於教化的見解，在理想上雖然各不相容，然而在實際上是有一種共同立場的。有許多方面的研究工作，他們是可以合作，也實行合作的。他們互相學習，以一種眞正共同合作的精神，以開闢新的知識境界。在這種荒野的無人踐踏過的境界裏，他們是忘卻一切國家和傳統差別的。

英國對於教化的理論，因爲多半是優閒的產物，所以對於人生有一種貴族色彩的趨勢，這是不可否認的。優閒大半是資產階級的一種權利，雖則學校多設獎學金額也可使那些有才的貧窮階級也享受這種權利。因此，所謂從前那種傳統的自由教育的教化，勢必是那些不必謀生的人的特殊權利。柏拉圖在共和國裏，引用了福細里得斯（Phocylides）的一句話：等到一個人足夠以維持生活的時候，便要趕快來修養德性。不過這句話還包含着一種意思，就是如果一個人能離開職務，有一點休閒的時候。就要利用這種休閒來研究本身有價値的東西。亞理士多德在政治論裏說優閒比工作要好些，也就是這個意思，因為在工作裏我們所追求的乃是不得已必需的東西，而在優閒裏所追求的則是本身好的東西。綜觀起來，如果精神的教化的本身是一種好東西，而且祇能從優閒而達到，那麽英國人的這種理論（其實是與古希臘最偉大的哲學家是同意的），是有存在地位的。

然而英國人的這種立場，我們還是要重新加以估量。很明顯的，現代的情形是改變了，現代生活的環境與古希臘是完全不同了。現代的工業不是一種簡單的東西，不是可以不要高等的智力而可以透徹明瞭的。而且在現代這種情形，大規模的工業和商業組織，其需要腦力之徹底運用，實不亞於研究文學或音樂。此外，要等到工業成功後，纔能有多餘的優閒；有了這種受賜於工業的優閒，我們就可知教化和工商業是有一種直接的關連，而不是相反的。這種事實，還可以從別方面證明出來。因為若果不是如此，那麽，那些最優閒的社會應當是最有精神教化的了。然而在南海的島上那些野人，靠着芋子，椰子，香蕉等過着簡單生活，雖有充分的休閒，對於理智的生活幷不見得比英國或美國人要高超些。

由此看來，英國人那種非功利的優閒的教化理論，對於美國固然是有許多有價值的指示，而美國那種實用的進步的教化對於英國的科學家和學者也可同樣引起他們許多新的道理。從社會心理學方面看來，美國認爲理智的能力幷不是欲望一種天然的敵人，而是使欲望得到滿足的工具。教化有時可屈服於實用，而實用也可以提倡教化。根據於古來傳統的見解，努力於經濟生活而不努力於自由教育是把時間浪費了；但是從美國人的立場看來，自由教育可以由經濟生活而得來。英國人把有價值的教化僅限於幾種科目，幾種特殊的經驗，而美國人則希望在任何科目任何地方都可以找得着教化：在工業裏也正如在文學裏，在商業裏也正如在邏輯裏，在交通運輸裏也正如在藝術裏。如果衣，食，住，也可以和詩歌，音樂，圖畫，一樣運用腦力，則美國人的見解也是有正當立場的。那個能說一個工業巨子所發達的腦力比一個著名的哲學家要差些呢？現代有許多學識經驗都豐富的人，都以爲現代組織複雜的工業，無論是親手經營，或是透徹明瞭，都需要極高深的智力。美國對於實際的問題，無論那一方面，都沒有輕視其教育上的價值，這可說是美國教育的特質。

我們很容易看出，英國的教化雖祇限於少數有資產的有閒階級，對於英國各大學的傳統作用是有直接關係的。這種作用便是替社會訓練領袖人才。英國有許多的政治家，教會領袖，將軍，詩人，哲學家，藝術家等，都是由牛津大學和劍橋大學出來的。郎算在現今民治主義的時候，社會的領袖是很普遍的從各階級選擇而來，但不列顛帝國領域內訓練領袖人才的地方，還是在上述的兩大學以及其他的許多大學。譬如羅德斯奬學金（Rhodes scholarships），便是特爲這種目的而設的。英國現代的領袖人才，不是由某特殊階級而來，也不是由某種特殊教育而來，這是可以拿勞合佐治（Lloyd George）和麥克唐納（Ramsay MacDonald）來證明的。不過在英國某種特殊的社會環境和某種特殊教育，容易造成領袖人才些，還是不可否認的事實。英國大半的領袖是從中等階級和上等階級而來，因爲他們有充分的錢財和閒暇，能夠得到一種自由教育。

英美對於教化的觀念既不相同，各方要求得到這種教化所用的方法也各不相同。在英國可說是分爲兩種制度的學校。公共的學校是訓練社會上大部分的領袖的。在那些平民的學校裏，如果是非常努力的人，幷沒有方法禁止他們達到政治界工業界或商業界領袖的地位。不過他們的途徑是比較困難些的。英國大半的領袖，都是希望着從公共學校裏出來的。英國所謂公共學校和美國的意思不同，包括一切公開於羣衆的私立學校，不是由政府機關主持，也不是屬政府的地方教育當局所管理的。公共學校大半是寄宿學校，他們有他們特殊的校長，教務長，房屋，舍監，他們的學費，傳統，班長，服役新生的風俗，注重經典以及運動等。這種學校所產生出來，說好就是一種受教化的紳士，說壞就正如威爾斯（H. G. Wells）所鄙視的『運動員和弄文法的學究』。這些學校的學生大半是從中等和上等家庭來的；不過學校裏設了許多獎學金，所以貧困而有才能的學生很有機會進來。他們在歷史上的淵源是很古老而尊貴的，從理查第二（Richard II）時尉坎主教（Bishop Wykeham）所設的温徹斯特學校（Winchester School），便開始有了。有許多這種學校，創辦者原來是爲貧窮家庭的孩子而設的，後來這種傳統相反過來了，但是總沒有失掉平民主義的精神的。在公共學校裏，階級性是打破了；廚師的兒子可以和公爵的兒子互相交好。在伊吞學校裏有一個高個子學生問一個新學生：『你叫什麼名字？』那新學生很傲慢的答着：『我是紐喀斯爾公爵』。『哈哈！你是一個新學生先踢你一腳，是一個公爵再踢你兩腳。』當然，後來這位著名的上議院議員總沒有忘卻他這次的教訓的；他常常提起這次的事以證明公共學校教育的價值。

歐洲那些比較老的國家，差不多都是有兩種不同的學校制度。不過在英法德等國有許多人的意見要比較的統一起來，正如蘇格蘭所成就的。大概而論，在美國對於領袖和平民都祇有一種學校。他們有私立學校，也有像英國那樣的公共學校，不過社會各階級的家庭把他們的子女送往本城普通市立或縣立的學校便覺滿足了。他們不僅沒有階級的區分，也不必一定注重那種有閒的教化，或是造成一種非功利的空氣以追求眞正的教化。他們覺得任何科目的研究，或是沒有選擇的聯想，都可以發展智力。如果沒有統一性和連續性，則可以從內容的廣大和龐雜以及豐富的經驗方面得到許多優點。在同一學校裏，可以訓練各種社交，專業，以及對於世事的觀念等。

英國和美國的學校制度，都是各有其成就的。英國學校所教導出來的學生，是令人妒忌也是令人失望的。英國公共學校的學生，似乎有一種祕密團結的性質，很有勢力而很超然的，與美國學校裏的兄弟會大約有點相像。但是他們與受別種訓練的人在一處，又不能適應起來。他們所受的教育與實際生活是相離很遠的，所以遇着了商業界或工業界的人，便好像一個旅行者跑到一個新的城市一樣。不過他們曉得如何生活，具有一種適應性，這種適應性不是由他的課本而來，乃是由他的學校生活以及在運動場的經驗而來。至於美國的學生，則大體都是差不多的；各學生在學校所讀的課程無論怎樣差異，但每個學生之能適應社會，卻都是一樣的。

最近有一個英國小說家，談到他們那種兩重的學校制度，這樣說：『我們並不希望你們從美國來的，有我們一樣的學校制度。你們有你們的制度，也承認與我們的制度是居於同等地位。如果你們的制度與我們完全是一樣的，那我們就眞會覺得希奇，而且失望呢！我們英國人是與你們不同的。一個英國人曉得他自己所希望的，以及他父母所希望於他的，是什麼？如果他志願做一個領袖，就會去進一個公共學校，不一定進那種規模大的貴族學校，如伊吞（Eton），哈洛(Harrow)，剌格比（Rugby），溫徹斯特（Winchester）等，而是普通英國各處都有的公共學校。他所選擇的學校，就是他所選擇的生活和社交方式。』

當然，像英國這種一般人知識很發達的社會，像這種固執的觀點，一定是不大穩妥的。這種見解會發生各階級的互相傾軋，雖則各中學和大學設了許多獎學金，以爲那些家境不好而有才能的學生。批評這種見解的人有兩種：第一種是那些批評與想改良英國公共學校本身的，譬如哥蘭茲(Gollancz)與遜默斐爾(Somervell)便是想增加社會政治，經濟等科目，使課程豐富，擴大學生的眼光。瓦呼(Waugh)在青年的曙光一書中，對於學校的道德訓練和經驗，表示很不滿意。威爾斯在裘安和彼得及其他著作中，覺得學校生活與日常的實驗生活以及有用的事業（特別是應用科學），相隔太遠了。羅素覺得滑鐵盧之役雖然是在伊吞學校的運動場得了勝利，但是對於英國卻是失敗了。第二種批評，是主張有一種實驗的建設，便是要建設新式的市立中學以及大學，把從前那些對於教化的保守態度，都要取消。

但是對於英國公共學校的這些批評家，卻太過分了。他們想提倡改革，就不免矯枉過正。他們忽略了兩件很明瞭的事實：第一，他們忘了這些學校替社會各方面培植了許多很好的領袖；那些在這些學校裏受訓練的大多數學生，相信他們自己所走的道路是對的。對於公共學校最穩當的批評，是要同時建設另一種學校（如市立中學校），不過這種學校對於德智體美四育的培養，不說是要能超過從前的學校，至少也要趕得上。

在英國和美國要得到教化，很明顯的途徑，當然是經過中小學和大學。在英國這些學校，原來是爲選擇並訓練領袖人材而設的。不過他們訓練領袖，有一種特殊的學校，這種學校就叫做公共學校，在奧大利亞叫做大公共學校。在英國這種公共學校大家認爲是很重要的。一個有地位的醫生，律師，牧師，或商人，是不會送他的兒子到政府辦的學校去的。這種政府學校從前叫做寄宿學校，就是等於奧大利亞或美國的公立學校。在英國寄宿學校不是爲領袖的，而是爲平民的。

美國的情形與英國完全相反，很少的學生（特別是男生），是進私立學校的，就是英國所謂公共學校，或奧大利亞所謂大公共學校。一切貧富人家的子女，都是進同一種學校，就是政府津貼地方所辦的鄉村學校或市立學校。領袖和平民都在一處受教，也沒有人曉得將來何人是領袖，何人是平民。有錢的人家，在教育上略有一點利益，不過不像英國那樣大的利益。有許多中學以及幾個大學是人人可入的，不收學費的，不過也沒有什麽所謂奬學金。如果小學或中學是不收學費的，雖卽算最貧窮人家的子女也可以找着機會入學，許多有材幹的貧窮學生，每每是半工半讀，或受別人的津貼，以讀完中學或大學。

這種領袖和平民同在一種學校受訓練的制度，除蘇格蘭和英帝國某部分之外，別的國家是沒有的。不過英國雖則和其他歐洲的國家一樣，爲領袖有一種學校，爲平民另有一種學校，然而英國公共中學校或大學，並不是祇有有錢的人纔可入學的。他們認定平民的兒童之中，也有特出的才能，所以設了很多的獎學金。這些獎學金雖則沒有像奧大利亞的學校那樣多，但足夠以從平民之中選出那些有領袖才幹的額數。這種獎學金可以預備那些特出之才讀完中學或大學。但是大概講起來，英國的高等教育是選擇性的而不是平民化的，卻是不可否認的事實。

但是在美國方面，教育的目的並不一定是要產生領袖，而是要使每個人得到充分教育，得到教育益處，無受教者的智力是否在水平線以上。美國對於書癡子是非常譏諷的。對於才智很高的學生，是沒有預備或很少獎學金的；不過那些免費的中學校，任何人都是可以進來的，而那些國立大學所收的學費祇要五十元一年。大概計算起來，一個美國城市裏各小學的畢業生，有百分之七十是升入中學的。在英國的社會裏，有許多這種中學恐怕不能認爲是中學。在有些鄉村小鎮市裏，一校祇有一個教師。除了那些老的保守的大學如雅禮，哈佛，哥倫比亞等之外，祇要讀完任何中學的，就可以入普通大學。美國教育的目的，是要使高等教育儘量的普遍。

由此看來，美國的教育制度是非常之平民化的。各州對於高等教育都有很大的預算，不僅是爲培植領袖，也是爲教導平民。在加州政府對於人民每人的教育費，比英國的新南威爾斯要加倍。高等教育的經費，則比例更大。實在講起來，美國的公共教育是要給人家任何需要的東西；至於英國，則祇把認爲好的東西給他們。各方面的結果怎樣呢？結果正是我們所能料想得到的，就是普通英國受教化的人，比美國普通受教化的人學問要高深些；不過得到相當教育的人，則美國比任何其他國家都要多些。因此，美國是要使一般平民得到相當的教育，英國則是要訓練少數的高等領袖。

不過愈往上走的時候，英國和美國的教化是聯合爲一氣的。在最高層的那些天才，英國和美國的科學家和學者，是沒有什麼區別的。在那最高峰上面，他們是同一立場，同一精神。卽算是在那些較低的階段，英國和美國的學校也是互相供獻的。現在美國漸漸有許多學生進私立學校，這種私立學校有許多地方是像英國的公共學校，甚至有些美國人把他們的子女送到加拿大的寄宿學校去讀書，這種學校是照英國學校制度辦理的。美國有些大學如普麟斯呑，哈佛，雅禮等，是漸漸做倣牛津大學的那種個別教授制度。在英國那方面，有許多公共學校也受美國中學校的影響，如增加選修科，及其他美國學校的特點。平民主義的思潮，在英國是日漸擴大了。此外，英國和美國的學校有許多相同的地方，因爲有許多永久性普遍性的東西，是不必區分的。

不過還有一點是要提出來的。英國的高等教育，大半還是用一種訓練的方法，美國則大半是用教導的方法。他們認爲英國公共學校最大的價值，是在乎如何的訓練，而不是在教什麽。他們認爲俱樂部，運動場，球隊，及其他課外活動，比那些用腦學生所注重的經典和數學還重要些。他們以爲在公共學校裏受過訓練的學生，對於將來生活各方面的需要都是能夠應付的，無論現在的學校環境與將來成人的活動是相離得幾樣遠。他所學的經典，他的球術，做班長的能力，以及學校的精神，可以使他在印度或在野蠻的喀麥隆人之中，很足以擔任一個行政長官的責任。

英國公共學校這種訓練的理論，是一個範圍太大的題目，在這裏不能多討論。至於美國的學校，則不像英國那樣注重訓練。他們的學校是走讀，男女同學，課程的範圍也是很廣的，所以不能特別限制起來專門訓練他們。學校所給學生的，是學生自己或他們的父母想要的東西。他們是用興趣和誘導的方法來教導的；至於訓練則是看辦到什麼程度便任其達到什麼程度。同時他們以爲現代心理最大的一個教訓，便是那種老的訓練理論是應當根本加以修正的；譬如我們不可假定寫字清潔的人便一定衣冠整潔，或是能夠指揮球隊的人，便一定能夠治理一個國家。因此，如果我們說美國的學校忽略了訓練，太重視了教導；則英國的學校便有正與此相反的錯誤。所以教育思潮將來是有很大的領域是要有待於新的試驗的。

本篇參考書目

（一）

Adamson: Pioneers of Modern Education.

Archer: (Editor of Rousseau on Education).

Barnard: French Tradition in Education.

Boyd: Educational Theory of J. J. Rousseau.—From Locke to Montessori.

Davidson: Rousseau and Education According to Nature.

Fitch: Educational Aims and Methods of Pestalozzi.

Hodgson: Studies in French Education from Rabelais to Rousseau.

Keatinge: The Great Didactic of Comenius.

Laurie: Development of Educational Opinion Since the Renaissance.

Laurie: John Amos Comenius.

Morley: Rousseau.

Paulsen: German Education, Past and Present.

Pestalozzi: Educational Writings (edited Green).

Pestalozzi: How Gertrude Teaches Her Children.

Pestalozzi: Leonard and Gertrude.

Pestalozzi: Letters on Early Education.

Pinloche: Pestalozzi and the Founding of the Modern Elementary School.

Quick: Educational Reformers.

Rousseau: Émile

Rousseau: Minor Educational Writings (edited Boyd.)

(二)

Andrews: Institutes of Modern History.

Bachman: 'Social Factors in Pestalozzi's Theory of Education' (in Education, xxii).

Bardeen: 'Text Books of Comenius'(in Educational Review, vol. iii).

Barnard, F. A.: German Pedagogy.

Barnard: German Teachers and Educators.

Barnard: 'John Amos Comenius'(in Barnard's Journal, vol. v).

Barnard: Pestalozzi.

Barnard, H, C.: The French Tradition in Education.

Barnard, H. C.: The Little Schools of Port Royal. The Port Royalists on Education.

Blackwood: Genius and Character of Rousseau.

Bradley: 'Pestalozzi, The Teacher of Children'(in Education, vol. xi).

Browning: Educational Theories.

Buchner: Kant's Educational Theory.

Cole: A Neglected Educator, Johann Heinrich Alsted.

Comenius: Orbis Pictus.

Comp.ayré: J. J. Rouseau and Education for Nature.

De Guimps: Pestalozzi.

Dobbs: Educational and Social Movements(1700–1850.)

Duruy: French Revolution.

Dyer: Modern Europe.

Emerson: Evolution of the Educational Ideal.

Everett: 'Life of Rousseau'(in North American Review, vol. xv).

Fénelon: Education of a Daughter.

Francke: Social Forces in German Literature.

Graham: Rousseau.

Green: Life and Work of Pestalozzi.

Hamilton: 'Henri Pestalozzi'(in Educational Review, vol. iii.)

Haney: Lessing's Education of the Human Race.

Hanus: Educational Aims.

Hanus: 'Permanent Influence of Comenius',(in Educational Review, vol. iii).

Harris: Herbart and Pestalozzi.

Hegel: Philosophy of History(Section III. Chap. 3).

Holman: Life and Work of Pestalozzi.

Hoyt: Studies in the History of Modern Education.

Hudson: Rousseau and Naturalism in Life and Thought.

Hughes: Loyola and the Educational System of the Jesuits.

Kellogg: Life of Pestalozzi.

Laurie: 'Place of Comenius'(in Educational Review, vol. iii).

Leitch: Practical Educationalists.

MacDonald: Studies in the France of Voltaire and Rousseau.

Monroe, W.: Comenius and the Beginnings of Educational Reform; Comenius' School of Infancy.

Monroe, W.: 'Comenius, the Evangel of Modern Pedagogy' (in Edu., vol. xiii).

Munroe, J.: The Educational Ideal.

Nohle: History of the German School System.

Painter: Great Pedagogical Essays (Comenius, Rollin, Kant, Fénelon, Rousseau, Pestalozzi).

Parker: History of Modern Elementary Education.

Paterson: Comenius.

Payne: Rousseau's 'Émile'.

Rabenort: Spinoza as Educator.

Richmond: Permanent Values in Education.

Rusk: Doctrines of the Great Educators.

Russell: German Higher School.

Schlosser: History of the Eighteenth Century.

Taylor: History of Germany.

Texte: Rousseau and the Cosmopolitan Influence in Literature.

Vostrovsky: 'A European School at the Time of Comenius' (in Education, vol. 17).

Weir: 'Key to "Émile" '.(in Educational Review, vol. xvi).

Williams: History of Modern Education.

Williams: Rousseau, Bentham, and Kant.

Wood: Richter's Levana.

Wordsworth: Scholae Academiae.

（三）

Adamson: Educational Writings of Locke.

Adamson: Pioneers of Modern Education.

Bacon, F.: Advancement of Learning.

Bacon, F.: Essays.

Bacon, F.: The New Atlantis.

Browning: Educational Theories.

Hoole: Art of Teaching Schoole(ed. Campagnac).

Kerr: Scottish Education.

Knox, V.: Liberal Education(1781).

Leach: Educational Charters.

Locke: Thoughts concerning Education.

Locke: The Conduct of the Understanding.

Lyte: History of the University of Oxford.

Milton: Tractate on Education.

De Montmorency: State Intervention in English Education.

Mullinger: History of Cambridge University.

Paterson: The Edgeworths, a Study of Later Eighteenth Century Education.

Pattison: Milton.

Peacham: The Compleat Gentleman.

Quick: Educational Reformers(English writers before Locke, Locke, Basedow)

Rusk: Doctrines of Great Educators.

Watson: Beginnings of the Teaching of Modern Subjects in England.

（四）

Barnard: English Pedagogy.

Boyd: From Locke to Montessori.

Daniel: Locke's Thoughts on Education.

Dobbs: Educational and Social Movements (1700-1850).

Edgeworth: Practical Education.

Fowler: John Locke.

Gibson: Education in Scotland.

Gibson: Locke's Theory of Knowledge.

Gill: Systems of Education.

Hanus: Educational Aims.

Hodge: Locke and Formal Discipline.

Hodgson: Rationalist English Educators.

Johnson: Old-time Schools and School Books (U. S. A.)

Laurie: Development of Educational Opinion Since the Renaissance.

Lee: Great Englishmen of the Sixteenth Century.

Leitch: Practical Educationalists.

Macaulay: Essays.

Mark: Educational Theories in England.

Moncrieff: a Book About Schools.

Munroe, J.: The Educational Ideal (Bacon, Locke).

Painter: Great Pedagogical Essays (Milton, Locke)

Parker: History of Modern Elementary Education.

Quick: Locke on Education.

Reynolds, Sir J.: Discourses.

Richmond: Permanent Values in Education.

Steeves: Life and Writings of Bacon.

Williams: History of Modern Education.

敬啟

『專題史』叢書，乃民國時期出版的著名學者、專家在某一專題領域的學術成果。所收圖書絕大部分著作權已進入公有領域，但仍有極少圖書著作權還在保護期內，需按相關要求支付著作權人或繼承人報酬。因未能全部聯系到相關著作權人，請見到此說明者及時與河南人民出版社聯系。

聯系人 楊光
聯系電話 0371-65788063
2016年3月28日